Jürgen Nautz

Die großen Revolutionen der Welt

Jürgen Nautz

Die großen Revolutionen der Welt

marixverlag

FSC

Mix
Produktgruppe aus vorbildlich
bewirtschafteten Wäldern und
anderen kontrollierten Herkünften

Zert.-Nr. SGS-COC-1940
www.fsc.org
© 1996 Forest Stewardship Council

Copyright © by Marix Verlag GmbH, Wiesbaden 2008
Covergestaltung: Nele Schütz Design, München nach der Gestaltung von
Thomas Jarzina, Köln
Bildnachweis: Bridgeman Art Library, Berlin
Lektorat: Dr. Lenelotte Möller, Speyer
Korrekturen: Ortrun Cramer, Wiesbaden
Satz und Bearbeitung: Medienservice Martin Feiss, Pößneck
Gesetzt in der Palatino
Gesamtherstellung: GGP Media GmbH, Pößneck
Printed in Germany

ISBN: 978-3-86539-935-9

www.marixwissen.de
www.marixverlag.de

INHALT

Revolution! – Revolution? – Einige einleitende Bemerkungen

> *„Revolutionen sind Zeiten, in denen der Arme*
> *seiner Rechtschaffenheit, der Reiche seines Reichtums*
> *und der Unschuldige seines Lebens nicht sicher ist."*
> (Joseph Joubert, 1754 - 1824)

> *„Die Revolutionen sind die*
> *Lokomotiven der Geschichte."*
> (Karl Marx, 1818 - 1883)

De revolutionibus orbium coelestium, so heißt das Hauptwerk von Nikolaus Kopernikus, das in seinem Todesjahr 1543 bei Johannes Petreius in Nürnberg erschienen ist und unser Weltbild im wahrsten Wortsinn „umdrehte". Das Buch handelt von den Kreisbewegungen der Himmelskörper. Kopernikus begründete mit seinen Theorien ein neues, nachmittelalterliches Weltbild. Das spätlateinische Wort *revolutio* (Zurückwälzen, Umdrehung) wurde im 15. Jahrhundert zu einem Fachausdruck der Astronomie, in der „Revolution" die Umdrehung der Himmelskörper bezeichnete. Erst im 16. Jahrhundert begann sich die Bedeutung des Wortes zu verändern. Es fand Eingang in das Vokabular der politischen Geschichte und bezeichnete nun auch die Rückkehr zu einem politischen, gesellschaftlichen Zustand, wie er vor unerwünschten Entwicklungen geherrscht hatte. Dem lag im Wesentlichen die Auffassung zugrunde, dass Menschen, Gruppen oder ganze Gesellschaften durch Verderbnis (*corruptio*) bedroht waren, wenn eine gesellschaftliche oder politische Ordnung ihre guten Eigenschaften vergaß. Das hatte den Verlust der Tugend (*virtus*) zur Folge, die normalerweise dafür Sorge trägt, dass individuelles und allgemeines Wohl miteinander verbunden bleiben. An einem solchen Punkt war es, so hat es z. B. Niccoló Machiavelli (1469 - 1527) formuliert, geboten, die [ursprüngliche] Ordnung wiederherzustellen, also an den Ausgangspunkt zurückzukehren. Ein solches Verlangen nach der Rückkehr zum alten Recht ist bis in die Neuzeit nicht selten. So betrachtet waren die Vorgänge 1688/89 in England, die nach

7

der Cromwell-Republik und dem Bürgerkrieg die Monarchie – freilich in veränderter Konstruktion – wiederherstellten, eine Revolution und wurden auch schon von den Zeitgenossen sogenannt: *Glorious Revolution.*

In unserem heutigen Geschichtsbewusstsein spielt der – zumeist positiv besetzte – Begriff der „Revolution" eine enorm wichtige Rolle. Das heutige Verständnis von Revolution als gewaltsamer oder zumindest plötzlicher politischer oder gesellschaftlicher Umsturz bestehender Zustände und Machtverhältnisse entstand erst im 18. Jahrhundert unter dem Einfluss der Französischen Revolution. Später wurde der Begriff verallgemeinert und für grundlegende Veränderungen, plötzlichen Wandel und Neuerung gebräuchlich. Revolutionen markieren „Bruchstellen der Entwicklung aus tiefer Vergangenheit in die Gegenwart", wie es Hans Peter Hye formuliert hat. Dies hängt zusammen mit dem uns eigenen Fortschrittsdenken, zu dem uns nicht unwesentlich das Gedankengut der Aufklärung verholfen hat; wiederum eine wichtige Voraussetzung für Revolutionen: Sie sind das Bemühen, dem „lichten Fortschritt" gegen die „finsteren Mächte der Reaktion" zum Sieg zu verhelfen. Trotz der weitestgehend entzauberten russischen Oktoberrevolution markiert die Revolution (des 19. und frühen 20. Jahrhunderts) in unserem Bewusstsein vor allem eine wichtige Strecke auf dem Weg aus dem Feudalismus hinein in die bürgerliche Gesellschaft. Entscheidend ist dabei die Sichtweise ebendieser bürgerlichen Gesellschaft. In dieses Bild passen je nach Begriffsverständnis auch diejenigen Ereignisse, die als „friedliche Revolutionen" Eingang in unser Geschichtsbild gefunden haben. Im Sinne des Marxismus-Leninismus wären dies noch Konter-Revolutionen gewesen, also kein Fort- sondern Rückschritt.

Im Laufe dieses Textes wird sich herausstellen, dass man Revolutionen nicht nur nach ihren Zielsetzungen, sondern auch an ihren Trägerschichten orientiert, einteilen kann: In „bürgerlichen Revolutionen" hat sich das Bürgertum die politische Macht erstritten. So zum Beispiel in Frankreich in den Jahren 1789, 1830 und 1848; in Deutschland für kurze Zeit 1848/49 und wiederum 1918/19, als die Weimarer Republik als bürgerlich-parlamentarische Demokratie aus der Novemberrevolution hervorging.

Proletarische Revolutionen gab es in Russland, in China und z. B. Laos. Träger sind hier diskriminierte unterbürgerliche Schichten und Bauern (das Proletariat), die ihren Kampf nicht nur gegen die Aristokratie, sondern auch gegen das Besitzbürgertum, die Bourgeoisie geführt haben, um das System des Kapitalismus durch ein sozialistisches beziehungsweise kommunistisches Regime auszutauschen.

Der Marxismus, und in seiner Nachfolge auch die Ausdifferenzierungen des Kommunismus, haben explizite Revolutionstheorien entwickelt. Der Marxismus betrachtet Revolutionen als gesetzmäßige Erscheinungen der Klassengesellschaften und erklärt sie aus dem Zurückbleiben der sozialökonomischen Verhältnisse, der sogenannten Produktionsverhältnisse, hinter der technisch-industriellen Entwicklung, den sogenannten Produktivkräften. Im Kampf gegen die herrschenden Klassen, die die überkommenen Produktionsverhältnisse mit Hilfe der Staatsgewalt verteidigen, bewirken die unterdrückten Klassen als Träger der neuen Produktivkräfte eine „ruckartige Nachholung verhinderter Entwicklung", mit der die Aufhebung dieses Widerspruchs vollzogen wird. In der Revolution wird die herrschende reaktionäre Klasse gestürzt. Die revolutionäre Klasse erobert die Staatsmacht und beseitigt die alten Produktionsverhältnisse und errichtet ihre eigene Herrschaft. In diesem Sinne ist jede soziale Revolution zugleich eine politische Revolution. Karl Marx hat im Vorwort zu seinem Werk „Die Kritik der Politischen Ökonomie" 1859 Revolutionen wie folgt beschrieben:

„In der gesellschaftlichen Produktion ihres Lebens gehen die Menschen bestimmte, notwendige, von ihrem Willen unabhängige Verhältnisse ein, Produktionsverhältnisse, die einer bestimmten Entwicklungsstufe ihrer materiellen Produktivkräfte entsprechen. Die Gesamtheit dieser Produktionsverhältnisse bildet die ökonomische Struktur der Gesellschaft, die reale Basis, worauf sich ein juristischer und politischer Überbau erhebt und welcher bestimmte gesellschaftliche Bewusstseinsformen entsprechen. Die Produktionsweise des materiellen Lebens bedingt den sozialen, politischen und geistigen Lebensprozess überhaupt. Es ist nicht das Bewusstsein der Menschen, das ihr Sein, sondern umgekehrt ihr gesellschaftliches Sein, das ihr

Bewusstsein bestimmt. Auf einer gewissen Stufe ihrer Entwicklung geraten die materiellen Produktivkräfte der Gesellschaft in Widerspruch mit den vorhandenen Produktionsverhältnissen oder, was nur ein juristischer Ausdruck dafür ist, mit den Eigentumsverhältnissen, innerhalb deren sie sich bisher bewegt hatten. Aus Entwicklungsformen der Produktivkräfte schlagen diese Verhältnisse in Fesseln derselben um. Es tritt dann eine Epoche sozialer Revolution ein. Mit der Veränderung der ökonomischen Grundlage wälzt sich der ganze ungeheure Überbau langsamer oder rascher um. In der Betrachtung solcher Umwälzungen muss man stets unterscheiden zwischen der materiellen, naturwissenschaftlich treu zu konstatierenden Umwälzung in den ökonomischen Produktionsbedingungen und den juristischen, politischen, religiösen, künstlerischen oder philosophischen, kurz, ideologischen Formen, worin sich die Menschen dieses Konflikts bewusst werden und ihn ausfechten. Sowenig man das, was ein Individuum ist, nach dem beurteilt, was es sich selbst dünkt, ebenso wenig kann man eine solche Umwälzungsepoche aus ihrem Bewusstsein beurteilen, sondern muss vielmehr dies Bewusstsein aus den Widersprüchen des materiellen Lebens, aus dem vorhandenen Konflikt zwischen gesellschaftlichen Produktivkräften und Produktionsverhältnissen erklären. Eine Gesellschaftsformation geht nie unter, bevor alle Produktivkräfte entwickelt sind, für die sie weit genug ist, und neue höhere Produktionsverhältnisse treten nie an die Stelle, bevor die materiellen Existenzbedingungen derselben im Schoß der alten Gesellschaft selbst ausgebrütet worden sind. Daher stellt sich die Menschheit immer nur Aufgaben, die sie lösen kann, denn genauer betrachtet wird sich stets finden, dass die Aufgabe selbst nur entspringt, wo die materiellen Bedingungen ihrer Lösung schon vorhanden oder wenigstens im Prozess ihres Werdens begriffen sind. In großen Umrissen können asiatische, antike, feudale und moderne bürgerliche Produktionsweisen als progressive Epochen der ökonomischen Gesellschaftsformation bezeichnet werden. Die bürgerlichen Produktionsverhältnisse sind die letzte antagonistische Form des gesellschaftlichen Produktionsprozesses, antagonistisch nicht im Sinn von individuellem Antagonismus, sondern eines aus den gesellschaftlichen Lebensbedingungen der

Individuen hervorwachsenden Antagonismus, aber die im Schoß der bürgerlichen Gesellschaft sich entwickelnden Produktivkräfte schaffen zugleich die materiellen Bedingungen zur Lösung dieses Antagonismus. Mit dieser Gesellschaftsformation schließt daher die Vorgeschichte der menschlichen Gesellschaft ab."

Lenin hat später in seiner Schrift „Der ,linke Radikalismus', die Kinderkrankheit im Kommunismus" darauf hingewiesen, dass eine gesamtnationale Krise vorhanden sein müsse, damit es wirklich zu einer Revolution komme und nicht bloß zu einem Putsch. Über diese Bedingungen sagt Lenin in seinem im Mai 1920 in deutscher Sprache erschienenen Buch:

„Das Grundgesetz der Revolution, das durch alle Revolutionen und insbesondere durch alle drei russischen Revolutionen des 20. Jahrhunderts bestätigt worden ist, besteht in Folgendem: Zur Revolution genügt es nicht, dass sich die ausgebeuteten und geknechteten Massen der Unmöglichkeit, in der alten Weise weiterzuleben, bewusst werden und eine Änderung fordern; zur Revolution ist es notwendig, dass die Ausbeuter nicht mehr in der alten Weise leben und regieren können. Erst dann, wenn die ,unteren Schichten' die alte Ordnung nicht mehr wollen und die ,Oberschichten' nicht mehr in der alten Weise leben können, erst dann kann die Revolution siegen. Mit anderen Worten kann man diese Wahrheit so ausdrücken: Die Revolution ist unmöglich ohne eine gesamtnationale ... Krise. Folglich ist zur Revolution notwendig: erstens, dass die Mehrheit der Arbeiter (oder jedenfalls die Mehrheit der klassenbewussten, denkenden, politisch aktiven Arbeiter) die Notwendigkeit des Umsturzes völlig begreift und bereit ist, seinetwegen in den Tod zu gehen; zweitens, dass die herrschenden Klassen eine Regierungskrise durchmachen, die sogar die rückständigsten Massen in die Politik hineinzieht ..., die Regierung kraftlos macht und den Revolutionären den schnellen Sturz dieser Regierung ermöglicht."

Auch (erfolgreiche) nationale Unabhängigkeitsbewegungen und Freiheitskriege werden als Revolution bezeichnet. Zum Beispiel der Unabhängigkeitskrieg der englischen Kolonien in Nordamerika gegen England (1775 - 1783) oder die Befreiungskämpfe der spanischen Kolonien und zuletzt die erfolgreiche Loslösung der baltischen Staaten Lettland, Litauen und Estland von Moskau. Mit der Gewinnung der Unabhängigkeit ging dabei jeweils auch die Veränderung des politischen Systems einhehr.

Revolutionen können sich in Verlauf und Erscheinung unterscheiden. So werden wir im Folgenden sowohl von blutigen Bürgerkriegen als auch von friedlichen, kompromisshaften Verläufen (Portugal) lesen. Ferner kennen wir die „Revolutionen von oben", die mit einem Staatsstreich oder einer Palastrevolution beginnen, ebenso wie Massenaktionen, die „Volksrevolutionen". Die Revolution wird im Gegensatz zur „Evolution", einer langsamen, kontinuierlich fortschreitenden Entwicklung und zur „Reform", der planmäßigen, schrittweisen Veränderung oder Verbesserung gesellschaftlicher Verhältnisse, verstanden. Der Umstand, dass eine Revolution eine scharfe Zäsur schafft, eröffnet die Chance, die nachrevolutionäre Zeit klar und vorteilhaft gegenüber der vorrevolutionären Zeit darzustellen: das selbstbestimmte Individuum gegenüber der Leibeigenschaft, das rechtsstaatliche, republikanisch-demokratische oder monarchisch-konstitutionelle Gemeinwesen gegenüber dem absolutistischen Despotismus – sei es der Despotismus von Monarchen oder in späterer Zeit derjenige von Diktatoren oder Juntas – und die Meinungs- und Pressefreiheit gegenüber der Zensur. Mit einer Revolution und deren Zielen werden jeweils die neuen Verhältnisse legitimiert. Die so entwickelte Sicht auf die Vergangenheit beeinflusst auf diesem Wege nachhaltig das kollektive Geschichtsbild, welches viel stärker auf das Bewusstsein wirkt als die Prozesse und Ereignisse selbst, ob diese in ihrer Gesamtheit nun eine Revolution ausmachen oder nicht. Dessen müssen sich Verfasser und Leser eines Buches über Revolutionen bewusst sein, zumal wenn dieses „Die *großen* Revolutionen der Welt" heißt. Zuerst ist daher die Rechenschaft darüber notwendig, was man unter „Revolution" versteht. Hier sollen jene Vorgänge, die von den betroffenen Völkern im Nachhinein als Revolution empfunden werden, darunter verstanden werden. Aber was ist eine „große" Revolution? Nur jene, die – wie auch immer – „gesiegt" hat?

Gewiss, es gab politische Prozesse, die die Welt nachhaltig verändert haben. Dazu gehören die Amerikanische und die Französische Revolution und sicher auch die Oktoberrevolution in Russland sowie die Revolution in China. Aber es können sich durchaus regionale, nationale Wahrnehmungen völlig von jener außerhalb des betroffenen Volkes oder Landes unterscheiden. So mag der Serbenaufstand von 1848 in der Woiwodina als wichtiges Ereignis in der serbischen Geschichtsschreibung erscheinen, kann zugleich aber in einer Gesamtdarstellung gegenüber den Aufständen der Griechen gegen die osmanische Herrschaft zurücktreten. Ist der Mailänder „Zigarrenrummel" vom 1. und 2. Januar 1848, als dort die Raucher Enthaltsamkeit übten, um den österreichischen Fiskus zu schädigen, ein großes revolutionäres Ereignis? Diese Einschätzung wird man in der Literatur nicht finden, aber die lokalen Akteure mögen das im Rückblick anders gesehen haben. Eine weitere Frage ist: Sind es tatsächlich die politischen Revolutionen oder vielleicht doch eher technische und mentale Umbrüche, die ausschlaggebend für den weiteren Lauf der Dinge sind? Zweifelsohne wären die Revolutionen spätestens ab der Französischen ohne die Aufklärung nicht denkbar gewesen. Auch die Industrielle Revolution wäre ohne sie nicht denkbar gewesen, weshalb Joel Mokyr auch lieber von der Industriellen Aufklärung spricht. Oder wie ist die Sexuelle Revolution zu bewerten?

Die Zusammenstellung dieses kleinen Buches verlangt also Entscheidungen, Wertungen vom Verfasser, die nicht objektiv sein können. Einmal, weil sie aus der Sicht der erfolgreichen Gesellschaftsform getroffen sind, zum anderen, weil sie zwischen groß, weniger groß, klein und nicht erwähnenswert unterscheiden müssen, und schließlich, weil sie den politisch-gesellschaftlichen Revolutionen den Vorzug gegenüber Prozessen in Wissenschaft, Technik und Geistesgeschichte geben. Freilich ist dieses Buch nicht blind gegenüber den geistesgeschichtlichen und lebensweltlichen Bedingungen, unter denen diese politischen und gesellschaftlichen Umwälzungen stattgefunden haben. So beginnen die nachfolgenden Kapitel auch mit einem solchen über die Aufklärung.

DAS ZEITALTER DER AUFKLÄRUNG

*Aufklärung ist der Ausgang des Menschen
aus seiner selbstverschuldeten Unmündigkeit.*

(Immanuel Kant, 1724 - 1804)

Das Wort „Aufklärung" wird heute als Sammelbegriff für verschiedene philosophische und literarische Strömungen im Europa und Nordamerika des 17. und 18. Jahrhunderts (gelegentlich auch noch des 19. Jahrhunderts) verwandt, deren gemeinsames Ziel die Emanzipation der Menschen von der geistigen Vorherrschaft der Kirche ([geistige] Säkularisierung) und von absolutistischer Herrschaft zugunsten demokratischer Strukturen war.

Von den Religionskriegen des 16. und frühen 17. Jahrhunderts bis zu den Revolutionen des späten 18. Jahrhunderts bestimmte der Absolutismus, die uneingeschränkte Herrschaft eines Kaisers, Königs oder Fürsten, das Leben in Europa. Der absolute Herrscher stand über einer Gesellschaft, in der jeder unausweichlich in einen bestimmten Stand hineingeboren wurde. Der Adel stand an der Spitze dieser Ständegesellschaft – politisch entmachtet zwar, aber er besaß einträgliche Privilegien: Steuerfreiheit und Grundherrschaft. Das Bürgertum war einerseits Träger und Nutznießer der staatlich gelenkten Wirtschaft (Merkantilismus), entbehrte aber besonderer Rechte und des politischen Einflusses. Am unteren Ende der Pyramide befanden sich die Bauern, die die meisten Lasten zu schultern hatten: Neben Steuern für den Staat verlangte der Grundherr, auf dessen Land sie arbeiteten, zusätzliche Abgaben. Beide großen christlichen Kirchen, die katholische wie die evangelische, waren mit den Königen und Fürsten verbunden und predigten der überwiegend ländlichen Bevölkerung Ergebenheit in ihr angeblich gottgewolltes Schicksal. In diesem Umfeld waren Unwissenheit, Vorurteile und Aberglaube und das sich Abfinden mit gegebenen Verhältnissen weit verbreitet.

Die Verschiebung des Fokus von Gott zum Menschen durch das aufklärerische Denken lässt die Forschung auch von einer „anthropologischen Wende" sprechen. Vernünftiges Denken sollte die Menschen von überkommenen, starren Vorstellungen und Vorurteilen befreien und bereit für neu erlangtes Wissen machen. Im Gegensatz zum Barock vollzog sich ein grundsätzliches Umdenken bezüglich der *vanitas* – der jüdischen und christlichen Vorstellung von der Vergänglichkeit alles Irdischen – und der Fixierung auf das Jenseits. Die Konzentration auf ein Leben nach dem Tod wandelte sich in eine starke Diesseitsbezogenheit. In dieser Zeit entwickelte sich auch der Liberalismus mit seinem Konzept der Menschen- und Bürgerrechte, der die Menschen ermuntern wollte, das „beste aller Leben" nicht erst im Jenseits zu erwarten, sondern es schon hier auf Erden zu suchen.

Eingeleitet wurde das Zeitalter der Aufklärung von Renaissance und Reformation, ferner durch die Entdeckung Amerikas und das daraus entstandene neue Weltbild. Die Aufklärung ging vor allem von England, Frankreich und den Niederlanden, später, in eigener Ausprägung, auch von Deutschland aus.

Der Verbreitung der aufklärerischen Ideen kam eine technische Neuerung zugute: der Buchdruck. Durch den Buchdruck wurde die Herstellung von Druckwerken billiger und damit für breitere Schichten der Kauf von Büchern und Zeitungen erschwinglich. Durch seine technischen Fortschritte entwickelte sich ein Verlagswesen, das Bücher und eine Zeitungsproduktion hervorbrachte, in deren Folge ein großer Markt für Gedrucktes entstehen konnte. Zu den Abnehmern gehörten dabei auch die sogenannten Lesegesellschaften, in denen sogar Menschen, die nicht lesen konnten, durch Vorlesen an Literatur herangeführt wurden.

Neben dem Vernunftprinzip war für die Wirkung der Aufklärung in den politischen Raum auch die Idee der religiösen Toleranz zentral. Der 1632 in Amsterdam geborene Philosoph Baruch de Spinoza († 1677) kritisierte in seinem 1670 erschienenen *Tractatus theologico-politicus* religiöse Intoleranz und plädierte für eine säkulare Gesellschaftsordnung. Der 1632 in der Nähe von Bristol geborene Empiriker John Locke (1632 - 1704) plädierte ebenfalls für religiöse Toleranz. Er verfasste während seines Exils in den Niederlanden 1689 einen „Brief über Toleranz" (*A letter concerning Toleration*). Keine der Kirchen habe das Recht, für sich die Autorität in Religionsfragen zu beanspruchen, lautet dessen Kernaussage. Ebenfalls in den Niederlanden forderte der Rektor der Leidener Universität, Gerhard Noodt (1647 - 1725), in seiner

Rektoratsrede aus dem Jahr 1699, dass das Volk das Recht haben müsse, seinem Fürsten die Macht [die es ihm verliehen habe] wieder zu nehmen. In Deutschland waren es im 17. Jahrhundert Philosophen wie Christian Thomasius (1655 - 1728), Gottfried Wilhelm Leibniz (1646 - 1716) und Christian Wolff (1679 - 1754), die den Rationalismus der Aufklärung prägten. Immanuel Kant (1724 - 1804) war *der* große deutsche Philosoph der Aufklärung des darauf folgenden Jahrhunderts. Aber auch Gotthold Ephraim Lessing (1729 - 1781) gehörte zu den Hauptvertretern der Deutschen Aufklärung. Der König von Preußen, Friedrich II., der Große (1712 - 1786), förderte diese Denkrichtung. Friedrich II. hatte sich selbst in einer 1739 erschienenen Schrift mit den Prinzipien von Herrschaft befasst. In dem Buch, mit dem Titel *„Anti Machiavel ou Essai de critique sur le Prince de Machiavel"* (bekannt als *Antimachiavell*), verwarf er Machiavellis politische Theorie und trat für eine an den Prinzipien der Aufklärung orientierte Herrschaft ein. Als König von Preußen bewegte er sich dann jedoch deutlich dem traditionellen europäischen Gedankengut verbunden. Trotz seines begrenzten aufklärerischen Engagements als Regent, sind die unter ihm realisierte Religionsfreiheit, seine Beteiligung an den intellektuellen Diskursen für die Aufklärung förderlich gewesen.

Auch in Frankreich gewann aufklärerisches Denken, getragen vor allem vom erfolgreichen Bürgertum und einigen Adligen, großen Einfluss. Maßgeblich hierfür waren einerseits die Konsolidierung der französischen Staatsmacht im 17. Jahrhundert und die Ausschweifungen absolutistischer Herrschaftsentfaltung. Auf der anderen Seite spielte der zunehmende wirtschaftliche Erfolg der bürgerlichen Schichten eine große Rolle. Man wollte Freiheit für die Entfaltung der eigenen Geschäfte, aber auch die Unabhängigkeit von Kunst und Wissenschaft von Kirche und Aristokratie. Es war nicht nur der Glaube daran, dass Aufklärung und Wissen die Lebensbedingungen der Menschen verbessern würden, sondern auch jene Gewissheit, die Francis Bacon (1561 - 1626) zugeschrieben wird: „Wissen ist Macht" (1597). Nachgewiesen ist eine vorsichtigere, aber sehr zentrale Erkenntnis: „Wissenschaft und menschliche Potenz kommen insofern zusammen, als Unkenntnis der Ursache die Wirkung zunichte macht."

Die Perspektive des freien, vernunftbestimmten Menschen und das Vertrauen in die eigene Denkfähigkeit (Kant: *„Sapere aude!"*; Habe Mut, dich deines eigenen Verstandes zu bedienen!) prägten die Kritik an den überkommenen Autoritäten Kirche und Staat (Gotthold Ephraim Lessing: „An die Stelle der Religion muss die Überzeugung treten."), die sich vor allem gegen die Willkür und Irrationalität von Herrschafts- und Denksystemen wandte. Aus diesen Grundüberlegungen ergaben sich die zentralen Forderungen der Aufklärung: religiöse Toleranz, die Achtung vor den „natürlichen" Rechten des Menschen, das Recht auf freie Meinungsäußerung, und die Gleichheit aller vor dem Gesetz. So traten elementare Verschiebungen in der Wertehaltung und in der Mentalität ein.

In Frankreich entstand die berühmte *Encyclopédie ou Dictionnaire raisonné des sciences, des arts et des métiers*, die zwischen 1751 bis 1772 von Denis Diderot (1713 - 1784) und Jean d'Alembert (1717 - 1783) in 28 Bänden herausgegeben wurde und mehr als 130 Autoren zählte. Voltaire (eigentlich François Marie Arouet; 1694 - 1778), der Jesuitenzögling und unerbittliche Gegner der Kirche, und Charles-Louis de Secondat, Baron de La Brède et de Montesquieu (1689 - 1755), aber auch Jean-Jacques Rousseau (1712 - 1778), dessen Schriften die Französische Revolution maßgeblich beeinflussen sollten, gehörten zu den Autoren dieses Hauptwerks der Aufklärung. Das Sammeln und die Bereitstellung nützlichen Wissens für die Allgemeinheit zum Zweck des individuellen wie des gesellschaftlichen Fortschritts war die Idee, die hinter diesem Projekt stand. Die Erziehung des einzelnen Menschen, der als von Natur aus gut galt, wurde als erster Schritt zu einer Veränderung der Gesellschaft gesehen. Die Verkaufszahlen sprechen dafür, dass dieses Projekt erfolgreich war: Bis 1789 stieg die Auflage der *Encyclopédie* auf 14.000 bis 16.000 Exemplare, die in immer billigeren Ausgaben erhältlich waren.

Dieses den Aufklärern eigene Vertrauen in die menschliche *ratio* verknüpft mit einem Fortschrittsglauben, der das „allgemeine Glück" als Ziel vor Augen hatte, wird als grundlegend für die ersten Revolutionen angesehen. Die Aufklärung prägte die *Glorious Revolution* in England und die Revolution in Nordamerika, wie auch jenen frühen Versuch in Polen 1791, und wohl am umfänglichsten in Frankreich 1789: Die dortigen Revolutionsführer waren radikale Anhänger der Aufklärung. Sie beseitigten den Einfluss der Kirche und ordneten Kalender, Uhrzeit, Maße, Geld und Recht nach rein rationalen Grundsätzen neu – wenn auch hinsichtlich des Kalenders ohne langfristigen Erfolg.

Aber die Aufklärung war auch die Basis für die Industrielle Revolution: Neben den hinreichend bekannten Zielen der Aufklärung ging es dabei im Kern um die Naturbeherrschung. Die Vorstellung, dass sich die Lebensbedingungen kontinuierlich verbessern lassen, beginnt mit Francis Bacon (1561 - 1626) und den Gründern der *Académie Royal* in Frankreich (1648) und der *Royal Academy* in London (1768). Vorher hatte ein zyklisches Weltbild dominiert. Die intellektuellen Wurzeln der Industriellen Revolution, die lange Zeit vernachlässigt worden sind, finden sich im Wandel des Denkens der politischen und wirtschaftlichen Eliten im späten 18. und im 19. Jahrhundert. Ein Grund, weshalb Joel Mokyr von der „industriellen Aufklärung" spricht. Die Verwissenschaftlichung der wirtschaftlichen Tätigkeit wie auch anderer Lebensbereiche war die Voraussetzung dafür, dass die Prozesse der Industriellen Revolution nicht im Sande verliefen. Auch im Mittelalter gab es Kreativität und Innovation: Denken wir an die Erfindung des Schießpulvers und des Buchdrucks oder den Bau von schnelleren Schiffen. Ein Jahrhundert später war die Wirkung dieser Innovationen verpufft. Es gab keine Weiterentwicklung. Warum war dies im ausgehenden 18. und im 19. Jahrhundert in England und dann in Kontinentaleuropa anders? Weil man die Dinge begreifen und durchdringen, sie verstehen wollte! Erst wenn man begreift, wie etwas funktioniert, z. B. eine Dampfmaschine, kann man es auch verbessern oder gar revolutionieren. Ohne intellektuelle Fundierung wäre die Industrielle Revolution im 19. Jahrhundert stecken geblieben. Entscheidende Weichenstellungen für die Innovation kamen aus der wissenschaftlichen Durchdringung der Probleme.

Als die wichtigsten politischen Erfolge der Aufklärung gelten das Zustandekommen der ersten demokratischen Verfassungen der Neuzeit sowie die schriftliche Niederlegung der unveräußerlichen Menschenrechte. Hiermit wurde die geistige Aufklärung auf Staaten und Gesellschaften übertragen. Die erste dieser

Verfassungen war die *Declaration of Independence* (Unabhängig-keitserklärung) der 13 Kolonien, die die USA am 4. Juli 1776 gründeten, es folgten Polen im Mai 1791 und Frankreich im September 1791. Man kann allerdings auch schon die Einführung der konstitutionellen Monarchie als Ergebnis der *Glorious Revolution* 1688/89 in England als frühen Ausfluss aufklärerischen, zumindest anti-absolutistischen Denkens sehen.

Die Glorious Revolution in England und ihre Folgen

In einer unblutigen Revolution in den Jahren 1688 und 1689, die bereits von Zeitgenossen deshalb als die „glorreiche" bezeichnet wurde, wandelte sich das politische System Englands von einem autokratischen Regime der Stuarts zu einer konstitutionellen Monarchie. Die Revolution brachte eine permanente Neuvertei-lung der Macht in der englischen Verfassung.

Den Anstoß zur Glorious Revolution gab eine Erklärung von James II. (Jakob II., 1633 - 1701) zur Religionsfreiheit, die *Declaration of Liberty of Conscience* vom 4. April 1687 (ergänzt am 27. April 1688), die der König in allen Kirchen verlesen ließ. Sie verkündete das Recht auf freie Religionsausübung für Katholiken und protestantische Dissidenten (*Dissenters*).

James II. verlor im Zuge dieses Umsturzes seinen Thron. Zuvor hatte der Monarch schon viel Kredit verspielt mit seiner rücksichtslosen Politik, seiner starken Beanspruchung der Reser-ven der Bürger und der Finanzkraft der Bevölkerung. Gegen den Willen der Mehrheitskirche ließ er Katholiken in der Regierung, im Heer und an den Universitäten zu. Die Bischöfe der anglika-nischen Kirche erhoben sich gegen das Toleranzedikt des Königs. Dem schlossen sich dann die konservativen Tories an. Als ihm im Juni 1688 ein Sohn geboren wurde, was eine katholische Thronfolge wahrscheinlich werden ließ, bot die Opposition dem niederländischen Protestanten Wilhelm III. von Oranien-Nassau (1650 - 1702), dem Gatten der Tochter von James II., Maria II. (1662 - 1694), den englischen Thron an. Als Wilhelm III. tatsächlich mit kleinem Gefolge kam, wurde er triumphal begrüßt, während James II. nach Frankreich floh.

Der Preis, den Wilhelm und seine Gattin für den Thron zu zahlen hatten, war die Unterschrift unter die *Bill of Rights*, mit der die konstitutionelle Monarchie in England begründet wurde und die als Vorbild für die Einführung des Parlamentarismus in vielen anderen Ländern diente. Sie gilt daher als eines der grundlegenden Dokumente des Parlamentarismus. Die *Bill of Rights* regelt die Rechte des englischen Parlaments gegenüber dem König. Das Gesetz, von Ober- und Unterhaus am 13. Februar 1689 zunächst als *Declaration of Rights* (Erklärung der Rechte) verabschiedet, wurde am 26. Oktober desselben Jahres vom neuen Königspaar anerkannt, womit ein Schlussstrich unter eine seit Jahrzehnten schwelende Auseinandersetzung zwischen Monarchie und Parlament gesetzt und der Streit zugunsten des letzteren entschieden wurde. Diese Auseinandersetzung mündete 1642 in den Englischen Bürgerkrieg und flammte nach 1685 unter König James II. erneut auf. Im Kern ging es in diesem Konflikt mit den beiden Stuart-Königen um die Frage, ob der Monarch allein aus göttlichem Recht herrschte und damit über dem Gesetz stand, oder ob er aufgrund der englischen Verfassungsentwicklung seit der *Magna Charta* eine dem Gesetz unterworfene Amtsperson war.

Die *Bill of Rights* verpflichtete den König, das Parlament in regelmäßigen Abständen einzuberufen. Ferner benötigte er dessen Zustimmung zur Erhebung von Steuern und Abgaben sowie zum Unterhalt eines stehenden Heeres in Friedenszeiten. Darüber hinaus begründete das Gesetz die Immunität der Parlamentsabgeordneten. Diese genossen völlige Redefreiheit im Unterhaus und mussten sich für Vergehen künftig nur noch vor diesem selbst, aber nicht mehr vor dem König oder seinen Gerichten verantworten.

Bill of Rights
Gesetz zur Erklärung der Rechte und Freiheiten der Untertanen und zur Festlegung der Thronfolge vom 23. Oktober 1689

...

Es „haben sich jetzt die geistlichen und weltlichen Lords und die Gemeinen gemäß den entsprechenden Briefen und Wahlen in vollzähliger und freier Vertretung dieser Nation versammelt und erklären nach ernsthafter Erwägung der besten Mittel ... zur

Verteidigung und Behauptung ihrer alten Rechte und Freiheiten vor allem das Folgende:

1. dass die angemaßte Befugnis, kraft königlicher Autorität und ohne die Zustimmung des Parlamentes Gesetze vorübergehend außer Kraft zu setzen oder ihre Vollstreckung auszusetzen, ungesetzlich ist;

2. dass die in der letzten Zeit angemaßte und ausgeübte Befugnis, kraft königlicher Autorität von der Befolgung oder Vollstreckung von Gesetzen zu entbinden, ungesetzlich ist;

3. dass die Weisung zur Errichtung des ehemaligen Gerichtshofes der Kommissare für kirchliche Angelegenheiten sowie alle Weisungen und Gerichtshöfe ähnlicher Art ungesetzlich und verderblich sind;

4. dass die Erhebung von Geldern für und zum Nutzen der Krone unter dem Vorwand der Prärogative [Vorrechte des Monarchen, insbesondere der monarchischen Rechte, bei denen den Ständen kein Mitwirkungsrecht zugestanden wird. Im eigentlichen Sinn werden unter fürstlicher Prärogative die Rechte des Monarchen gegenüber der Volksvertretung verstanden: Einberufung und Auflösung, Eröffnung, Dauer der Sitzungsperioden, Initiativrecht und Vetorecht in der Gesetzgebung.] und ohne Zustimmung des Parlamentes insoweit ungesetzlich ist, als sie nur für kürzere Zeit oder in anderer Form bewilligt wurde oder bewilligt werden wird;

5. dass die Untertanen das Recht haben, Petitionen an den König zu richten, und dass eine jede Verhaftung oder gerichtliche Verfolgung wegen der Einreichung solcher Petitionen ungesetzlich ist;

6. dass die ohne die Zustimmung des Parlamentes in Friedenszeiten erfolgende Aushebung oder Unterhaltung eines stehenden Heeres innerhalb des Königreiches unrechtmäßig ist;

7. ...

8. dass die Wahl der Parlamentsmitglieder frei sein sollte;

9. dass die Freiheit der Rede sowie der Inhalt von Debatten oder Verhandlungen im Parlament an keinem anderen Gerichtshof oder Orte außerhalb des Parlamentes unter Anklage oder in Frage gestellt werden sollte;

10. dass weder übermäßige Bürgschaftsleistungen gefordert noch übermäßige Geldstrafen noch grausame und ungewöhnliche Strafen auferlegt werden sollten;
11. dass die Geschworenen ordnungsgemäß in Geschworenenlisten aufgenommen und ausgewechselt werden sollten ...
12. ...
13. und dass ... häufig Parlamentssitzungen abgehalten werden sollten.

So unblutig die *Glorious Revolution* auch verlief, blieb sie doch nicht ohne blutige Folgen: Jene, die dem neuen Herrscherpaar den Treueid verweigerten, die *Nonjurors* oder auch *Jakobiten*, fanden sich vorwiegend unter den Katholiken in den schottischen Highlands und in Irland. Sie wurden in der Schlacht am Boyne (12. Juli 1690) und im Massaker von Glencoe (13. Februar 1692) der Herrschaft der englischen Krone unterworfen.

Die neue Machtverteilung zwischen Parlament und Krone stärkte das Vertrauen in Zusagen der Regierung. Diese Glaubwürdigkeit gestattete es der Regierung, das Finanzwesen zu reformieren. Diese Maßnahmen wurden unter dem Begriff der „Finanziellen Revolution" (1690er bis 1720er Jahre) zusammengefasst. Nach der *Glorious Revolution* bekam das Parlament die Kontrolle über die Staatsfinanzen. Es wurden zentrale Budgets eingeführt und die Einnahmen auf Akzise (indirekte Steuer) gestützt und eine reguläre Steuerbürokratie aufgebaut. So konnte eine rationale Finanzwirtschaft begründet werden. Das Parlament garantierte für die öffentlichen Schulden, woraus sich eine Finanzöffentlichkeit und Vertrauen entwickelten. Anders formuliert: Der konstitutionelle Wandel machte die privaten Eigentumsrechte, die *Property Rights*, sicherer und förderte so die wirtschaftliche Entwicklung. Es entstand eine neue bürgerliche Gesellschaftsschicht, die mit ihrer Tätigkeit im Handel, im Gewerbe und mit Finanzgeschäften immense Privatvermögen anhäufte. Dies war neben dem politischen Fortschritt eine weitere wichtige Voraussetzung für die erfolgreiche Rolle Englands als Initiator des Industrialisierungsprozesses. Der Weg zur Industriellen führte über die Glorreiche Revolution.

Die Amerikanische Revolution

Let the names of Whig and Tory be extinct;
and let none other be heard among us,
than those of a good citizen, an open and resolute friend,
and a virtuous supporter of the RIGHTS of MANKIND,
and of the FREE AND INDEPENDENT STATES OF AMERICA.
(Thomas Paine, 1737 - 1809)

„Amerika, du hast es besser
als unser Kontinent, der alte.
Hast keine verfallenen Schlösser
und keine Basalte.
Dich stört nicht im Innern,
zu lebendiger Zeit,
unnützes Erinnern
und vergeblicher Streit."
(Johann Wolfgang von Goethe, 1827)

Jener Prozess, mit dem sich die dreizehn englischen Kolonien in Nordamerika vom englischen Mutterland lösten und dabei ein völlig neues Staatswesen aus der Taufe hoben, wird auch unter dem Begriff „Amerikanische Revolution" zusammengefasst. Am Ende dieses Prozesses stand die Gründung der Vereinigten Staaten von Amerika.

In den 1760er Jahren verschärften sich vor dem Hintergrund wirtschaftlicher und politischer Differenzen die Spannungen zwischen den englischen Kolonien und dem Mutterland. Dahinter standen vor allem unterschiedliche Auffassungen darüber, ob und welche finanzielle Unterstützung die nordamerikanischen Kolonien England schuldeten. So wollte England von seinen Kolonien einen größeren Beitrag zu den Kosten des (erfolgreichen) neunjährigen Kriegs mit Frankreich (1754 - 1763), mit dem England Louisiana und Kanada hinzugewinnen konnte. Ferner sollten sich die Bewohner der Kolonien stärker an den Lasten der Auseinandersetzungen mit den Indianern beteiligen. Zu diesem Zweck versuchten die englischen Behörden zunächst, bestehende Handelsregulierungen wie die „Navigationsakte" und die Gesetze gegen Schmuggel konsequenter umzusetzen. Mit der Erneuerung der Zuckerakte von 1764 wurden hohe Abgaben auf den Import von Zucker und Melasse (Rückstand bei der Zuckergewinnung, zur Destillation von Rum verwendet) aus Westindien eingeführt, die den lukrativen Dreieckshandel mit Sklaven, Melasse und Rum gefährdeten: Aus Afrika wurden Sklaven im Tausch gegen Melasse auf die französischen westindischen Inseln gebracht. Den Rum lieferten die Amerikaner zu lukrativen Preisen nach England. Hinzu kam eine Reihe anderer Initiativen, welche die wirtschaftliche Tätigkeit in den nordamerikanischen Kolonien kontrollieren und besteuern sollten. Diese Maßnahmen, auferlegt von einem Parlament im fernen Europa, in dem die Bewohner der Kolonien nicht vertreten waren, wurden von den Kolonisten als große Zumutung und Provokation empfunden und stießen auf den geschlossenen Widerstand in Nordamerika: *„No taxation without representation"* (keine Steuern ohne Mitbestimmung) war das Schlagwort. Symbolhaft wurde der Streit um die Einführung einer Stempelsteuer, bei der sich zeigte, dass die Kolonien darüber einig waren, dass sie das Recht auf Selbstbesteuerung wollten. Das englische Parlament gab zwar bei der Stempelsteuer 1766 nach, bestand aber auf seiner Steuerhoheit, die es sich 1688/89 erfochten hatte. Die von den Kolonisten zu finanzierenden Maßnahmen zur Durchsetzung der englischen Steuerhoheit wurden in den darauf folgenden Jahren weiter verschärft (Townshend-Gesetze; *Writs of Assistance*), was sich nicht zuletzt in häufigeren und schärferen Kontrollen ausdrückte, womit den Schmugglern das Geschäft verdorben wurde. Dies veranlasste die *Sons of Liberty* (Söhne der Freiheit) 1768 einen Importboykott zu organisieren. An diesem war Samuel Adams (1722 - 1803) führend beteiligt, der gemeinsam mit Thomas Jefferson (1743 - 1826; 3. Präsident der USA 1801 - 1809) und anderen in Massachusetts „Korrespondenz-Komittees" errichtete, mit denen eine „Los-von-England-Bewegung" entstehen sollte.

Da die Kolonialmacht mit weiteren Schritten die Kolonien in ihrem Aktionsradius und in den Möglichkeiten wirtschaftlicher Tätigkeit einschränkte, kam es zum Aufruhr. Die 1770er Jahre begannen mit dem *Boston Massacre*. 1773 gestattete das Parlament in London der Ostindienkompanie, Tee ohne Zoll nach England einzuführen; gleichzeitig bekam diese Firma ein Monopol für den Tee-Export nach Amerika. Dies machte den legal eingeführten Tee in Amerika billiger als jenen, den amerikanische Schmuggler in die Kolonien brachten. In Charleston, Philadelphia und New York wurde der Tee der Ostindienkompanie boykottiert, in Boston organisierte Samuel Adams 1773, dass 342 Teekisten der Ostindienkompanie unter großem Aufsehen ins Meer befördert wurden.

Nachdem sich der Konflikt durch diese *Boston Tea Party* und die englischen Reaktionen darauf weiter verschärft hatte, kamen zwischen dem 5. September und dem 26. Oktober 1774 Delegierte der 13 Neuenglandstaaten in Philadelphia zum Ersten Kontinental-Kongress zusammen und beschlossen die Einstellung des Handels mit England. Im April 1775 kam es zu einem Zusammenstoß zwischen britischen Truppen und der amerikanischen Miliz bei Lexington, woraus sich der nordamerikanische Unabhängigkeitskrieg entwickelte, der bis 1783 dauern sollte, als Großbritannien im Frieden von Versailles die amerikanische Unabhängigkeit anerkannte.

Während des Krieges entwickelten gewählte Versammlungen in elf Staaten neue Verfassungen. In New Hampshire und Massachusetts gab es Konvente, die eine Verfassung vorbereiten sollten. Die vom Konvent von Virginia am 12. Juni 1776 einstimmig verabschiedete *Virginia Declaration of Rights* war die erste moderne Grundrechteerklärung.

Die Grundrechte von Virginia vom 12. Juni 1776

Artikel 1
Alle Menschen sind von Natur aus in gleicher Weise frei und unabhängig und besitzen bestimmte angeborene Rechte, welche sie ihrer Nachkommenschaft durch keinen Vertrag rauben oder entziehen können, [auch nicht] wenn sie eine staatliche Verbindung eingehen, und zwar [handelt es sich bei diesen Rechten um] den Genuss des Lebens und der Freiheit, die Mittel zum Erwerb und Besitz von Eigentum und das Erstreben und Erlangen von Glück und Sicherheit.

Artikel 2
Alle Macht ruht im Volke und leitet sich folglich von ihm her; die
Beamten sind nur seine Bevollmächtigten und Diener und ihm
jederzeit verantwortlich.

Artikel 3
Eine Regierung ist oder sollte zum allgemeinen Wohle, zum
Schutze und zur Sicherheit des Volkes, der Nation oder Allgemeinheit eingesetzt sein; von all den verschiedenen Arten und
Formen der Regierung ist diejenige die beste, die imstande ist,
den höchsten Grad von Glück und Sicherheit hervorzubringen,
und die am wirksamsten gegen die Gefahr schlechter Verwaltung
gesichert ist; die Mehrheit eines Gemeinwesens hat ein unzweifel-
haftes, unveräußerliches und unverletzliches Recht, eine Regierung zu verändern oder abzuschaffen, wenn sie diesen Zwecken
unangemessen oder entgegengesetzt befunden wird ...

Artikel 5
Die gesetzgebende und die ausführende Gewalt des Staates sollen
von der richterlichen getrennt und unterschieden sein ...

Artikel 6
Die Wahlen der Abgeordneten, die als Volksvertreter in der
Versammlung dienen, sollen frei sein ...

Artikel 8
Bei allen schweren oder kriminellen Anklagen hat jedermann ein
Recht, Grund und Art seiner Anklage zu erfahren, den Anklägern
und Zeugen gegenübergestellt zu werden, Entlastungszeugen
herbeizurufen und eine rasche Untersuchung durch einen unpar-
teiischen Gerichtshof ... zu verlangen, ohne dessen einmütige
Zustimmung er nicht als schuldig befunden werden kann; auch
kann er nicht gezwungen werden, gegen sich selbst auszusagen;
niemand darf seiner Freiheit beraubt werden außer durch Lan-
desgesetz oder das Urteil von seinesgleichen.

Artikel 9
Es sollen keine übermäßigen Bürgschaften verlangt, keine übermäßigen Geldbußen auferlegt, noch grausame und ungewöhnliche Strafen verhängt werden.

...

Artikel 12
Die Freiheit der Presse ist eines der starken Bollwerke der [allgemeinen] Freiheit und kann nur durch despotische Regierungen beschränkt werden.

Artikel 13
Eine wohlgeordnete Miliz, aus der Masse des Volkes gebildet und im Waffendienst geübt, ist der geeignete ... Schutz eines freien Staates ...

Artikel 16
Die Religion oder die Ehrfurcht, die wir unserem Schöpfer schulden, und die Art, wie wir sie erfüllen, können nur durch Vernunft und Überzeugung bestimmt sein und nicht durch Zwang oder Gewalt; daher sind alle Menschen in gleicher Weise zur freien Religionsausübung berechtigt, entsprechend der Stimme ihres Gewissens; es ist die gemeinsame Pflicht aller, christliche Nachsicht, Liebe und Barmherzigkeit aneinander zu üben.

Die in Virginia entstandene Erklärung hatte eine starke Wirkung auf die Beratung der am 4. Juli 1776 erfolgten Unabhängigkeitserklärung der 13 Vereinigten Staaten (*The Unanimous Declaration of The Thirteen United States of America*). Die Präambel der vom Kongress-Präsidenten John Hancock (1737 - 1793) und vom Kongress-Sekretär Carl Thomson unterzeichneten Unabhängigkeitserklärung lautet in der Übersetzung der in Philadelphia erscheinenden deutschsprachigen Zeitung „Pennsylvanischer Staatsbote" vom 5. Juli 1776 (Es war die erste Veröffentlichung der Deklaration. Für die Kongressmitglieder war der Text am 4. Juli abends aufgelegt worden. In englischer Sprache wurde der Bevölkerung das Dokument erst am 6. Juli

1776 durch die „Pennsylvania Evening Post" zur Kenntnis gebracht):

> „Wir halten diese Wahrheiten für ausgemacht, daß alle Menschen gleich erschaffen worden, dass sie von ihrem Schöpfer mit gewissen unveräußerlichen Rechten begabt worden, worunter Leben, Freiheit und das Bestreben nach Glückseligkeit sind. Dass zur Versicherung dieser Rechte Regierungen unter den Menschen eingeführt worden sind, welche ihre gerechte Gewalt von der Einwilligung der Regierten herleiten; dass, sobald eine Regierungsform diesen Endzwecken verderblich wird, es das Recht des Volkes ist, sie zu verändern oder abzuschaffen, und eine neue Regierung einzusetzen, die auf solche Grundsätze gegründet, und deren Macht und Gewalt solchergestalt gebildet wird, als ihnen zur Erhaltung ihrer Sicherheit und Glückseligkeit am schicklichsten zu seyn dünket. Zwar gebietet Klugheit, daß von langer Zeit her eingeführte Regierungen nicht um leichter und vergänglicher Ursachen willen verändert werden sollen; und demnach hat die Erfahrung von jeher gezeigt, daß Menschen, so lang das Uebel noch zu ertragen ist, lieber leiden und dulden wollen, als sich durch Umstoßung solcher Regierungsformen, zu denen sie gewöhnt sind, selbst Recht und Hülfe verschaffen. Wenn aber eine lange Reihe von Mißhandlungen und gewaltsamen Eingriffen auf einen und eben den Gegenstand unabläßig gerichtet, einen Anschlag an den Tag legt, sie unter unumschränkte Herrschaft zu bringen, so ist es ihr Recht, ja ihre Pflicht, solche Regierung abzuwerfen, und sich für ihre künftige Sicherheit neue Gewähren zu verschaffen. Di[e]s war die Weise, wie die Kolonien ihre Leiden geduldig ertrugen; und so ist jetzt die Nothwendigkeit geschaffen, welche sie zwinget ihre vorigen Regierungssysteme zu verändern …"

Nach der Aufzählung einer langen Liste von Vorwürfen gegen das englische Mutterland folgt die Erklärung der Unabhängigkeit; auch diese wiedergegeben in der Übersetzung des Pennsylvanischen Staatsboten:

„Indem wir, derohalben, die Repräsentanten der Vereinigten Staaten von America, im General-Congress versammlet, uns wegen der Redlichkeit unserer Gesinnungen auf den allerhöchsten Richter der Welt berufen, so Verkündigen wir hiemit feyerlich, und Erklären, im Namen und aus Macht der guten Leute dieser Colonien, Daß diese Vereinigten Colonien *Freye und Unabhängige Staaten* sind, und von Rechtswegen seyn sollen; daß sie von aller Pflicht und Treuergebenheit gegen die Brittische Krone frey- und losgesprochen sind, und daß alle Politische Verbindung zwischen ihnen und dem Staat von Großbrittannien hiemit gänzlich aufgehoben ist, und aufgehoben seyn soll; und daß als Freye und Unabhängige Staaten sie volle Macht und Gewalt haben, Krieg zu führen, Frieden zu machen, Allianzen zu schliessen, Handlung zu errichten, und alles und jedes andere zu thun, was Unabhängigen Staaten von Rechtswegen zukömmt."

Die Unabhängigkeitserklärung war von Thomas Jefferson (1743 - 1826) ausgearbeitet worden. Deutlich beeinflusst sind diese Dokumente von den Ideen John Lockes (1632 - 1704), wie sie bereits Thomas Paine (1737 - 1809) aufgegriffen hatte, der mit seiner Flugschrift *Common Sense* vom 10. *Januar 1776* einen wichtigen publizistischen Beitrag zum Erfolg der amerikanischen Unabhängigkeitsbewegung leistete: Amerika müsse unabhängig werden und ein demokratisches Regierungssystem einführen, das auf den Menschenrechten basiere, so die Botschaft, die die amerikanische Bevölkerung faszinierte. Zentral für Paines Denken war die Gesellschaft, während er Staat und Regierung nur als Hilfsorgane der Gesellschaft betrachtete. In seiner Schrift *Common Sense* fand er dafür diese Worte: „Die Gesellschaft ist ein Segen, eine Regierung, sogar die beste, ist nichts anderes als ein notwendiges Übel; die schlechteste ist unerträglich."

Mit der amerikanischen Unabhängigkeitserklärung von 1776 finden zum ersten Mal die Menschrechte Eingang in ein offizielles staatliches Dokument. Das unerhört Neue, das Revolutionäre liegt in dem darin entwickelten Verständnis eines vorstaatlichen Rechts, das Ziel und Zweckbestimmung allen staatlichen Handels sein müsse. Das Regierungssystem sollte derart gestaltet werden, wie es zur Gewährleistung der Sicherheit und des Glücks der Bürger notwendig erschien.

Zum ersten Mal gab sich ein Staat eine Verfassung, die auf den natürlichen Rechten des Einzelnen und der Souveränität des Volkes beruhte sowie demokratische Strukturen festlegte. Allerdings war das Wahlrecht noch kein allgemeines, sondern durch Eigentumsklauseln eingeschränkt, die von rund drei Vierteln der männlichen Weißen erfüllt wurden. Trotz dieser Einschränkungen entstand in den Neuenglandstaaten ein neuer Demokratietypus: die Verfassungs- und Grundrechtsdemokratie. Deren Herrschaft beruht (a) auf der Basis vorstaatlicher Menschenrechte, die auch die Volkssouveränität begründen, (b) auf Gewaltenteilung und zeitlicher Begrenzung aller Staatsämter, schließlich (c) auf der Trennung von Staat und Kirche.

Am 15. November 1779 stimmte der Kontinental-Kongress den *Articles of Confederation* zu, die 1781 ratifiziert wurden. Sie waren die erste Verfassung der dreizehn nordamerikanischen Staaten und der Vorläufer der Verfassung von 1789. Zunächst galt dieses neue Regierungssystem lediglich in den Einzelstaaten, da es noch keinen formellen Zusammenschluss der amerikanischen Staaten gab. Dieses Dokument schrieb zunächst die Souveränität der Einzelstaaten fest. Wegen der Autonomie der Einzelstaaten, fehlender Steuerhoheit des Kongresses und des Einstimmigkeitsprinzips für Beschlüsse war dieses System rasch nicht mehr in der Lage, die anstehenden Probleme zu lösen. Probleme in der wirtschaftlichen Entwicklung, Inflation, Auseinandersetzungen mit der indigenen (eingeborenen) Bevölkerung gefährdeten die revolutionären Prinzipien und verlangten nach einem tieferen Zusammenschluss der Einzelstaaten.

Der 1787 in Philadelphia zusammengetretene Verfassungskonvent sollte diese Aufgabe lösen. Er war beherrscht von der Kontroverse zwischen den einen Bundesstaat anstrebenden *Federalists* John Jay (1745 - 1829), Alexander Hamilton (1755/1757? - 1804), James Madison (1751 - 1836) und George Washington (1732 - 1799), und den *Anti-Federalists,* die einen Staatenbund anstrebten, George Mason (1725 - 1792), Patrick Henry (1736 - 1799), Elbridge Thomas Gerry (1744 - 1814), Luther Martin (1748 - 1826), und Richard Henry Lee (1732 - 1794). Die *Federalists* forderten vor allem eine bundesstaatliche Verfassung mit gestärkten Kompetenzen für den Bund. Die *Anti-Federalists* konnten jedoch die Beibehaltung der Autonomie der Einzelstaaten im Rahmen des 1776/81 geschlossenen Staatenbundes durchsetzen. So konnte auf der Grundlage eines Vorschlages von Roger Sherman (1721 - 1793) und Oliver Ellsworth (1745–1807), ein Kompromiss gefunden werden (*Great Compromise* oder *Connecticut Compromise*) in Form eines Bundesstaates mit präsidialem Regierungssystem. Die Verfassung der Vereinigten Staaten von Amerika vom 17. September 1787, nach einem zögerlichen Ratifikationsverfahren in den Bundesstaaten ab 1789 in Kraft, wies als signifikante Merkmale auf (1) Gewaltenteilung und (2) gegenseitige Kontrolle (*Checks and Balances*) von Mitgliedsstaaten und Bund sowie zwischen den Staatsgewalten der Union. Die Verfassung konnte um zusätzliche Artikel (*Amendments*) ergänzt werden.

Die ersten zehn *Amendments* bildet die *Bill of Rights*, die der amerikanische Kongress am 25. September 1789 beschlossen hat und die bis zum 15. Dezember 1791 von 11 Bundesstaaten ratifiziert wurde. Die in der *Bill of Rights* niedergeschriebenen Rechte räumen den Menschen in den USA unveräußerliche Rechte ein, die von einer Verfassungsgerichtsbarkeit geschützt werden. Jeder Einwohner kann sie beim *Supreme Court*, dem Obersten Gerichtshof einklagen bzw. Gesetze auf ihre Verfassungstreue überprüfen lassen. Im Einzelnen handelt es sich um diese Rechte: Glaubensfreiheit, Meinungsfreiheit, Pressefreiheit, Versammlungsfreiheit, das Recht des Besitzes und der Mitführung von Waffen, das Recht der Aufstellung einer Miliz, der Anspruch auf Entschädigung bei Beschlagnahmungen und Enteignungen, Schutz vor sonstiger Willkür der Exekutive. In den letzten Bereich gehören auch umfangreiche Schutzrechte gegenüber der Justiz: Das Recht auf ein faires Gerichtsverfahren, das Aussageverweigerungsrecht, Schutz vor überzogener Untersuchungshaft, das Recht auf Geschworene bei Straf- und Zivilprozessen, das Übermaßverbot bei Strafen des Staates und das Verbot einer zweiten Anklage wegen desselben Vergehens. Schließlich enthielten die ersten zehn *Amendments* die Garantie, dass die Bürgerrechte durch den Staat nicht eingeschränkt werden konnten.

Am Ende dieses langen, zum Teil blutigen Weges war ein Staat entstanden mit Verfassung ohne Vorbild, sowohl was die Staatskonstruktion angeht als auch bezüglich der Niederlegung unantastbarer Grundrechte in einem staatlichen Dokument. Bereits die *Virgina Bill of Rights* von 1776 setzte im Bereich der Menschenrechte Maßstäbe. Diese Dokumente schufen den ersten Staat, dessen Bundes- und Länderregierungen sich zur Demokratie bekannten. Gerade die Formulierung der Menschenrechte wirkt fort im Menschenrechtskatalog vieler aktueller Verfassungen und in der Charta der Vereinten Nationen.

DIE ERSTE REVOLUTIONÄRE WELLE AUF DEM EUROPÄISCHEN KONTINENT

> *„Es ist besser, das Alte mit Stumpf und Stil auszurotten,*
> *als ewig zu flicken und nie ein vollkommenes*
> *Ganzes zustande zu bringen."*
> (Adolph von Knigge, 1752 - 1796)

LIBERALE VERFASSUNGSREFORM IN POLEN

Die europäische Aufklärung wirkte in Nordamerika und half bei der Errichtung des ersten modernen, demokratischen Staatswesens. Der Freiheitskampf der Kolonisten wiederum, der notwendig war, dieses Werk zu vollbringen, wirkte zurück auf Europa. Die französische Verfassung war zwar die berühmteste, jedoch nicht die erste auf dem Kontinent beschlossene moderne Verfassung: Das polnische Parlament, der Reichstag oder Sejm, hatte bereits am 3. Mai 1791 eine Verfassung für Polen-Litauen verabschiedet, welche die Bürger dem Adel gleichstellte. Diese Verfassung sah vor, dass die Regierung von einer demokratisch gewählten Volksversammlung berufen werden sollte (Artikel V: „Jede Gewalt in der menschlichen Gesellschaft entspringt aus dem Willen der Nation."). Es wurde eine konstitutionelle Monarchie begründet, deren König nur noch repräsentative Aufgaben wahrzunehmen hatte. Die vollziehende Gewalt sollte „Gesetze weder geben noch erklären, keine Abgaben und Steuern, unter welchem

Namen es auch sey, auflegen, keine Staatsanleihen machen, die vom Reichstage gemachte Eintheilung der Schatzeinkünfte nicht abändern, keine Kriege erklären, keinen Frieden, keinen Tractat und keine diplomatische Acten definitiv abschließen können. Es soll ihr bloß freistehen, einstweilige Unterhandlungen mit den auswärtigen Höfen zu pflegen, ingleichen einstweiligen und gemeinen Bedürfnissen zur Sicherheit und Ruhe des Landes abzuhelfen; aber hievon ist sie verpflichtet, der nächsten Reichstagsversammlung Bericht zu erstatten." (Artikel VII) Den Menschen wurde auch Religionsfreiheit garantiert, jedoch das römisch-katholische Bekenntnis zur Nationalreligion erhoben: „Die herrschende Nationalreligion ist und bleibt der heilige römisch-katholische Glaube mit allen seinen Rechten. Der Übergang von dem herrschenden Glauben zu irgend einer andern Confession wird bei den Strafen der Apostasie untersagt. Da uns aber eben dieser heilige Glaube befiehlt, unsern Nächsten zu lieben; so sind wir deshalb schuldig, allen Leuten, von welchem Bekenntnisse sie immer auch seyn mögen, Ruhe in ihrem Glauben und den Schutz der Regierung angedeihen zu lassen. Deshalb sichern wir hiermit, unsern Landesbeschlüssen gemäß, die Freiheit aller religiösen Gebräuche und Bekenntnisse in den polnischen Landen" (Artikel I).

Diese Verfassung für Polen-Litauen war nach der amerikanischen weltweit die zweite moderne, demokratische Verfassung. Allerdings gelang es nicht, sie gegen ihre Feinde zu verteidigen: Nicht zuletzt wegen paralleler Vorgänge in Frankreich wurde diese Verfassung von den herrschenden Eliten der Nachbarländer als Bedrohung ihrer Position angesehen. Nur zwei Jahre später wurde diese Verfassung 1793, nach kriegerischen Auseinandersetzungen, im Kontext der Zweiten Teilung Polens suspendiert.

Die Französische Revolution

Die Menschen werden frei und gleich
an Rechten geboren und bleiben es.
(Art. 1, Déclaration des Droits de l'Homme et du Citoyen, 1789)

Die Französische Revolution lässt sich in drei Phasen gliedern: Die erste Phase von 1789 bis 1791 war vom Kampf um die Einführung bürgerlicher Freiheitsrechte geprägt und resultierte in der Einführung der konstitutionellen Monarchie. In den Jahren 1792 und 1793 war Frankreich eine Republik, die angesichts innerer und äußerer Bedrohungen für die Revolution von einem Terrorregime beherrscht wurde. Mit der Guillotine, die am 25. April 1792 erstmalig zum Einsatz kam, bedrohte man von da an alle „Feinde der Revolution". Das Direktorium (1795 - 1799) konnte sich als politische, besitzbürgerlich orientierte Führung nur sehr schwer gegen Initiativen für soziale Gleichstellung auf der einen und monarchistische Restaurationsversuche auf der anderen Seite behaupten. In dieser Phase entwickelte sich das in den Revolutionskriegen entstandene Bürgerheer zum entscheidenden Machtfaktor in Frankreich.

Der Sturm auf die Bastille, ein Gefängnis in Paris, am 14. Juli 1789 ist nach französischer Tradition der Zeitpunkt, mit dem der Beginn der Französischen Revolution markiert wird, die für Kontinentaleuropa einen Wendepunkt darstellt. Aus historischer Sicht ist es aber sinnvoll, bereits einige Jahre früher mit der Erklärung der Ereignisse und Entwicklungen zu beginnen, um Motivation und Ziel dieses politischen und gesellschaftlichen Sturms zu verstehen.

Die Ursachen der Französischen Revolution waren ähnlich jenen der Glorreichen Revolution in England und in gewisser Weise auch jenen des Umbruchs in Nordamerika. Frankreich war geprägt vom Absolutismus, den James II. bei Ludwig XIV. kennengelernt und sich als Vorbild für seine Regentschaft in England genommen hatte. Den Begriff der „absoluten Herrschaft" prägte der französische Staatsrechtler Jean Bodin (1529/1530 - 1596), der in seinem 1576 veröffentlichten Werk *Les six livres de la République* (dt. Titel: *Sechs Bücher über den Staat)* die staatlichen

Machtstrukturen analysierte und einen säkularen Staatsbegriff entwickelte. Die ideale Staatsform war für ihn die zentralistische absolute Monarchie, die sich durch religiöse Toleranz auszeichnet. Dabei bleibt der über dem Gesetz stehende Souverän (also der König oder Fürst) dem Naturrecht und den Grundgesetzen des Staates verpflichtet. In Frankreich kam der Absolutismus mit der Auflösung der letzten Versammlung der *États géneraux* (dt. Generalstände. Sie wurden 1302 erstmalig einberufen und setzten sich aus den drei Ständen zusammen: die Geistlichkeit als 1. Stand, der Adel als 2. Stand und Bürgertum und Bauernschaft als 3. Stand. Seit 1483 wählten die Mitglieder dieser Stände ihre Repräsentanten in den Generalständen. Hauptaufgabe war die Bewilligung neuer Steuern. Zwischen 1615 und 1789 war diese Versammlung nicht mehr zusammengetreten.) im Jahre 1615 zur vollen Ausprägung. Selbstverständlich ist dieses Idealbild des Absolutismus nie vollständig umgesetzt worden, Pfadabhängigkeiten haben den Einfluss überkommener Institutionen aufrechterhalten. (Mit Pfadabhängigkeiten wird das Phänomen benannt, dass in einer spezifischen historischen Ausgangssituation entstandene Strukturen in der Folge dazu tendieren, sich selbst zu reproduzieren. Es sind zwar Veränderungen vorstellbar, jedoch nur als Variationen innerhalb eines durch bestimmte institutionelle Merkmale charakterisierten „Pfades", der als solcher nicht reversibel ist. Bewegen sich die Alternativen nicht innerhalb dieser Grenzen, reduzieren sich deren Chancen auf Durchsetzung bis hin zur Unmöglichkeit.)

Unter Ludwig XIV. (1661 - 1715) bildete sich eine immer größere Bürokratie. Der König verschuldete sich infolge ausgedehnter Kriege und einer verschwenderischen Hofhaltung. Eine enorme Steuerlast und die Einengung auch des städtischen Lebens brachten für die große Masse der Bevölkerung existenzbedrohende wirtschaftliche Belastungen. Trotz immer weiterer Steuern – darunter Wegesteuer, Salzsteuer, Kopfsteuer und Fenstersteuer –, die allein der dritte Stand aufzubringen hatte, wuchs das Staatsdefizit im 18. Jahrhundert weiter. Die Bauern litten unter Frondiensten, das politisch einflusslose Bürgertum unter der hohen Abgabenlast, womit Armee, Adel, Klerus und Königshaus finanziert wurden. Unter dem Sonnenkönig waren die Staatseinnahmen zwischen 1685 und 1715 infolge der ständigen Kriege um 37 % gefallen, während sich die Staatsschulden um mehr als das Vierfache vermehrt hatten. Die zur Deckung des Finanzbedarfs herangezogenen Maßnahmen waren untauglich und bedrohten den gesellschaftlichen Frieden, zumal das System der Steuereintreibung ineffektiv war und Korruption und Unterschlagung begünstigte.

Ab dem Ende der 1770er Jahre wurde Frankreich von schweren Wirtschafts- und Finanzkrisen erfasst, die auch den Staat in eine katastrophale finanzielle Schieflage brachten. Hinzu kamen die exorbitanten Kosten der Teilnahme am österreichischen Erbfolgekrieg (1740 - 1748), am Siebenjährigen Krieg (auch bezeichnet als 3. Schlesischer Krieg, 1756 - 1763) sowie am gleichzeitig geführten Britisch-Französischen Kolonialkrieg (1754 - 1763). Der absehbare Staatsbankrott ließ Ansehen und Macht der Krone einbrechen.

Die Situation wurde durch die für die vorindustrielle Zeit typischen starken und unmittelbar wirkenden wirtschaftlichen Einbrüche, oft infolge von Missernten, nicht erleichtert. Das Gros der wirtschaftlichen Erträge wurde unmittelbar für die Deckung des Eigenbedarfs aufgewandt. Nur ein kleiner Anteil wurde als Überschuss für den Markt bereitgestellt. Die Masse der städtischen Unterschichten verdiente kaum mehr, als für den Lebenserhalt nötig war: So musste ein einfacher Arbeiter etwa die Hälfte seines Lohnes für das Hauptnahrungsmittel Brot ausgeben. Wer zur Unterschicht gehörte, war also extrem abhängig von den Brot- und Getreidepreisen, die starken Schwankungen unterlagen. Die daraus resultierenden Preissteigerungen brachten die Menschen noch mehr gegen die Herrschenden auf als die Schuldenwirtschaft. Kam es zu Teuerungen, entlud sich die existentielle Bedrohung häufig in spontanen Gewaltakten. So war die durch Unwetter verursachte verheerende Missernte des Sommers 1788 einer der kurzfristigen Faktoren im Ursachenbündel der Französischen Revolution. Die Getreidepreise zogen stark an und erzeugten eine Hungersnot, von der ein Großteil der ärmeren Stadtbevölkerung geplagt wurde. Im April 1789 kam es deshalb in Paris zu ersten Aufständen. Am 14. Juli 1789, dem Tag des Sturms auf die Bastille, kletterten die Brotpreise auf ihren höchsten Stand.

Die Französische Revolution hatte kurzfristige, aber auch längerfristige, strukturelle Ursachen. Neben der Misswirtschaft bei Hofe waren es auch Prozesse im Rahmen eines raschen wirtschaftlichen und sozialen Wandels, der Frankreich im 18. Jahrhundert erfasst hatte: Noch um 1700 war die französische Ökonomie durch eine Dominanz der Subsistenzwirtschaft charakterisiert. Die vorwiegend kleinbäuerliche Landwirtschaft erbrachte mit traditionellen Methoden nur geringe Erträge und war von zyklischen Produktionskrisen geprägt. Die gewerbliche Produktion bestand vorwiegend aus ländlichem Gewerbe, das – abhängig von agrarischen Rohstoffen – ebenfalls deutlich wahrnehmbaren Zyklen unterworfen war. Das städtische Handwerk erlebte im 18. Jahrhundert nur geringe Veränderungen. Der Industrialisierungsprozess verlief in dieser Periode nur zögerlich. Seit Mitte des Jahrhunderts wurden erste mechanische Baumwollspinnereien gegründet. Die ersten Dampfmaschinen wurden gegen Ende des Jahrhunderts in Betrieb genommen. Frühestens ab den 1820er Jahren setzte ein beschleunigtes industrielles Wachstum ein. Das 18. Jahrhundert war indessen geprägt von einem starken Wachstum des innereuropäischen und des Überseehandels. Das Bürgertum trat in jenen Jahren noch kaum als innovativer Faktor in Erscheinung, sondern investierte in den Erwerb von Immobilien und Ämtern.

Trotz des strukturellen Beharrungsvermögens wuchs die französische Wirtschaft über das gesamte 18. Jahrhundert, begünstigt durch Entwicklungen in Außenhandel, Textilindustrie, Landwirtschaft und Gewerbe. Die Bevölkerung wuchs von 20 auf 26 Millionen. Dies führte ab den 1730er-Jahren zu Inflation. Die Preise stiegen bis 1780 um 50 bis 60 %. Es kam immer wieder zu Unruhen. 1775 kam es in und um Paris wegen der enormen Preissteigerungen zu Aufständen, die unter dem Namen „Mehlkrieg" bekannt wurden. In den Jahren vor Ausbruch der Französischen Revolution sanken die Preise für Agrarerzeugnisse wieder. Die Regierung liberalisierte den Außenhandel, um dem Konjunkturverfall entgegenzutreten. Der Adel versuchte die Einbußen bei den Verkaufserlösen durch die Erhöhung der Feudalabgaben und Modernisierungs- und Rationalisierungsmaßnahmen wettzumachen, wodurch sich die

Bauernschaft in ihrer traditionellen Wirtschaftsweise bedroht fühlte. Dies trug dazu bei, dass später die Revolution nicht auf die Städte beschränkt blieb.

In dem gereizten Klima des Jahres 1789 berief Ludwig XVI. (1754 - 1793) für den 1. Mai die Generalstände zur Versammlung nach Versailles; dies geschah zum ersten Mal seit 1615. Die Abgeordneten zerstritten sich über den Abstimmungsmodus und waren noch Mitte Juni nicht zu den dringenden Entscheidungen gekommen. Daraufhin erklärte sich der Dritte Stand, der rund 96 Prozent der Bevölkerung repräsentierte, aber auch einzelne Abgeordnete der anderen Stände, nach Streitigkeiten über Einzelheiten am 17. Juni zur Nationalversammlung (*Assemblée nationale*). Diesen Schritt akzeptierte der König natürlich nicht und befahl die Auflösung der Versammlung. Ludwig XVI. versuchte, weitere Zusammenkünfte zu verhindern, indem er kurzerhand den Versammlungssaal zusperren ließ, worauf die Nationalversammlung im benachbarten Ballspielsaal *„Jeu de Paume"* des Versailler Schlosses zusammenkam. Dort schworen die Mitglieder, sich nicht zu trennen, bis sie eine Verfassung für Frankreich ausgearbeitet haben würden. Dieser Vorgang ist bekannt geworden als Ballhausschwur. Vom Wortführer des Dritten Standes, Honoré Gabriel Victor de Riqueti, Marquis de Mirabeau (1749 - 1791), ist folgende Version der Antwort auf die königliche Blockade durch Heinrich von Kleist überliefert worden: „Die Nation gibt Befehle und empfängt keine … So sagen Sie Ihrem Könige, dass wir unsere Plätze anders nicht, als auf die Gewalt der Bajonette verlassen werden." Schließlich gab der König am 27. Juni 1789 nach. Ab dem 9. Juli bildeten die drei Stände dann die Verfassungsgebende Nationalversammlung (*„Assemblée nationale constituante"*) mit dem Ziel, eine Verfassung für Frankreich zu formulieren und zu verabschieden.

In dieser Phase wurde die Veränderungsdynamik durch die politische Taktik des Königs gestärkt. Das Regime Ludwig XVI. (1754 - 1793) verspielte in diesen Tagen seine letzte Glaubwürdigkeit, als der König Truppen in Paris zusammenzog und Finanzminister Jacques Necker (1732 - 1804) entließ, der bei Hofe für den Ausbruch der Revolution verantwortlich gemacht wurde. Eine Truppenkonzentration in Paris und Neckers Entlassung wurden von den Parisern als Bedrohung empfunden und heizte daher in den folgenden Tagen die Stimmung an, bis es schließlich am 14. Juli 1789 zum Sturm auf die Bastille kam, der zum Symbol der Französischen Revolution wurde. Nach der Eroberung der Bastille wurden die Pariser Truppen zurückgezogen und der König gab gegenüber der Nationalversammlung eine Loyalitätserklärung ab. Diese erfolgte aber zu spät. Ein entscheidender Damm war gebrochen.

Auf dem Weg dorthin schaffte die Versammlung am 11. August 1789 die feudalen Privilegien ab. In der „Opfernacht der Privilegierten" vom 4. auf den 5. August 1789 verzichteten Aristokratie und Klerus feierlich auf ihre Vorrechte wie Steuerprivilegien, Frondienste und persönliche Dienstleistungen und stimmten dem Freikauf von allen Feudallasten zu. Auch Städte und Provinzen verzichteten angesichts des Aufruhrs auf alte Sonderrechte. Mit der von Marie-Joseph Motier, Marquis de La Fayette (1757 - 1834) inspirierten Erklärung der Menschen- und Bürgerrechte (*Déclaration des Droits de l'Homme et du Citoyen*) vom 26. August 1789 (nach amerikanischem Vorbild) verkündete die Nationalversammlung den freien und vor dem Gesetz gleichen französischen Bürger. Das politische Dokument enthält grundlegende Festlegungen zu den Menschen- und bürgerlichen Rechten und die Rolle der Nation, des Staates, die jedoch nur für Männer gelten sollten. Wie in den amerikanischen Dokumenten gibt es ein Bekenntnis zu natürlichen und unveräußerlichen Rechten wie Freiheit, Eigentum, Gleichheit vor dem Gesetz, Sicherheit vor und Widerstandsrecht gegen Unterdrückung. Ferner finden sich Aussagen zur demokratischen Gewaltenteilung, wie sie von Montesquieu in seinem Buch „Vom Geist der Gesetze" (1748) vorgeschlagen worden waren.

ERKLÄRUNG DER MENSCHEN- UND BÜRGERRECHTE VOM 26. AUGUST 1789

Präambel
Da die Vertreter des französischen Volkes, als Nationalversammlung eingesetzt, erwogen haben, dass die Unkenntnis, das Vergessen oder die Verachtung der Menschenrechte die einzigen

Ursachen des öffentlichen Unglücks und der Verderbtheit der Regierungen sind, haben sie beschlossen, die natürlichen, unveräußerlichen und heiligen Rechte der Menschen in einer feierlichen Erklärung darzulegen, damit diese Erklärung allen Mitgliedern der Gesellschaft beständig vor Augen ist und sie unablässig an ihre Rechte und Pflichten erinnert; damit die Handlungen der gesetzgebenden wie der ausübenden Gewalt in jedem Augenblick mit dem Endzweck jeder politischen Einrichtung verglichen werden können und dadurch mehr geachtet werden; damit die Ansprüche der Bürger, fortan auf einfache und unbestreitbare Grundsätze begründet, sich immer auf die Erhaltung der Verfassung und das Allgemeinwohl richten mögen.

Infolgedessen erkennt und erklärt die Nationalversammlung in Gegenwart und unter dem Schutze des Allerhöchsten folgende Menschen- und Bürgerrechte:

Artikel 1
Die Menschen werden frei und gleich an Rechten geboren und bleiben es. Soziale Unterschiede dürfen nur im allgemeinen Nutzen begründet sein.

Artikel 2
Der Zweck jeder politischen Vereinigung ist die Erhaltung der natürlichen und unantastbaren Menschenrechte. Diese sind das Recht auf Freiheit, das Recht auf Eigentum, das Recht auf Sicherheit und das Recht auf Widerstand gegen Unterdrückung.

Artikel 3
Der Ursprung jeder Souveränität liegt ihrem Wesen nach beim Volke. Keine Körperschaft und kein Einzelner kann eine Gewalt ausüben, die nicht ausdrücklich von ihm ausgeht.

Artikel 4
Die Freiheit besteht darin, alles tun zu dürfen, was einem anderen nicht schadet: Die Ausübung der natürlichen Rechte eines jeden Menschen hat also nur die Grenzen, die den anderen Mitgliedern der Gesellschaft den Genuss eben dieser Rechte sichern. Diese Grenzen können nur durch das Gesetz bestimmt werden.

Artikel 5
Das Gesetz darf nur solche Handlungen verbieten, die der Gesellschaft schaden. Alles, was durch das Gesetz nicht verboten ist, darf nicht verhindert werden, und niemand kann genötigt werden zu tun, was es nicht befiehlt.

Artikel 6
Das Gesetz ist der Ausdruck des allgemeinen Willens. Alle Bürger haben das Recht, persönlich oder durch ihre Vertreter an seiner Gestaltung mitzuwirken ….

Artikel 7
Niemand darf angeklagt, verhaftet oder gefangen gehalten werden, es sei denn in den durch das Gesetz bestimmten Fällen und nur in den von ihm vorgeschriebenen Formen ….

Artikel 9
Da jeder solange als unschuldig anzusehen ist, bis er für schuldig befunden wurde, muss, sollte seine Verhaftung für unumgänglich gehalten werden, jede Härte, die nicht für die Sicherstellung seiner Person notwendig ist, vom Gesetz streng unterbunden werden.

Artikel 10
Niemand soll wegen seiner Anschauungen, selbst [derjenigen] religiöser Art, belangt werden, solange deren Äußerung nicht die durch das Gesetz begründete öffentliche Ordnung stört.

Artikel 11
Die freie Äußerung von Meinungen und Gedanken ist eines der kostbarsten Menschenrechte; jeder Bürger kann also frei reden, schreiben und drucken …

Artikel 13
Für die Unterhaltung der öffentlichen Gewalt und für die Verwaltungsausgaben ist eine allgemeine Abgabe unerlässlich; sie muss auf alle Bürger, nach Maßgabe ihrer Möglichkeiten, gleichmäßig verteilt werden.

...

Artikel 15
Die Gesellschaft hat das Recht, von jedem Staatsbeamten Rechenschaft über seine Amtsführung zu verlangen.

Artikel 16
Eine Gesellschaft, in der die Gewährleistung der Rechte nicht gesichert und die Gewaltenteilung nicht festgelegt ist, hat keine Verfassung.

Artikel 17
Da das Eigentum ein unverletzliches und geheiligtes Recht ist, kann es niemandem genommen werden, es sei denn, dass die gesetzlich festgestellte öffentliche Notwendigkeit dies eindeutig erfordert und vorher eine gerechte Entschädigung festgelegt wird.

Frauen waren von diesen Rechten weitestgehend ausgeschlossen. Gegen diese Ausgrenzung regte sich allerdings Widerstand. So forderte Olympe de Gouges (1748 - 1793), die eigentlich Marie Gouze hieß, in ihrer *„Déclaration des droits de la femme et de la citoyenne"* (Erklärung der Rechte der Frau und Bürgerin) aus dem Jahre 1791 die volle rechtliche, politische und soziale Gleichstellung der Frauen:

ERKLÄRUNG DER RECHTE DER FRAU UND BÜRGERIN

zu erlassen durch die Nationalversammlung in ihrer letzten Sitzung oder in der ersten Sitzung der nächsten Legislaturperiode.

Präambel
Die Mütter, Töchter, Schwestern, die Repräsentantinnen der Nation verlangen in der Nationalversammlung vertreten zu sein. Unter Berücksichtigung, dass Unkenntnis, Vergessen und Geringschätzung der Rechte der Frau die einzigen Gründe für die allgemeinen Missstände und die Verdorbenheit der Regierungen

sind, haben sie sich entschlossen, in einer feierlichen Erklärung die natürlichen, unveräußerlichen und heiligen Rechte der Frau darzulegen …

I
Die Frau wird frei geboren und bleibt dem Mann gleich an Rechten. Soziale Unterschiede können nur auf einen gemeinschaftlichen Nutzen hin begründet werden.

II
Das Ziel eines jeden politischen Zusammenschlusses ist die Erhaltung der natürlichen und unverjährbaren Rechte der Frau und des Mannes: Diese Rechte sind Freiheit, Eigentum, Sicherheit und besonders das Recht auf Widerstand gegen Unterdrückung. …

IV
Freiheit und Gerechtigkeit bestehen darin, alles das abzustatten, was dem anderen zukommt; auf diese Art ist die Ausübung der natürlichen Rechte der Frau nur durch die fortwährende Zwangsherrschaft, die der Mann über sie verhängt, beschränkt; diese Schranken müssen durch die Gesetze der Natur und der Vernunft abgeschafft werden.

…

VI
Das Gesetz muss der Ausdruck des allgemeinen Willens sein …: alle Bürgerinnen und Bürger sind vor seinen Augen gleich, und sie müssen in gleicher Weise entsprechend ihren Fähigkeiten und ohne andere Unterscheidung als der ihres Könnens und ihrer Talente zu allen Würden, Stellen und öffentlichen Ämtern zugelassen sein.

…

X
Wegen seiner, selbst fundamentalen, Meinungen braucht niemand etwas zu befürchten; die Frau hat das Recht auf das Schafott zu

steigen, sie muss auch jenes haben, ein Podium zu betreten – vorausgesetzt, dass ihre Bekundungen nicht die durch das Gesetz festgelegte, öffentliche Ordnung stören.

XI

Die freie Äußerung von Gedanken und Meinungen ist eines der wertvollsten Rechte der Frau, weil diese Freiheit die Rechtmäßigkeit der Väter gegenüber den Kindern sichert ...

XIII

Für die Aufrechterhaltung der Staatsmacht und die Kosten der Verwaltung sind die steuerlichen Beiträge der Frau und des Mannes gleich; sie hat teil an allen Lasten und allen beschwerlichen Aufgaben; sie muss also gleichfalls teilhaben an der Besetzung von Stellen, Arbeitsplätzen, Ämtern, Würden und Gewerben.
...

XVII

Das Eigentum gehört beiden Geschlechtern gemeinschaftlich oder einzeln; es stellt für jeden ein unverletzbares und heiliges Recht dar; es darf niemandem als wahres Erbe der Natur vorenthalten werden, außer wenn dies nach rechtmäßiger Feststellung einer öffentlichen Notwendigkeit augenscheinlich erforderlich ist, unter der Bedingung einer gerechten und vorherigen Entschädigungsleistung.

Postambel

Frau, wache auf! Die Sturmglocke der Vernunft verschafft sich auf der ganzen Welt Gehör. Erkenne deine Rechte. Das mächtige Reich der Natur ist nicht länger umgeben von Vorurteilen, Fanatismus, Aberglauben und Lügen ... Der abhängige Mann hat seine Kräfte vermehrt und von den deinen Gebrauch machen müssen, um seine Ketten zu zerstören. Als er frei geworden ist, ist er ungerecht gegenüber seiner Gefährtin geworden. O Frauen! Frauen, wann werdet ihr aufhören, blind zu sein? Was sind die Vorteile, die euch in der Revolution zugekommen sind? Eine noch größere Verachtung, eine noch deutlichere Herablassung. ... Welche Beschränkungen es auch seien, die man euch auferlegt, es steht in eurer Macht, euch davon zu befreien. Ihr müsst es nur wollen."

Olympe de Gouges ist auf dem Schafott am 3. November 1793 hingerichtet worden.

Die Revolution war auch begleitet von einer Säkularisierungswelle. Bereits am 4. August 1789 verzichtete der Klerus auf den Zehnten, was ca. die Hälfte der kirchlichen Einnahmen ausmachte. Eine zweite wichtige Einnahmequelle, der kirchliche Grundbesitz, wurde von der Nationalversammlung am 2. November 1789 verstaatlicht. Hiermit wollte der Staat die drückenden Finanzprobleme lösen. Er übernahm mit der Säkularisierung aber auch die Sozial- und Bildungspolitik, die bisher Domäne der Kirche gewesen waren. Im Februar 1790 wurden die Orden und Klöster aufgelöst, die nicht karitativ engagiert waren, 1792 traf es dann auch die karitativen Ordensgemeinschaften. Hinzu kamen weitere Maßnahmen, mit denen die weltliche Macht in die Organisation der Kirche eingriff und sie stärker dem neuen politischen System verbunden machen wollte.

Die Hauptstadt Paris war ein wichtiges Zentrum für die Revolution. Entscheidend für die Verbreitung der Ideen der Aufklärung war die Entwicklung neuer Kommunikationsstrukturen. Das sich rasch verbreitende Zeitungswesen, die Errichtung von Akademien und die Bildung von Kommunikationsforen wie Logen, Salons, Lesegesellschaften und Cafés waren Teil eines intellektuellen Netzwerkes, das sich über ganz Europa zog. Den Städten kam in diesem Kontext die Funktion eines Knotenpunkts für dieses Kommunikationsnetzwerk zu. Ende des 18. Jahrhunderts hatte Paris rund 600.000 Einwohner mit dem im europäischen Vergleich höchsten Bildungsstand und Alphabetisierungsgrad. In Paris traf sich eine Elite aus Wissenschaftlern, Literaten und Künstlern. Das hohe Niveau und die Vielfalt der Fähigkeiten und Kenntnisse verband sich mit der räumlichen Nähe und der Bevölkerungsdichte zu etwas, was wir heute ein „kreatives Milieu" nennen würden. Hier konnte sich eine Öffentlichkeit entwickeln, die notwendig war, um die Ideenwelt der Aufklärung in politische Aktion umzusetzen.

In Paris formierten sich nach englischem Vorbild politische Klubs, die sich dann über ganz Frankreich ausbreiteten. Neben den gemäßigten *Feuillants*, zu denen auch La Fayette zählte, entstanden die radikaleren Klubs der Jakobiner und der *Cordeliers*. Alle bildeten sich als Abspaltung beziehungsweise Neugründung des Bretonischen Klubs.

Der Bretonische Klub (*club breton*) war am 30. April 1789 als Zusammenschluss bretonischer Parlamentarier gegründet worden. Die Bretagne verfügte, unabhängig von den Generalständen, über ein eigenes Regionalparlament. Im August 1789 spaltete sich der Klub wegen grundlegender Differenzen in der Frage des Vetorechtes des Königs ab. Später wurde er von einem Teil der Mitglieder unter dem Namen *Société des amis de la constitution* (Gesellschaft der Verfassungsfreunde), besser bekannt als Klub der Jakobiner, erneut gegründet.

Die Feuillants hatten sich wegen der Radikalisierung der anderen revolutionären Strömungen der Jakobiner und des Club des Cordeliers vom Bretonischen Klub abgespalten. Die Feuillants traten für eine konstitutionelle Monarchie ein. Benannt wurden sie nach dem Namen ihres Versammlungsortes, eines Zisterzienserklosters. Diese Gruppierung löste sich 1792 auf. Der Großteil des Führungspersonals wurde 1793 hingerichtet, wenn nicht die Flucht ins Exil gelang.

Die *Société des amis de la constitution* tagte in dem der Säkularisierung zum Opfer gefallenen Dominikanerkloster Saint-Jacques in Paris, was zu der Bezeichnung Jakobiner führte. Nach dem Fluchtversuch Ludwig XVI. im Jahre 1791 stellten sich die Jakobiner gegen jede Form der Monarchie, wandten sich also auch von der Staatsform der konstitutionellen Monarchie ab. Zu den Mitgliedern dieser „heiligen Liga gegen die Feinde der Freiheit" zählten schon bald Mirabeau und Maximilien Marie Isidore de Robespierre (1758 - 28. Juli 1794), der später die führende Rolle im Klub übernahm. Die Jakobiner hatten in Paris lediglich rund 3.000 Mitglieder, aber sie konnten über 1.200 mit ihnen assoziierte Gesellschaften im ganzen Land starken Einfluss ausüben. In der zwischen 1792 und 1795 tagenden französischen Abgeordnetenversammlung, dem Nationalkonvent, erreichten die Jakobiner den Höhepunkt ihrer Macht. Der Jakobiner-Klub wurde nach dem Sturz Robespierres am 11. November 1794 durch den Nationalkonvent aufgelöst. Dieser Klub hatte wohl die größte Strahlkraft außerhalb Frankreichs, nannte man doch außerhalb des Landes die Anhänger der Französischen Revolution und der Demokratie Jakobiner.

Der Klub der Cordeliers (*société des droits de l'homme et du citoyen*) erhielt seine Bezeichnung nach seinem anfänglichen Versammlungsort *Couvent des Cordeliers*, einem aufgelösten Franziskanerkloster. Er formierte sich als radikale Abspaltung von der „Gesellschaft der Verfassungsfreunde" mit dem Ziel, die Revolution zu radikalisieren. So wird den *Cordeliers* die Popularisierung des Mottos *Liberté, Égalité, Fraternité* zugeschrieben. Zu den führenden Persönlichkeiten des Klubs gehörten der Arzt, Verleger und Journalist Jean-Paul Marat (1743 - 13. Juli 1793), die Anwälte Georges Danton (1759 - 5. April 1794) und Camille Desmoulins (1760 - 5. April 1794), der Journalist Jacques-René Hébert (1757 - 24. März 1794) und der Schuhmacher, Medizinstudent und spätere Journalist Pierre-Gaspard Chaumette (1763 - 24. März 1794).

Paris war bei Weitem nicht der einzige Schauplatz der Revolution. Mit dem Sturm auf die Bastille begann eine Zeit des Aufruhrs, der auch andere französische Städte erfasste. Auf dem Land gewann die revolutionäre Bewegung ebenfalls an Umfang und Gewalt. Hier wuchs wegen der bevorstehenden Wahlen zu den Generalständen und der Vorgänge in Paris und Versailles eine große Furcht vor einem Komplott der Aristokratie, bekannt unter dem Namen *Grande Peur*. Zwischen Mitte Juli und Anfang August 1789 erfasste die *Grande Peur* beinahe das ganze Land. Es gab massive Angriffe der bäuerlichen Bevölkerung auf Klöster und Schlösser, die vom 17. bzw. 18. Juli an geplündert und in Brand gesteckt wurden. Die Urkunden über die Herrenrechte sollten vernichtet und ein Verzicht der Grundherren auf ihre feudalen Rechte erzwungen werden. Dies führte zu der bereits erwähnten Bauernbefreiung. Sie bedeutete das Ende des Feudalismus in Frankreich, aber keineswegs den Zuwachs an Lebensqualität, den sich die ländliche Bevölkerung erhofft hatte.

Von 1789 bis 1791 wurde die französische Verfassung beraten, die sich stark am amerikanischen Vorbild orientierte, jedoch noch nicht die Republik begründete. Die Verfassung vom 3. September 1791 transformierte vielmehr das absolutistische System in eine konstitutionelle Monarchie. Das Land wurde in 83 Departements gegliedert, die an die Stelle der alten Provinzen traten. Exekutive, Legislative und Jurisdiktion wurden voneinander getrennt, somit die Gewaltenteilung eingeführt. Die politische Macht lag ab jetzt bei der Nationalversammlung, die auf der Basis des Zensuswahlrechts gewählt wurde; dem König verblieb ein Vetorecht. Am 14. September legte Ludwig XVI. den Eid auf diese Verfassung ab. Das neue Staatswesen sollte auf den Prinzipien Freiheit, Gleichheit, Brüderlichkeit aufgebaut sein, was freilich nicht alle Bereiche des politischen Lebens umschloss. Den Frauen, den Armen und den wirtschaftlich Abhängigen wurde weiterhin das aktive und passive Wahlrecht verwehrt. Allerdings wurde die Gleichheit vor dem Recht für alle hergestellt. Für Land und Stadt galt ebenfalls das gleiche Recht. Die Freiheit war nicht nur eine politische, sondern auch eine wirtschaftliche. So wurden die Vertragsfreiheit gewährt und die Zünfte aufgelöst. Allerdings waren auch andere wirtschaftliche Zusammenschlüsse, wie Arbeitnehmerkoalitionen, verboten. Die Brüderlichkeit wird in der Literatur oft als Metapher für die Einheit des Königreiches und die unteilbare Souveränität interpretiert, woraus dann der französische Zentralismus abgeleitet wird. Ebenfalls wird sie als Umschreibung für nationale Solidarität, für Patriotismus, für das Zusammenstehen gegen die äußeren und inneren Feinde der Revolution interpretiert.

Die konstitutionelle Monarchie stand unter keinem guten Stern: Unruhen und Gewalt nahmen zu. So wurde die Wahl zur Nachfolgeinstitution der Verfassungsgebenden Nationalversammlung, der Gesetzgebenden Versammlung (*Assemblée nationale législative*), vom Straßenterror der *Cordeliers* und Jakobiner überschattet.

Die Fürsten in Frankreichs Nachbarschaft verfolgten die Umwälzungen mit größtem Unbehagen. Preußen und Österreich schlossen sich zu einem antifranzösischen Bündnis zusammen. Die konstitutionelle Monarchie musste militärische Niederlagen in einem Krieg gegen diese Koalition hinnehmen, der vom Zaun gebrochen worden war, weil die Revolutionäre den Einfluss der französischen Emigranten an den ausländischen Höfen sowie das Eingreifen der Habsburger fürchteten und weil sie von den wirtschaftlichen Problemen im Lande (Inflation und Versorgungsengpässe) ablenken wollten.

Zu dieser Zeit marschierte auch eine Gruppe Radikaler aus Marseille nach Paris, um die Revolution zu verteidigen. Sie sang unterwegs ein von Hauptmann Rouget de Lisle verfasstes und vertontes Lied, das später zur Nationalhymne Frankreichs wurde: die *Marseillaise*.

Die neuen Mächtigen in Frankreich sahen sich in ihren Bemühungen vom König sabotiert. Als der Herzog von Braunschweig, der mit einer Invasionsarmee in Frankreich einmarschiert war, die Franzosen aufforderte, sich ihm und dem König von Frankreich zu ergeben, sah man sich durch den König verraten. Am 10. August 1792 kam es zum Sturm auf die Tuilerien. Eine aufgebrachte Menge stürmte den Palast, nahm den König samt Familie gefangen.

Von den Pariser Sektionen (ursprünglich Gliederung der Stadt in 48 Wahlbezirke, die sich im Laufe der Revolution zu Organisationseinheiten der politisch aktiven Bürgerschaft entwickelten) war ein Exekutivrat (commune insurrectionelle) gebildet worden, der die alte Stadtverwaltung aus dem Amt jagte und an deren Stelle trat. Die revolutionäre Kommune trat als Machtzentrum in Konkurrenz zur Nationalversammlung und konnte in den nachfolgenden Monaten einen maßgeblichen Einfluss aufbauen.

Justizminister Danton (1756 - 1794) und der Präsident des Jakobiner-Klubs, Jean-Paul Marat (1743 - 1793), ordneten, gestützt von der Kommune, die sogenannten Septembermorde an: Fünf Tage lang, vom 2. bis 7. September 1792, zogen Richter und Henker von Gefängnis zu Gefängnis und ermordeten Adlige, Priester, ja alle tatsächlichen, vermeintlichen und potentiellen Gegner der Revolution, die sie finden konnten. Schließlich wurde noch im selben Monat die Republik ausgerufen. Zeitgleich wird ein neuer republikanischer Kalender, beginnend mit dem Jahr 1 (= 1792), eingeführt.

1792 gab es Wahlen zum Nationalkonvent. Die Wahlen wurden völlig vom Terror der Jakobiner und Girondisten beherrscht. Sie zählten zu den gemäßigten Republikanern, benannt nach den

Abgeordneten aus dem Département Gironde; zu ihren Führern gehörten die Schriftstellerin Jeanne-Marie Roland, Vicomtesse de la Platière, auch Marie-Jeanne Roland genannt (1754 - 8. November 1793), der Philosoph, Mathematiker und Kommunikationstheoretiker Marie Jean Antoine Nicolas Caritat, Marquis de Condorcet (1743 - 28. März 1794) und Pierre Victurnien Vergniaud (1753 - 31. Oktober 1793). Es verwundert daher nicht, dass sich gerade diese beiden Clubs die Sitze in der neuen Nationalversammlung teilten. Die von ihnen beschlossene *Convention nationale* existierte vom 20. September 1792 bis zum 26. Oktober 1795 (= 4. Brumaire des Jahres IV).

Schließlich konnten die Jakobiner auch den Einfluss der Girondisten zurückdrängen. Viele ihrer Mitglieder und Führer wurden 1793 und 1794 während der Schreckensherrschaft von Robespierre umgebracht: „Die Revolution ist wie Saturn, sie frisst ihre eigenen Kinder." Dieser von dem Girondistenführer Pierre Victurnien Vergniaud geprägte Satz ist in verkürzter Form zu weltweiter Berühmtheit gelangt.

Ganz im Gegensatz zu dem zunächst hochgehaltenen Prinzip der Gewaltenteilung von Montesquieu übernahm die legislative Versammlung, die *Convention nationale,* auch die exekutive Gewalt. Für seine legislative und administrative Arbeit hatte der Konvent Ausschüsse gebildet. Der bedeutendste Ausschuss war das *Comité de salut public,* der Wohlfahrtsausschuss.

Zu Beginn des Jahres 1793, nämlich am 17. Januar, stand die Einführung der Todesstrafe, die mit einer Stimme Mehrheit im Konvent beschlossen wurde. Wenige Tage später, am 21. Januar, wurde der König mit dem Fallbeil hingerichtet; diese Form der Hinrichtung war von dem Arzt Guillotin erfunden und wegen ihrer Schnelligkeit und geringen Fehleranfälligkeit als Humanisierung der Todesstrafe propagiert worden. Kurz nach der Hinrichtung des Königs traten im Februar Großbritannien und andere Staaten in den sogenannten Ersten Koalitionskrieg ein. Militärische Niederlagen der französischen Truppen, Inflation, Hungersnöte und royalistische Bauernaufstände erscheinen zur gleichen Zeit als Gefährdung der Revolution.

Gegen die Bedrohung von außen wurde eine Revolutionsarmee rekrutiert, die *Levée en masse* genannt wurde. Die Offiziere konnten mit ihren Truppen immer wieder militärische Erfolge erreichen. Unter diesen erfolgreichen Offizieren war auch der Hauptmann der Artillerie, Napoléon Bonaparte aus Korsika. Die Schwächen und Missstände in Frankreich versuchten die Machthaber mit Fanatismus und Terror zu neutralisieren.

Der Wohlfahrtsausschuss verfügte über eine diktatorische Machtfülle, die mit der Notwendigkeit des Kampfes gegen die äußeren Feinde der Revolution legitimiert wurde. Er terrorisierte die Bevölkerung mit Hilfe des Revolutionstribunals, das im Verlauf eines Jahres 16.600 Todesurteile gegen die sogenannten „Feinde der Revolution" fällte. Vier Jahre nach ihrer Verkündigung wurden die Menschenrechte in der politischen Wirklichkeit wieder kassiert, und es begann ein unerbittlicher Machtkampf zwischen Girondisten und Jakobinern. Jean-Paul Marat leitete fanatisch eine Verhaftungswelle gegen Girondisten und deren Aburteilung. Die Girondistin Charlotte Corday (eigentlich: Marie Anne Charlotte Corday d'Armont, geboren 1768, Urenkelin des Dramatikers Pierre Corneille), erstach Marat im Bad und bezahlte dafür am 17. Juli 1793 in Paris mit ihrem Leben. Maximilien Robespierre folgte Marat als Führer des Wohlfahrtsausschusses. Er steht wie kein anderer für den Terror der Revolution.

Diesem Terror versuchte man im Inneren mit einem Gesetz zur generellen Verdächtigung aller Revolutionsfeinde eine Legitimation zu verschaffen. Königin Marie-Antoinette war das erste Opfer, das auf der Grundlage dieses Gesetzes guillotiniert wurde, gefolgt von Aristokraten und inzwischen missliebig gewordenen Revolutionären.

Die *Grande Terreur*, die Schreckensherrschaft der *Montagnards* (Mitglieder der Bergpartei, hervorgegangen aus den Jakobinern), den Parteigängern Robespierres, begann im Juni 1794 und dauerte bis Ende Juli, als Robespierre verhaftet und am 28. Juli 1794 in Paris hingerichtet wurde. In dieser Zeit wurden allein in Paris 1.251 sogenannte Verdächtige guillotiniert. Die Kommissare des Wohlfahrtsausschusses trugen den Terror auch in die Departements. Sie erstickten Aufstände durch Massenliquidierungen. In den Provinzen Vendée und Bretagne führten die Generäle Louis-Lazare Hoche (1768 - 1797) und Jean-Baptiste Kléber (1753 - 1800) Ausrottungsfeldzüge gegen Royalisten.

Begleitet wurde diese Terrorherrschaft durch antichristliche Propaganda und Aktionen gegen die Kirche: Notre-Dame de Paris wurde von den Hébertisten (fr. Hébertistes; eine Gruppierung antiklerikaler, sozialrevolutionärer Cordeliers, benannt nach ihrem bekanntesten Repräsentanten, dem Publizisten Jacques-René Hébert, 1757 - 1794) zum „Tempel der Vernunft" umgeweiht, im Mai 1794 wurde das Christentum durch den „Kult der Vernunft" ersetzt. Dazu wurde eine neue Zeitrechnung eingeführt, in der der Monat aus drei Wochen zu je zehn Tagen bestand.

Der Sturz Robespierres und seiner Montagnards wurde betrieben von den Mitgliedern eines Debattierklubs, den Thermidorianern, die nun die Führung übernahmen. Benannt sind sie nach dem elften Monat des Republikanischen Kalenders der Französischen Revolution, dem Thermidor.

Trotz des Terrors wurden in dieser Zeit wichtige Grundlagen für gesellschaftliche und wirtschaftliche Modernisierungsprozesse im Bildungswesen gelegt, wie die Gründungen der *École Polytechnique*, der *École Normale Supérieure*, der *École des Langues orientales* und des *Conservatoire* (Museums). Das *Grand Livre de la Dette publique* vom 24. August 1793 ist ein Beispiel für eine wichtige in dieser Zeit neu gegründete Institution.

Gegen den Terror erwuchs auch Widerstand. Im Wohlfahrtsausschuss bildete sich eine heimliche Koalition jener, die selbst um ihr Leben fürchteten. Robespierre wurde nun selbst zum Angeklagten gemacht und guillotiniert. In der Folge wurden die Jakobiner-Klubs geschlossen und die Terrorgesetze außer Kraft gesetzt. Die Girondisten konnten ihre Abgeordnetenmandate wieder wahrnehmen. Die gemäßigten bürgerlichen Kräfte konnten eine Verfassung durchsetzen, die wiederum ein Zensuswahlrecht begründete und die Regierungsgewalt einem fünfköpfigen Gremium übergab. Das Direktorium, wie sich diese neue Regierung nannte, nahm ihre Funktion von 1795 bis 1799 wahr. Es scheiterte jedoch, weil es die wirtschaftliche Krise Frankreichs, die in Inflation, Spekulationen und Hungersnöten ihren Ausdruck fand, nicht beenden konnte und deshalb kontinuierlich an Glaubwürdigkeit einbüßte. Destabilisierend wirkte auch der vom Direktorium provozierte zweite Koalitionskrieg (1798 - 1802) gegen England, Russland und Österreich.

In dieser Situation wagte Napoléon, der während der französischen Revolution in der Armee Karriere gemacht hatte und vor allem durch Feldzüge in Italien und Ägypten populär geworden war, 1799 einen Staatsstreich und konnte die Macht in Frankreich an sich bringen, als er mit Hilfe des Militärs und seines Bruders Lucien Bonaparte (1775 - 1840) das unfähige Direktorium und den „Rat der Fünfhundert" (fr. *Le Conseil des Cinq-Cents*, eine der beiden Parlamentskammern) auflöste. Zunächst bildete Napoléon eine provisorische Regierung, der auch Charles-Maurice de Talleyrand-Périgord (1754 - 1838) als Außenminister (Diesen Posten hatte er schon einmal unter der Regierung des Direktoriums innegehabt, war jedoch mit sicherem Gespür für die politische Entwicklung vor dem Putsch Napoléons zurückgetreten.) und Joseph Fouché, duc d'Otrante als Polizeiminister (1759 - 1820) angehörten. Er ließ eine „Konsularverfassung" ausarbeiten, nach der der Erste Konsul die alleinige Gesetzesinitiative besaß und die 80 Mitglieder des Senats sowie alle Beamten, Richter und Offiziere ernannte. Der neue Herrscher ließ sich diese demokratisch verbrämte Militärdiktatur durch ein fragwürdiges Plebiszit bestätigen. Napoléon wurde auf zehn Jahre zum Ersten Konsul gewählt. 1804 krönte er sich selbst zum Kaiser der Franzosen und stand als Napoléon I. einem halbdiktatorischen Regime mit plebiszitären Elementen vor.

Napoléon war zunächst militärisch sehr erfolgreich, aber unter seiner Regierung konnten bald auch wichtige und wirksame Reformen realisiert werden, die Frankreich aus seiner wirtschaftlichen Notlage heraushalfen. Mit der Gründung der „Bank von Frankreich" am 18. Januar 1800 konnte die Inflation zurückgedrängt werden. Mit Infrastrukturmaßnahmen, staatlicher Auftragsvergabe und Schutzzöllen wurde dem Handel und der Industrie wieder auf die Beine geholfen. Das Bildungswesen wurde grundlegend reformiert. Mit der Einführung des Gesetzbuches für Zivilrecht, dem *Code civil* (auch: Code Napoléon) am 21. März 1804 wurden persönliche Freiheit, Privateigentum und Rechtsgleichheit, ferner die Zivilehe und die Ehescheidung rechtlich garantiert.

NACHWIRKUNGEN DER REVOLUTION VON 1789

Die Französische Revolution von 1789 kann als einer der bedeutendsten gesellschaftlichen und politischen Wendepunkte in der europäischen Geschichte bezeichnet werden. Dieser Prozess tauschte die absolutistische Herrschaft und die Privilegien von Aristokratie und Klerus gegen die Mitbestimmung des bürgerlichen Standes. Wichtig war die Erklärung der Menschen- und Bürgerrechte von 1789, wenn sie auch nicht sofort in die Praxis wirken konnte. Die Rechtsgleichheit bildete den Grundstein für eine demokratische und freiheitliche Regierungsform, die erstmals langfristig in Europa durchgesetzt wurde. Somit schien Frankreich, wie zuvor die nordamerikanischen Einzelstaaten, den Weg der Verfassungsdemokratie zu gehen, da das gewaltenteilige, repräsentative Demokratiemodell die Grundlage der postrevolutionären Ordnung war. Die Eroberungspolitik Napoléons I. beeinflusste in den nachfolgenden Jahrzehnten die Entwicklung in anderen Teilen Europas, einmal, indem die Ideen der Französischen Revolution auch in andere Länder getragen und dort wirksam wurden (*Code civil*), zum anderen, weil die französische Fremdherrschaft Widerstand und nationale Selbstdefinition erzeugte. Und dies nicht nur im Sinne einer Volksbewegung; auch Teile der politischen Eliten zogen ihre Lehren aus der Unterlegenheit des eignen Landes gegenüber Frankreich. Die auf diese Weise angestoßenen Preußischen Reformen legten die Grundlage für die erfolgreiche Aufholjagd im Industrialisierungsprozess und für die Spitzenposition Deutschlands in der Wissenschaft in den folgenden 150 Jahren.

Die restaurativen Beschlüsse des Wiener Kongresses (1814/15) nach dem Sieg der europäischen Mächte über Napoléon wirkten ernüchternd. Das zentrale Ziel der von Fürst Klemens Wenzel Lothar von Metternich (1773 - 1859) forcierten Absprachen in Wien war ein Friedens- und Gleichgewichtssystem für Europa, das die Hegemonie einzelner Mächte ebenso verhindern sollte, wie das Aufbrechen weiterer Revolutionen in Europa. Seine Maßnahmen, System Metternich genannt, lassen sich wie folgt charakterisieren: Legitimität, monarchische Autorität und Stabilität waren die drei Hauptsäulen dieser Strategie, die gestützt werden sollten durch

(a) ein Gleichgewicht der Mächte innerhalb Deutschlands, (b) den alleinigen Anspruch des Adels auf politische Machtausübung, (c) die Unterbindung der Machtübernahme durch oppositionelle Gruppierungen mit allen Mitteln, (d) die strikte Ablehnung von Verfassungen und (e) die Rückkehr zu den Herrschaftsstrukturen der Zeit vor der Französischen Revolution. Um dies europaweit gemeinsam durchzusetzen, wurde die Heilige Allianz, bestehend aus den Regenten Russlands, Preußens und Österreichs, gebildet.

Diese Konstruktion ließ Großbritannien und Frankreich ihre fortschrittlichen politischen Strukturen. Mittels der napoleonischen Herrschaft wurde die politische Modernisierung nach Mittel- und Südeuropa gebracht: Die Gleichheit vor dem Gesetz eröffnete den Weg zur politischen Gleichberechtigung der Staatsbürger. Die persönliche Freiheit, vor allem in Form der Überwindung der vormodernen Agrarverfassung, veränderte auf lange Sicht die Lebensverhältnisse der großen Mehrheit der Europäer nachhaltig. Diese ermöglichte zudem die Abwanderung in die Städte, jenen Urbanisierungsprozess, der Voraussetzung für die Industrialisierung war. Der Schutz des Privateigentums und der privaten *property rights* (Verfügungsrechte) war für die Bildung einer bürgerlich-kapitalistischen Gesellschaftsordnung unentbehrlich. In den deutschen Territorien verhinderten die Wiener Vereinbarungen jedoch die Herausbildung eines nationalen Verfassungsstaates. Es kam zu einer föderalen Verbindung von zunächst 41 souveränen deutschen Staaten zum Deutschen Bund. Diese Konstruktion stand nicht zuletzt auch einer wirtschaftlichen Modernisierung Deutschlands entgegen.

Trotz der restaurativen Rahmenbedingungen bildeten sich in einigen deutschen Territorien erste konstitutionelle Strukturen heraus. Zunächst bekamen 1818 und 1819 die süddeutschen Staaten Bayern, Baden und Württemberg Verfassungen und Parlamente und läuteten so die Ära des „Frühkonstitutionalismus" ein.

Den nationalen und konstitutionellen Strömungen versuchten die restaurativen Kräfte entgegenzuwirken. Bekannt sind in diesem Zusammenhang die Karlsbader Beschlüsse von 1819 und die Wiener Schlussakte von 1820. Aber schon zehn Jahre nach der Wiener Schlussakte bekam nicht nur die deutsche National- und Verfassungsbewegung einen neuen, starken Impuls durch die Julirevolution in Frankreich (1830). In den mitteldeutschen Staaten setzten sich konstitutionelle Elemente durch, Belgien konnte sich von den Niederlanden lösen und eine konstitutionelle Monarchie errichten, die Erhebung der Polen gegen die russische Fremdherrschaft scheiterte allerdings.

Die aus dem Wiener Kongress hervorgegangene Ordnung verschärfte die Spannung zwischen dem Drang nach politischer Emanzipation jener gesellschaftlichen Gruppen, die sich mit dem sich beschleunigenden wirtschaftlichen Wandel bildeten, und den wiederhergestellten Herrschaftsstrukturen. „Dieser Widerspruch zwischen den Kräften der ‚Bewegung' und den Kräften der Verteidigung traditional legitimierter staatlicher Herrschaft, der sich im Laufe der ersten Hälfte des 19. Jahrhunderts verschärfte, wurde schließlich zum „Signum der Epoche zwischen 1815 und 1848" (Dieter Langewiesche). Bereits fünf Jahre nach dem Wiener Kongress entzündeten sich in Spanien und Portugal revolutionäre Bewegungen, die beide Länder auf den Weg zu liberalen Reformen brachten. Von diesen wird jetzt zu reden sein.

REVOLUTIONEN AUF DER IBERISCHEN HALBINSEL

TRIENIO LIBERAL – DIE SPANISCHE REVOLUTION, 1820 BIS 1823

Im Januar 1820 begann in Spanien eine bürgerliche Revolution, mit der eine konstitutionelle Monarchie begründet werden sollte. Am Neujahrstag rebellierte eine für Kolumbien vorgesehene spanische Expeditionsarmee in Cadiz. Die Anführer dieser Rebellion forderten die Wiederherstellung der liberalen Verfassung von 1812. Dieser Aktion schlossen sich bald die Truppen in Pamplona, Saragossa und Barcelona an. Wichtige Auslöser für diesen Aufstand waren einmal mehr wirtschaftliche und gesellschaftliche Fehlentwicklungen des Absolutismus. Ferdinand VII., König von Spanien 1814 - 1833, verfocht konsequent die Prinzipen absolutistischer Herrschaft. Als er 1814 die Regentschaft in Spanien übernahm, revidierte er umgehend die liberalen Bestimmungen der spanischen

Verfassung, die am 12. März 1812 von der Cortes in Cadiz in Abwesenheit des damaligen Königs beschlossen worden war. Zwar hielt diese erste liberale Verfassung Spaniens am römisch-katholischen Glaubensbekenntnis als Staatsreligion und am Gottesgnadentum der Könige fest, aber es wurden auch liberale Reformen eingeführt. Als Grundprinzip wurde die Souveränität des spanischen Volkes niedergelegt, ferner die Unverletzlichkeit der Rechte der Cortes beschlossen. Ferner wurde Ferdinand VII. als König legitimiert. Feudale Privilegien waren eingeschränkt und der Zunftzwang aufgehoben worden. Es kam zu einer Teilsäkularisierung der Klöster. Und es wurde die Inquisition abgeschafft.

Diese Reformen konnte Ferdinand VII. kurz nach seiner Machtübernahme relativ leicht aufheben (Dekret vom 4. Mai 1814), da er den überwiegenden Teil des Volkes hinter sich hatte. Seitdem er gegen Napoléon I. gekämpft hatte, wurde er als Retter Spaniens gesehen. Die Liberalen der Cortes, die keinen großen Rückhalt in der Bevölkerung hatten, fanden keine Bündnispartner, um diese Restauration zu verhindern. Es kam zu einer Wiederherstellung des Absolutismus in extremer Ausprägung, alte Privilegien wurden revitalisiert, die Inquisition wieder eingeführt und die säkularisierten Besitztümer den alten Eigentümern zurückgegeben.

Wie in England und Frankreich zeigte sich der absolute Herrscher Ferdinand VII. lediglich in der Lage, ein Terrorregime aufzubauen. Sachverstand, politisches und diplomatisches Geschick waren bei ihm nicht anzutreffen. Spanien war daher nicht imstande, abgefallene Kolonien zurückzugewinnen und verlor alle Besitzungen in Mittel- und Südamerika. Florida wurde 1819 freiwillig gegen eine finanzielle Entschädigung an die Vereinigten Staaten von Amerika abgetreten. Dringend notwendige Reformen wurden von den konservativen Beratern des Königs verhindert. Spanien türmte seit dem ausgehenden 18. Jahrhundert einen immer höheren Schuldenberg auf. Die Unfähigkeit des absolutistischen Regimes produzierte durch Unterdrückungspolitik sowie untaugliche Wirtschafts- und Finanzpolitik mannigfache Zumutungen für unterschiedliche Bevölkerungsgruppen, so auch für die Streitkräfte. So waren bereits die Jahre 1814 bis 1820 durch zahlreiche Aufstände geprägt worden. Aber erst jener Aufstand zu Beginn des Jahres 1820 löste die Spanische Revolution aus.

Die *Servilen*, die konservativen Befürworter des Absolutismus, unterlagen bei diesen Auseinandersetzungen den Liberalen. Das liberale Lager spaltete sich allerdings daraufhin in *Moderados* (die „Gemäßigten") und *Exaltados* (die „Radikalen"). *Moderados* und *Exaltados* waren schon maßgeblich an der Ausarbeitung der Verfassung von Cadiz beteiligt. Eine Minderheit dieser *Exaltados* wollte die Monarchie abschaffen, die Mehrheit bevorzugte die unveränderte Revitalisierung der Verfassung von 1812. Die *Moderados*, welche die Wahlen zur Cortes am 9. Juli gewannen, forderten die Errichtung einer auf freiheitlichen Prinzipien fußenden konstitutionellen Monarchie und setzten sich damit durch.

Der König sah sich genötigt, am 7. März einen Schwur auf die Verfassung von 1812 abzulegen, den er 1814 verweigert hatte. Das Militär wurde mit der Ausarbeitung von Reformen betraut. Am 8. März formierte sich eine provisorische Regierung, die *Junta Provisional*, die bis zum Zusammentreten des Parlaments, der *Cortes*, am 9. Juli 1820 im Amt blieb. Die Junta sollte der Verfassung von 1812 wieder zur Geltung verhelfen, für die Umsetzung der zwischen 1810 und 1814 von der Cortes erlassenen Dekrete sorgen und die einflussreichen Positionen in der Lokal- und Territorialverwaltung neu besetzten. Die Inquisition wurde gleich am nächsten Tag abgeschafft, am 11. März die Pressefreiheit eingeführt. Das neue Kabinett, das Ferdinand VII. mit größtem Widerwillen ernannte, bestand aus Mitgliedern der alten Cortes.

Die neue Regierung plante keinen radikalen Umbruch, sondern wollte das politische System, wie es am Vorabend der Rückkehr des Königs geherrscht hatte, wieder einführen. Da hierzu auch Säkularisierungsschritte gehörten, machte sich die liberale Bewegung die Kirche erneut zum Feind. Ansonsten kam es aber nicht zu einem konsequenten Bruch mit den alten Eliten. Am wenigsten profitierten die klein- und unterbürgerlichen Schichten von diesem Systemwechsel. Die Feudalordnung gab es nicht mehr, dafür aber sehr hohe Steuern, die nicht geeignet waren, die Zustimmung der betreffenden Bevölkerungsschichten zu den neuen Verhältnissen zu gewinnen. Die Regierung bekam die Finanzkrise des Staates nicht in den Griff, zumal mit der

Unabhängigkeit Mexikos am 29. Juni 1821 die Erträge aus dem mexikanischen Silber wegfielen.

Es kam nun auch zu Gewalttaten zwischen den Siegern der Revolution, die letztendlich zur Handlungsunfähigkeit der Cortes führten. Dies stärkte die royalistische Opposition, die sich bereits seit der Niederlage 1820 neu aufstellte und im August 1922 die *Regencia de Urgel* begründete. Diese „Gegenregierung" hatte die Wiederherstellung des Absolutismus zum Ziel.

Als im gleichen Jahr die *Exaltados* die Regierung übernahmen, hatten sie schon keine reale Chance mehr, sich mit demokratischen Mitteln an der Macht zu halten. Sie wichen auf eine Strategie der Diktatur und Gewalt aus, die nicht zuletzt die Massaker in den Städten Badajoz und La Coruña hervorbrachten, denen mehr politische Gegner zum Opfer fielen als dem absolutistischen Regime Ferdinands VII. zwischen 1814 und 1820.

Schließlich setzte die königliche französische Armee dem Ganzen im März 1823 ein Ende und stellte bis zum Oktober die absolute Herrschaft Ferdinands VII. wieder her. Zuvor hatte sich Frankreich auf dem Kongress von Verona 1822 von der Heiligen Allianz dazu die Vollmacht geben lassen. Als Folge der Invasion verließen viele spanische Intellektuelle das Land. Allerdings war auch die neuerlich restaurierte Herrschaft nicht sehr stabil. Nach dem Tod Ferdinands VII. brachen die Konflikte wieder auf.

LIBERALE REVOLUTION IN PORTUGAL

Wie in Spanien eröffnete auch in Portugal ein Militäraufstand, in diesem Falle getragen von liberalen Offizieren in Porto, am 24. August 1820 die liberale Revolution. Auch in Portugal war – wie in Spanien und in der ersten Runde der Französischen Revolution – die Transformation des absolutistischen Regimes in eine konstitutionelle Monarchie das Ziel. Daher sollte auch König Johann VI. (1767 - 1826), der sich in Brasilien aufhielt, nach Portugal zurückkommen. Im Gegenzug sollten die Briten, die auch nach ihrem Sieg über die französischen Truppen in Portugal geblieben waren, das Land verlassen. Auslöser dieser Kämpfe war die Weigerung Portugals, sich der 1806 von Napoléon I. verhängten Kontinentalsperre anzuschließen. In Portugal hinterließ diese Auseinandersetzung schlimme Verwüstungen, die auch die ersten Ansätze zur Industrialisierung zunichte machten.

Die Königsfamilie war bereits 1808 nach Rio de Janeiro in Brasilien geflohen, das die neue Residenzstadt wurde. Brasilien war ab 1815 nicht mehr portugiesische Kolonie, sondern ein unabhängiges Königreich. Zusammengehalten wurden beide Staaten durch die Personalunion (d.h., dass beide denselben König haben), eine ähnliche Konstruktion, wie sie 1867 im Ausgleich zwischen Österreich und Ungarn gewählt wurde. England hatte seine günstige Ausgangsposition mittlerweile genutzt und Portugal soweit geschwächt, dass in der historischen Literatur Portugal in jener Zeit auch als britisches Protektorat bezeichnet wird. Regiert wurde das Land dann auch durch den britischen Befehlshaber William Carr Beresford (1768 - 1854).

Im Gefolge des Aufstands von 1820 wurden die britischen Offiziere entwaffnet und aus der portugiesischen Armee entfernt. Beresford, der seit 1811 als britischer Militärbefehlshaber in Portugal der eigentliche Herrscher im Lande gewesen war, durfte Lissabon, wo sich eine provisorische Regierung gebildet hatte, nicht mehr betreten. Die neue Junta berief eine verfassungsgebende Nationalversammlung ein, die 1821 eine liberale, demokratische Verfassung beschloss, an deren Formulierung der Jurist und Protagonist der Revolution Manuel Fernandes Tomás (1771 - 1822) maßgeblich mitwirkte. Mit der Verfassung wurde die Feudalherrschaft beseitigt. Die Privilegien der katholischen Kirche wurden beschnitten und die Inquisition abgeschafft. Es wurde ein Einkammerparlament etabliert, das mittels allgemeiner Wahlen besetzt werden sollte, an denen alle männlichen Portugiesen, ausgenommen Analphabeten und Kleriker, teilnehmen konnten. Ferner bestätigte die Verfassung den König in seinem Amt und forderte ihn zur Rückkehr nach Portugal auf. Dem König wurde ein Vetorecht gegen die Gesetzesvorlagen des Parlamentes eingeräumt. Auflösen konnte er das Parlament allerdings nicht. Schließlich wurde eine provisorische Regierung (*Junta Provisional do Supremo Governo do Reino*) ernannt.

Johann VI. kehrte 1821 nach Portugal zurück und leistete seinen Eid auf diese erste portugiesische Verfassung. Trotzdem verschärften sich die Gegensätze zwischen liberalen und konservativen Kräften. Letztere wollten die absolutistische Ordnung wiederhergestellt sehen. Während Johann selbst wohl eher einen Ausgleich zwischen den Lagern vermitteln und die Verfassung umsetzen wollte, standen andere Teile der Königsfamilie auf Seiten der Absolutisten, darunter auch seine Frau, Königin Charlotte Johanna, und sein Sohn, Prinz Michael.

Als die Absolutisten 1824 gegen die Verfassung putschten, wurde Johann VI. von den beiden unter Hausarrest gestellt. Er hielt jedoch dem Druck stand und dankte nicht ab. Stattdessen floh er auf ein Schiff der englischen Kriegsflotte, da London sich, anders als die Heilige Allianz und Frankreich, gegen die Konterrevolution gestellt hatte. Frankreich war zwar in Spanien mit seiner Intervention gegen die liberale Ordnung erfolgreich, jedoch nicht in Portugal. Hier wurde es durch eine britische Intervention gestoppt. Johann VI. konnte wieder den Oberbefehl über seine Armee übernehmen und seinen Sohn Michael ins Exil nach Österreich schicken.

Die liberale Verfassung blieb freilich auf der Strecke. Nachdem Peter IV. (1798-1834), Kaiser Peter I. von Brasilien, 1826 die Nachfolge seines verstorbenen Vaters Johann VI. angetreten hatte, erließ er eine neue Verfassung, die sogenannte (Verfassungs-) Charta. Sie sah zwar ein Zweikammerparlament vor, ähnlich dem britischen Vorbild. Die Charta trug aber konservativere Züge als die liberale Verfassung von 1821, indem sie die Rechte des Königs gegenüber dem Parlament wieder stärkte. Trotzdem gelang es dem König nicht, den Konflikt zwischen Liberalen und Absolutisten zu entschärfen. Da der neue König in Brasilien blieb, fehlte ihm auch die nötige Durchsetzungskraft in Portugal. Nach Unmut in Portugal verzichtete er zugunsten seines Bruders auf den Thron, der als Michael I. in Portugal den Absolutismus wieder einführte und die Charta außer Kraft setzte. Damit provozierte er den „Miguelistenkrieg". Dies bezeichnet den von 1832 bis 1834 andauernden Bürgerkrieg zwischen den Anhängern König Michaels I. und den Parteigängern seines Bruders, des ehemaligen Königs Peter IV. sowie dessen Tochter Maria II., weshalb sich im Portugiesischen die Bezeichnung *„guerra dos dois irmãos" (Krieg der zwei Brüder)* herausgebildet hat. Der Miguelistenkrieg war zum einen eine Auseinandersetzung um die Staatsform und zum anderen war es eine dynastische Fehde innerhalb des Adelsgeschlechts der Braganza, aus dem Peter und Michael stammten.

Aus dem Miguelistenkrieg gingen die liberalen Kräfte als Sieger hervor. Der Liberalismus stieg nach diesem Sieg zu einer der gestaltenden Kräfte im Lande auf, obgleich Metternich Europa noch immer in den Zustand vor der Französischen Revolution zurückzuversetzen suchte. Trotz harter Auseinandersetzungen zwischen den nach 1834 gespaltenen Liberalen, konnten Reformen begonnen werden: Kultur und Bildungswesen bekamen wichtige Impulse, das Steuersystem wurde modernisiert. In den Kolonien wurde die Sklaverei abgeschafft. 1837 gelang es schließlich, Portugal mit einer neuen, sehr demokratischen Verfassung auszustatten. In den 1840er Jahren entwickelten sich die schweren innenpolitischen Konflikte zu einem Bürgerkrieg, den die Regierung 1847 nur mit Hilfe spanischer und britischer Truppen für sich entscheiden konnte.

Danach beruhigte sich die Lage, und aus den beiden liberalen Lagern entwickelten sich politische Parteien. Trotz vieler Schwierigkeiten hielt sich die Monarchie bis 1926, als sie durch eine Republik ersetzt wurde.

DIE WIRKUNGEN DER EUROPÄISCHEN UND DER AMERIKANISCHEN REVOLUTION AUF MITTEL- UND SÜDAMERIKA

Die revolutionären Bewegungen und Veränderungen in Frankreich, Spanien und Portugal sowie in den USA strahlten auch auf die amerikanischen Kolonien der Europäischen Staaten. Eine wichtige Rolle bei der Verbreitung liberaler Ideen in Mittel- und Südamerika spielte die aufklärerische Freimaurerbewegung. Initiator dieser *Lauratos* genannten Bewegung auf dem südamerikanischen Kontinent war der aus Venezuela stammende Sebastián Francisco de Miranda Rodríguez (1750 - 1816). Die Bewegung setzte sich zunächst für ein Ende der Ausbeutung der Kolonien durch Spanien und Portugal ein, dann für die Unabhängigkeit und den Zusammenschluss der spanischen Kolonien in Amerika, die als Staat nach Christoph Kolumbus den Namen „Kolumbien"

bekommen sollten. Der Staat sollte von einem vom Volk gewählten
Kaiser (genannt Inka) regiert werden. Ein Zweikammerparlament
nach nordamerikanischem Vorbild sollte den Inka kontrollieren.
Waren Mirandas revolutionäre Aktivitäten auch nicht erfolgreich,
so gilt er doch als Wegbereiter Simón Bolívars (1783 - 1830), der
der spanischen Herrschaft in Südamerika ein Ende setzen konnte.
Getragen wurde diese Befreiungsbewegung vor allem von Kre-
olen (Kolonialspanier und -portugiesen), die zwischen 10 und
40 % der Bevölkerung ausmachten. Viele Unterstützer Bolívars
erwarteten die Beseitigung der Sklaverei. So war Venezuela der
erste Staat Lateinamerikas, der diese Forderung erfüllte.

Zur Zeit der napoleonischen Besatzung in Spanien bildeten
Stadträte und Juntas selbstständige Regierungen. Militärische
Aktionen Ferdinands VII. zur Wiederherstellung der alten
Ordnung führten dazu, dass sich die zunächst moderaten
Reformwünsche der weißen Oberschicht in den Kolonien zu
demokratischen Unabhängigkeitsforderungen des farbigen
Proletariats radikalisierten. Gestärkt wurde diese Bewegung
durch die Monroe-Doktrin (3. Dezember 1823), mit der sich die
Vereinigten Staaten gegen Interventionsabsichten der Heiligen
Allianz verwahrten und die Unabhängigkeit der amerikanischen
Staaten von Europa feststellten. Die USA drohten mit militä-
rischem Eingreifen, sollten die europäischen Staaten auf dem
amerikanischen Kontinent militärisch intervenieren, umgekehrt
bekannten sich die USA zum Prinzip der Nichteinmischung in
europäische Konflikte. Aber auch England war aus handelspo-
litischen Interessen durchaus an einer Verselbstständigung der
spanischen und portugiesischen Kolonien interessiert.

So proklamierte 1819 der Kongress von Angostura den Staat
Groß-Kolumbien und kürte Simón Bolívar zum Präsidenten.
Gemeinsam mit Antonio José de Sucre y Alcalá (1795 - 1830)
konnte er die Spanier in Ecuador besiegen. Aber Groß-Kolumbien
spaltete sich in Ecuador, Venezuela und die Vereinigten Staaten
von Neu-Granada, die sich ab 1861 Kolumbien nannten. Am 24.
August 1821 wurde die mexikanische Unabhängigkeitserklärung
von 1810 durch den Vertrag von Córdoba besiegelt. Ebenfalls 1821
wird Peru unabhängig, Südperu erklärte sich 1825 zur Republik
Bolivien. Auch dies ging nicht ohne Kämpfe ab. Allein Brasilien

konnte sich als einziges Land ohne militärische Konflikte vom Mutterland Portugal lösen. Eine Nationalversammlung rief 1822 das unabhängige Kaiserreich Brasilien aus. Uruguay folgte 1828 in die Selbstständigkeit. Die USA und Großbritannien erkannten die sich neu formierenden Staaten sofort an.

Freilich blieben diese neuen Republiken sehr labil. Vor allem große wirtschaftliche Schwierigkeiten, ethnische Konflikte und die mangelhafte Bildung breiter Bevölkerungsschichten verhindern zum Teil bis heute, dass sich diese Staaten politisch stabilisieren und eine demokratische politische Kultur ausbilden können.

NATIONALE REVOLUTIONEN IN SÜDOSTEUROPA

DIE SERBISCHE REVOLUTION

Am Beginn des 19. Jahrhunderts verbanden sich in Serbien moderne Freiheitsideale mit einem Nationalgefühl, das sich auf die von der orthodoxen Kirche und Volksdichtungen tradierte Erinnerung an das Großserbische Reich gründete und durch den Partisanenkampf der *Hajduken* immer mehr gefestigt worden war. Unter Führung des ehemaligen *Hajduken* und österreichischen Unteroffiziers Kara Georg Petrović (1766 - 1817) wurde im Februar 1804 eine geeinte serbische Widerstandsarmee zusammengestellt, die den Osmanen weitreichende Zugeständnisse abringen konnte.

Ausgangslage für den von Leopold Ranke als „serbische Revolution" bezeichneten ersten Volksaufstand von 1804 bis 1812 bildete die Terrorherrschaft osmanischer Militärverbände. Diese sogenannten Janitscharen hatten sich durch Missachtung geltender Rechte Privilegien angeeignet und damit den Zorn der serbischen Bevölkerung auf sich gezogen. Der Sultan war nicht fähig, in Serbien Recht und Ordnung und das *Çhiftlik*-System wiederherzustellen, das der Vasallenbevölkerung weitgehende Rechte einräumte. Bis 1812 entstand eine eigene politische Ordnung aus Senat und Volksvertretung (*Skupschtina*). In einem zweiten Aufstand von 1815 - 1817 konnte Miloš Obrenović (1780 - 1860) die innere Autonomie durchsetzen. Durch Lavieren zwischen Russland und der Türkei konnte das tributpflichtige Fürstentum seine Unabhängigkeit wahren.

DIE GRIECHISCHE REVOLUTION

Ebenfalls in den 1820er-Jahren wurde Griechenland von einer revolutionären Bewegung erfasst. Als Griechische Revolution (*Elliniki Epanastasi*) bezeichnet man den Unabhängigkeitskampf der Griechen von 1821 bis 1829 gegen die Fremdherrschaft der Osmanen, die um 1453 mit der Einnahme von Konstantinopel (Istanbul) begonnen hatte.

Die Eröffnung des griechischen Freiheitskampfes am 25. März 1821 war keine spontane Eruption griechischer Freiheitssehnsüchte, sondern von der Bewegung *Filiki Etairia* längerfristig vorbereitet. Die *Filiki Etairia* war 1814 in Odessa unter strengster Geheimhaltung und unter dem Einfluss der Aufklärung und der Grundsätze der Französischen Revolution zur Vorbereitung des Freiheitskampfes gegründet worden. Sie gehörte zu jenen Geheimbünden, die es in jener Zeit in Athen und Odessa gab, und die sich in Anspielung auf das antike Griechenland als *Hetairien* (Freundschaftsbünde) bezeichneten. Diese organisierten verschiedene Aufstände auf dem Festland und den ägäischen Inseln und wurden dabei von griechischen Kaufleuten in Konstantinopel und von Teilen der orthodoxen Kirche unterstützt. Über die vielen Exilgriechen und die Händler wurde Kontakt zum Westen Europas gehalten, sodass auf diesen Wegen auch die liberalen und revolutionären Ideen in den Südosten Europas kamen. Die Geheimhaltung war nicht nur gegenüber dem Osmanischen Reich, sondern auch wegen der restaurativen Haltung der christlichen Herrscher Europas geboten.

1820 übernahm Alexander Ypsilantis (1792 - 1828), ein Offizier des russischen Heeres, die Führung der Organisation. Noch im gleichen Jahr wurde ein Plan für die Erhebung gegen die Osmanen entwickelt, die an drei Orten entfacht werden sollte. Im Generalplan, der noch im gleichen Jahr entstand, war vorgesehen, dass der Kampf zunächst in den Paradonau-Gebieten Moldau und Walachei starten würde. Allerdings stand hinter diesen Plänen noch nicht die gesamte griechische Bevölkerung, bei der die Skepsis gegenüber solchen Ideen noch verbreitet war.

Als Alexander Ypsilantis im März 1821 mit seinem „Heiligen Bataillon" in Moldawien einmarschierte, griffen die Rumänen nicht die Türken an, sondern die verhassten griechischen *Phanarioten* (Bezeichnung für eine kleine Gruppe wohlhabender, politisch einflussreicher byzantinischer Adelsfamilien, die im Osmanischen Reich des 17. und 18. Jahrhunderts in Phanar, dem griechischen Stadtteil Konstantinopels, die Oberschicht bildeten). Wenn schon befreit, wollten sie ihre Provinzen nicht durch Griechen, sondern durch eigene Leute verwaltet sehen. Somit endete der Einmarsch der Griechen in Rumänien in einem Fiasko. Zur gleichen Zeit wurde der Aufstand in Konstantinopel (Istanbul) niedergeschlagen. Die Türken reagierten mit der Erhängung des griechisch-orthodoxen Patriarchen. Der einzige Erfolg gelang auf dem Peloponnes, wo sich die Revolution über die gesamte Halbinsel entlud. Türkische Städte wurden eingenommen und die muslimische Bevölkerung gewaltsam vertrieben. Die türkische Armee handelte im Gegenzug nicht anders. Anders als in Rumänien und in Konstantinopel war die Revolution auf dem Peloponnes erfolgreich, so dass die Türken nach und nach von der Halbinsel verdrängt werden konnten. So konnte am 20. Dezember 1821 in Nea Epidavros die erste griechische Nationalversammlung stattfinden. Diese beschloss am 1. Januar 1822 eine erste „provisorische Verfassung Griechenlands", die die Griechen mit jenen Rechten ausstattete, wie sie in den amerikanischen, französischen und anderen zeitgenössischen Verfassungen bereits vorgestellt wurden.

Provisorische Verfassung Griechenlands
beschlossen von dem Ersten Verfassungsändernden Parlament der Griechen in Epidauros am 1. Januar 1822

Im Namen der heiligen und unteilbaren Dreieinigkeit.

Da die griechische Nation unter der schaudervollen ottomanischen Herrschaft das höchste drückende und beispiellose Joch der Tyrannei nicht zu ertragen vermocht und es mit großen Aufopferungen abgeschüttelt hat, so verkündigt sie heute durch ihre legitimen, in einer Nationalversammlung zusammengetretenen, Repräsentanten vor dem Angesichte Gottes und der Menschheit *ihre politische Existenz und Unabhängigkeit.*

...

§ 1. Die herrschende Religion im griechischen Staate ist die der morgenländischen orthodoxen Kirche Christi. Es duldet jedoch die Regierung von Griechenland jede andere Religion, und die Ceremonien und heiligen Gebräuche einer jeden derselben werden ungehindert ausgeübt.

...

§ 2. Diejenigen eingebornen Bewohner des Staats von Griechenland, die an Christus glauben, sind Griechen, und genießen ohne irgend einen Unterschied alle bürgerliche Rechte.

§ 3. Alle Griechen sind gleich vor dem Gesetze, ohne irgend eine Ausnahme, oder Stufe, oder Classe, oder Ansehen.

§ 4. Diejenigen, die aus der Fremde gekommen und in dem Staate von Griechenland wohnen, oder als Beisassen einwohnen, sind mit den eingebornen Bewohnern vor dem Gesetz gleich.

...

§ 6. Alle Griechen haben ein und dasselbe Recht zu allen Würden und Ehren. Der Geber der Würden aber ist nur allein die Würdigkeit eines jeden.

§ 7. Eigenthum, Ehre und Sicherheit eines jeden Griechen stehen unter dem Schutz der Gesetze.

§ 8. Alle Steuererhebungen sollen unter allen Ständen und Classen der Einwohner durch die ganze Ausdehnung des griechischen Staates auf eine gerechte Weise vertheilt werden. Keine Steuererhebung aber geschieht ohne ein vorher erlassenes Gesetz.

...

§ 9. Die Regierung besteht aus zwei Körpern, dem berathenden und dem vollziehenden.

§ 10. Diese beiden Körper stehen sich gleich in Betreff ihrer gegenseitigen Mitarbeit an der Abfassung der Gesetze ...

§ 11. Der berathende Körper besteht aus bevollmächtigten, gewählten Repräsentanten der verschiedenen Theile von Griechenland.

...

§ 54. Der vollziehende Körper ist als völlig unverletzlich anzusehen.

§ 55. Wenn der ganze vollziehende Körper sich eines Vergehens wider die Gesetze schuldig gemacht hat, so wird der Präsident nach § 45 für schuldig erkannt und bestraft. Nach der Wahl eines neuen Präsidenten aber werden auch die übrigen Mitglieder eines nach dem andern angeklagt und nach § 52 schuldig gesprochen und bestraft.

...

§ 68. Er ist verpflichtet, von den Verhältnissen Griechenlands zu den fremden Mächten und von dem Zustande der Dinge innerhalb Griechenlands den berathenden Körper genau in Kenntniß zu setzen.

...

§ 87. Das Justizdepartement ist unabhängig von den beiden anderen Gewalten, der vollziehenden und berathenden.

...

§ 89. Die Justiz wird durch Gerichte gehandhabt ...

§ 99. Die Folter wird überall abgeschafft, so wie auch die Strafe der Güterconfiscation.

Nach diesem ersten Erfolg verhärteten sich die Fronten im Süden Griechenlands, und die Lage blieb bis 1825 stabil. Dies hatte mehrere Gründe: Erstens die Tatsache, dass es zunächst weder den Griechen noch dem osmanischen Reich gelang, einen militärischen Vorteil zu erkämpfen. Zweitens waren sich die griechischen Freiheitskämpfer untereinander nicht einig. Es hatten sich zwei Lager herauskristallisiert, die auf die unterschiedlichen sozialen Schichten in der osmanischen Zeit zurückgingen: Die bewaffneten Landarbeiter und die früheren griechischen Freiheitskämpfer gegen die osmanische Herrschaft, die *Klephten,* wurden von Theodoros Kolokotronis (1770 - 1843) angeführt. Ihnen gegenüber standen Vertreter des wohlhabenden Bürgertums, zu denen die Wortführer in der Nationalversammlung, Alexandros Mavrokordatos (1791 - 1865, später erster griechischer Ministerpräsident) und Georgios Konduriotis (1782 - 1827) gehörten. Mavrokordatos stammte aus einem alten Phanarioten-Geschlecht. Konduriotis war ein reicher Schiffseigner aus Hydra. Ab 1823 bekämpften sich diese beiden Gruppen. Drittens spielte die Einmischung fremder Großmächte eine Rolle: Großbritannien, Frankreich und Russland hatten strategische, politische und finanzielle Interessen an der

Lage im nordöstlichen Mittelmeer, die durch die Revolution auf dem Peloponnes nicht gefährdet werden sollten.

Während die europäischen Mächte sich zunächst zurückhaltend zeigten, fand der griechische Freiheitskampf gegen das Osmanische Reich in den europäischen Gesellschaften viele Sympathien, woraus sich eine Bewegung entwickelte, die unter dem Namen *Philhellenismus* bekannt geworden ist. Der Philhellenismus entwickelte sich in den 1820er-Jahren als neuhumanistische Bewegung in Europa und in Nordamerika (z. B. *New York Ladies' Committee for Education in Greece*). Die Anhänger dieser Bewegung verstanden sich als Bewahrer der antiken Zivilisation und rekrutierten sich zumeist aus dem Nachwuchs des europäischen Adels. Den Griechen als den Nachkommen der Hellenen wollten die Phihellenen daher im Unabhängigkeitskampf gegen die Osmanen beistehen. Sie verstanden sich nicht nur als Förderer hellenistischer Kultur, sondern begriffen sich auch als Gegenströmung zur metternichschen Restauration. Es kann also nicht verwundern, dass Metternich zu deren heftigsten Gegnern zählte.

Im August 1821 wurde in Bern der erste philhellenische Verein gegründet und Genf entwickelte sich zum europäischen Zentrum der Philhellenen. Für die deutschen Länder war die bayerische Residenzstadt München das Zentrum des Philhellenismus. Hier existierte eine einflussreiche philhellenische Gesellschaft, die von dem Arzt, Bergbauingenieur und Sozialreformer und seit 1801 ordentlichen Mitglied der Bayerischen Akademie der Wissenschaften Benedict Franz Xaver von Baader (1765 - 1841) geleitet wurde. Das sehr einflussreiche Mitglied der Bayerischen Akademie der Wissenschaften und Prinzessinnenerzieher, der Philologe Friedrich Wilhelm Thiersch (1784 - 1860), der auch *„Praeceptor Bavariae"* (Lehrer Bayerns) und „Vater der humanistischen Bildung" genannt wird, engagierte sich mit Zeitungsartikeln für die Sache der Griechen und forderte sogar die Gründung einer „Deutschen Legion". Die philhellenischen Aktivitäten wurden auch vom bayerischen Hof unterstützt; König Ludwig I. spendete z. B. beachtliche Geldbeträge, was sicher später geholfen hat, dass sein Sohn Otto zum griechischen König gewählt wurde.

Tatsächlich gingen zahlreiche Freiwillige nach Griechenland, um die griechische Revolution kämpfend zu unterstützten. Die meisten, mehr als 300, stammten aus Deutschland. Aus England kamen um die 100, darunter Lord Byron (* 1788), der am 19. April 1824 in der von den Osmanen belagerten westgriechischen Hafenstadt Missolonghi starb.

Als 1824 ägyptische Hilfstruppen unter Ibrahim Pascha (1789 – 1848) auf dem Peloponnes intervenierten, eskalierte der Konflikt. Und die Erfolge waren zunächst auf der Seite der Osmanen. Der bekannteste Erfolg ist die Rückeroberung von Missolonghi nach einer einjährigen Belagerung vom April 1825 bis zum April 1826. Dieser Versuch der Osmanen, im Bündnis mit ägyptischen Kräften, ihre Herrschaft auf dem Peloponnes wiederherzustellen, führte zum Eingreifen der europäischen Mächte England, Frankreich und Russland. Es wurde eine Drei-Mächte-Flotte zusammengestellt, die im Oktober 1827 in der Schlacht von Navarino die Osmanen-Flotte schlug. Die letzte Phase der Griechischen Revolution wurde vom Russisch-Türkischen Krieg (1828 - 1829) beherrscht. Nach der Kapitulation des Sultans gegenüber Russland (Friede von Adrianopel) wurde auf der Londoner Konferenz von 1830 die Errichtung eines souveränen griechischen Königreiches mit Russland als Schutzmacht beschlossen. Den Thron übernahm als Otto I. (1815-1867) ein bayerischer Prinz, unter dessen Regentschaft die aufgeklärten Ideale der Griechischen Revolution eher ein Schattendasein führten. Allerdings wurden in dieser Zeit auch die legislativen und administrativen Grundlagen des modernen Griechenlands gelegt. Durch den Zuzug bayerischer Handwerker und Gelehrter wurden auch wirtschaftliche Innovationen nach Griechenland gebracht. Karl Fuchs errichtete die erste griechische Brauerei FIX, die heute noch in Iraklio produziert. Gustav Clauss gründete das Weinproduktions- und Weinhandelsunternehmen Achaia-Clauss, das heute in Patras residiert.

Die Revolutionen im Jahr 1830

Während die eben besprochenen Revolutionen in Griechenland und Serbien einen entscheidenden Antrieb aus dem aufkommenden Nationalismus bekamen, waren es liberale

Ziele, die den Fokus der Juli-Revolution in Frankreich bildeten. Nach der Phase der Restauration der Bourbonen in Frankreich unter Ludwig XVIII. und Karl X., die von 1814 bis 1830 dauerte, erfasste Frankreich die Julirevolution. Sie hatte Auswirkungen auf die Niederlande, die Schweiz und Italien. Die Ereignisse in Frankreich zogen aber weitere in Europa nach sich, vor allem in Italien (Parma, Modena, Kirchenstaat) und in Polen, außerdem in den Königreichen Sachsen und Hannover, im Herzogtum Braunschweig und im Kurfürstentum Hessen-Kassel. In den deutschen Staaten entstanden neue Verfassungen, allerdings noch im Rahmen landständischen Denkens.

Die Julirevolution in Frankreich

Enrichissez-vous!
(angeblich François Guizot, zwischen 1842 und 1846)

Nach dem Sieg der Allianz von 1814 über Napoleon wurde in Frankreich der Bourbone Ludwig XVIII. (1814 - 1824) zum König einer konstitutionellen Monarchie. Die Neuverteilung der Nationalgüter, die Gleichheit vor dem Gesetz und die bürgerlichen Freiheiten wurden anerkannt. Die politisch mächtigste Schicht war zu dieser Zeit das Besitzbürgertum. Allerdings gelang es nicht, die Nation zu einen. Sie war tief gespalten: Die Ultraroyalisten wollten die Errungenschaften der Revolution beseiteräumen und das Ancien Régime restaurieren. Eine konstitutionelle Strömung, die sogenannten Doktrinäre, verstand das nationale Königtum als Bollwerk gegen gewalttätige Ausschreitungen wie unter Robespierre. Die Independenten votierten für die liberalen Prinzipien von 1789. Das Jahr 1815 sah eine blutige „Zweite Restauration". Der „Weiße Terror" traf die Jakobiner und Anhänger Bonapartes. Es kam zu 70.000 Verhaftungen und zur Erschießungen von napoleonischen Generalen. Die Kabinette Richelieus und Decazes' (Élie, Herzog von Decazes und Glücksberg, 1788-1860) konnten erreichen, dass der Kongress von Aachen 1818 das Ende der Besatzung in Frankreich und dessen Wiederaufnahme in das Konzert der Großmächte beschloss. In den 1820er Jahren verschärfte sich die innenpolitische Lage unter

Karl X., der seine Regentschaft hauptsächlich auf die Ultraroyalisten und die Kirche stützte, was zu heftiger Opposition durch
die liberale Mehrheit im Parlament führte. Unter Karl X. wurden
Sakrileg- und Pressegesetze, die kirchliche Schulaufsicht, die
Rückkehr der Jesuiten, die Auflösung der Nationalgarde und die
Bewilligung der „Milliarde der Emigranten", einer großzügigen
Entschädigung des grundbesitzenden Adels für seine während
der Französischen Revolution erlittenen Verluste (1825), durchgesetzt. Neben den politischen Provokationen führten die begin-
nende Industrialisierung und eine Wirtschafts- und Finanzkrise
zusätzlich zu einer sozial angespannten Lage.

Schon 1827 hatten die Liberalen bei den Parlamentswahlen
die Mehrheit errungen. Jedoch konnte sich der freiheitliche Premierminister Jean-Baptiste Sylvère Gay, Vicomte de Martignac
(1778 -1832), nur kurz im Amt halten. König Karl X. (1757 - 1836)
gelang es, eine Regierung der Ultraroyalisten zu installieren. Bei
der Neuwahl der Deputierten der zweiten Kammer zeigte sich
jedoch, dass die Ultraroyalisten bei Wahlen nicht mehrheitsfähig
waren. Um die Konstitution des mehrheitlich liberal ausgerich-
teten Parlaments zu verhindern, löste Karl X. auf Druck der
Ultraroyalisten die Kammer am 26. Juli 1830 wieder auf. Mit
den anschließend erlassenen *Juliordonnanzen* beseitigte er die
Pressefreiheit und veränderte das Wahlrecht zuungunsten des
Bürgertums und zugunsten der Großgrundbesitzer.

Es begann eine heftige Pressekampagne gegen diese Erlasse,
bei welcher der Chefredakteur der Zeitung *Le National* (später
auch Minister und Ministerpräsident, 1871 - 1873 Staatspräsident), Adolphe Thiers (1797 - 1877), die zentrale Figur war. Dies
führte in Paris zu Unruhen, an denen sich vor allem Handwerker,
Arbeiter, Studenten und Nationalgardisten unter General La Fayette beteiligten. Arbeiter und Kleinbürger zogen ihre Motivation
einmal mehr aus ihrer wirtschaftlichen Notlage, die sich diesmal
aus den Folgen von Überproduktion und schlechten Ernten
ergeben hatte.

Karl dankte am 2. August nach Barrikadenkämpfen in Paris
ab, mit denen die Aufständischen am 29. Juli die Stadt unter
ihre Kontrolle gebracht hatten, und floh nach England. So war
die Hauptstadt am 29. Juli in den Händen der Aufständischen.

Die Abgeordnetenkammer berief Louis-Philippe, Herzog von Orléans (1773 – 1850), auf den Thron (9. August 1830). Die liberale Mehrheit in der Kammer votierte gegen die Wiedereinführung der Republik und für die Errichtung einer konstitutionellen Monarchie. Eine Verfassungsrevision brachte der Abgeordnetenkammer die Gesetzesinitiative, nahm der katholischen Kirche ihre Position als Staatskirche, führte die Ministerverantwortlichkeit ein und senkte den Wahlzensus. Damit begann die „goldene Zeit" des Großbürgertums. Der Adel, der den Treueid auf Louis Philippe verweigerte, verlor seine Ämter und seinen Einfluss zugunsten des Großbürgertums, das nun seine wirtschaftlichen Interessen viel stärker gewichten konnte. Nun begannen der Aufbau eines Kapitalstocks und die Industrialisierung Frankreichs.

Die wirtschaftliche Modernisierung in der Zeit des Juli-Königtums (1830 - 1848) brachte soziale Verwerfungen mit sich, was zu häufigen Volksunruhen (1831/1834 in Lyon, 1832/34 in Paris) führte. Nicht ohne Grund breiteten sich in Frankreich in den 1830er-Jahren sozialistische und kommunistische Theorien aus. Aber es gab auch eine Opposition der konservativen Kräfte, die unter dem Namen *Résistance* firmierte. Zunächst konnte der „Bürgerkönig" seine Position durch autoritäre Kabinette festigen und das Finanzbürgertum an sich binden, das mit der angeblich von dem Historiker Pierre Guillaume Guizot (1787 - 1874) geprägten Parole *Enrichissez-vous*! (Bereichert Euch!) gewonnen werden konnte. Belegt ist nur ein Redebeitrag Guizots anlässlich einer Finanzdebatte vom 1. März 1843: „... nutzt diese Rechte; gebt eurer Regierung eine Basis, kräftigt eure Institutionen, klärt euch auf, bereichert euch, verbessert die moralische und materielle Lage unseres Frankreichs – hier finden sich die wirklichen Neuerungen." Das Finanzbürgertum übernahm, wie es Theodor Schieder formuliert hat, die Rolle der „Aristokratie des neuen Regimes". Alexis de Tocqueville (1805 - 1859) nannte diese Regierung eine unpolitische Aktiengesellschaft. 1848 kam es in Frankreich erneut zur Revolution, über die später zu berichten sein wird.

Die Juli-Revolution von 1830 bewirkte den endgültigen Sturz der Bourbonen in Frankreich und gab dem Bürgertum erneut die Macht unter einem liberalen Königtum. Sie hatte Signalwirkung für die liberalen und demokratischen Bewegungen in ganz Europa, vor allem in Belgien, Deutschland, Italien und Polen. Theodor Schieder schreibt dieser Revolution die Entstehung jenes Schreckgespensts der Metternichschen Politik seit 1815, nämlich einer Europa überziehenden revolutionären Untergrundbewegung, zu.

Die Septemberrevolution in Belgien

Ein wichtiger Beweggrund für jenen Prozess, der als belgische Septemberrevolution von 1930 bekannt ist, waren jene inneren Spannungen zwischen den nördlichen (niederländischen, seit der Reformation vom Haus Oranien regierten) und südlichen (belgischen, davor jahrhundertelang habsburgischen) Landesteilen, die durch die Bildung des Königreichs der Vereinigten Niederlande 1815 auf dem Wiener Kongress erzeugt worden waren. Religiöse Differenzen bestanden zwischen dem protestantischen Norden und dem katholischen Süden. Die politischen Antagonismen erwuchsen aus der Ablehnung des autokratischen Herrrschaftsstils König Willems I. (1772 – 1843) durch das liberale Bürgertum in den südlichen Provinzen. Durch eine protestantische Schulpolitik und die Einführung des Niederländischen als Amtssprache fühlte sich die nicht-protestantische und nicht-niederländische Bevölkerung bevormundet. Hinzu kamen wirtschaftliche Schwierigkeiten, die u. a. aus hohen Steuern und niedrigen Zöllen resultierten und bei Arbeiterschaft und Bauern Unzufriedenheit aufkommen ließen. Liberale und katholische Protestbewegungen bildeten 1828 eine Union, die versuchen sollte, mittels Petitionen zusätzliche bürgerliche Freiheiten, darunter die Pressefreiheit, niedrigere Steuern und die Ministerverantwortlichkeit durchzusetzen. Dieses Ansinnen wurde vom König abgelehnt, obgleich zwischen Ende 1829 und Anfang Februar 1830 360.000 Menschen in den südlichen Landesteilen diese Forderungen mit ihrer Unterschrift unterstützt hatten.

Diese Spannungen entluden sich am 25. August 1830 in Unruhen, die als spontane Rebellion einer Handvoll Brüsseler Opernbesucher, angeregt durch die Aufführung der romantisch-nationalistischen Revolutions-Oper *La Muette de Portici*

(„Die Stumme von Portici") von Daniel-François-Esprit Auber (1782 – 1871) in der Brüsseler Oper begannen. Bei der Oper, die von einem neapolitanischen Aufstand gegen die Spanier im 17. Jahrhundert handelt, ertönte im Publikum der Ruf: „Vive la liberté!" Der anschließend in der Stadt ausgebrochene Aufruhr breitete sich rasch im gesamten Süden des Landes aus. Es war nicht nur ein Aufstand des Bürgertums. Der Funke sprang schnell auf Arbeiter und Arbeitslose über. Am 26. August kam es in Brüssel zu Maschinenstürmereien und Plünderungen. In Lüttich, Verviers, Huy, Namur und Mons fanden ähnliche Aktionen statt. Es gelang dem König, der die Zeichen der Zeit nicht erkannte, nicht, diese Sezessionsbewegung zu stoppen. Als die belgischen Abgeordneten der Generalstaaten am 13. September zu einer außerordentlichen Sitzung nach Den Haag reisten, spitzte sich die Lage in Brüssel wieder zu. Seit die Aufständischen Anfang des Monats bewaffnete Verstärkung aus Lüttich bekommen hatten, stieg die Gewaltbereitschaft wieder an und man stellte Freikorps zusammen. Als am 23. des Monats die niederländische Armee mit 12.000 Mann in Brüssel einmarschierte, schlug der Zorn der belgischen Bevölkerung in einen nationalen Aufstand um. Die Kämpfe dauerten vier Tage und kosteten 1.200 Menschen das Leben, zahlreiche wurden verletzt.

Nachdem die Aufständischen am 27. September die niederländischen Truppen in Brüssel zurückschlagen konnten, wurde dort eine provisorische Regierung gebildet, die von Frankreich und Großbritannien sofort anerkannt wurde und am 4. Oktober 1830 die Unabhängigkeit Belgiens erklärte. In den folgenden Tagen wurden niederländische Beamte und Truppen aus allen Städten des Landes vertrieben. Am 3. November 1830 wählten 30.000 qualifizierte Steuerbürger und Akademiker einen Nationalkongress. Eine Konferenz der europäischen Großmächte, die am 4. November in London zusammentraf, bestätigte die Abtrennung des neuen belgischen Staates von den Niederlanden. Die fünf Großmächte Frankreich, Großbritannien, Österreich, Preußen und Russland garantierten im Londoner Protokoll zudem die belgische Neutralität. Am 7. Februar 1831 wurde eine Verfassung verkündet, die eine konstitutionelle Monarchie auf der Grundlage liberaler Verfassungsprinzipien begründete. Sie war eine

Synthese aus den französischen Verfassungen von 1791, 1814 und 1830, dem niederländischen Grundgesetzes von 1815 und dem englischen Staatsrecht und griff außerdem auf mittelalterliche Rechtstraditionen flandrischer Städte zurück. Die Gewaltenteilung Legislative, Exekutive und Judikative wurde eingeführt. Das Parlament wurde zur wichtigsten politischen Institution. Zudem enthielt die belgische Verfassung einen umfänglichen Grundrechtekatalog.

Ein britisch-französischer Kompromisskandidat, Leopold I. von Sachsen-Coburg (1831 - 1865), wurde am 4. Juni 1831 zum ersten König der Belgier gewählt. 1831 und 1832 versuchten die Niederlande ohne Erfolg, Belgien zurückzugewinnen.

Im Londoner Vertrag von 1839, mit dem die Niederlande Belgien anerkannten, fiel ein Großteil Luxemburgs an Belgien, die Provinz Limburg wurde zwischen Belgien und den Niederlanden aufgeteilt. In der niederländischen, katholischen Provinz Süd-Limburg war die Fremdheit gegenüber Den Haag noch bis in die jüngste Vergangenheit greifbar: so sprach das katholische Bürgertum mit Vorliebe Französisch, um sich von den protestantischen Niederländern abzugrenzen.

Der polnische Novemberaufstand gegen die russische Herrschaft von 1830 und seine Nachwirkung im Januaraufstand 1863

Am 29. November 1830 zettelten national gesinnte polnische Offiziere, Adlige und Studenten, beeindruckt von den zuvor erfolgreich verlaufenen Revolutionen in Frankreich und Belgien, bewaffnete Aufstände gegen die russische Fremdherrschaft an. Das Land wurde unter der Bezeichnung „Kongresspolen" seit dem Wiener Kongress vom russischen Zaren regiert. Der russische Gouverneur, Großfürst Konstantin, entging einem Attentat und flüchtete aus Polen. Ebenso konnten die Polen die russischen Truppen bald aus dem Land vertreiben. Im Dezember 1830 konstituierte sich eine provisorische Regierung. Im Januar 1831 riefen die polnischen Revolutionäre ein unabhängiges Polen aus. Den militärischen Gegenschlag Russlands konnten die polnischen Patrioten zunächst parieren, erlitten jedoch in Ermangelung ausländischer Unterstützung am 26. Mai 1831 bei Ostrołęka eine schwere Niederlage. Eine weitere folgte Anfang September vor Warschau, das am 8. September 1831 nach anhaltendem Bombardement stark zerstört von russischen Truppen eingenommen wurde, die unter der Bevölkerung ein Massaker anrichteten. Die Anführer des Aufbegehrens gegen die Zarenherrschaft wurden hingerichtet, die polnische Armee aufgelöst, Tausende Polen wurden nach Sibirien verschleppt und die Güter der aufständischen Adligen konfisziert. Danach verlor Polen seine Autonomie, und es begann ein Exodus unzähliger Revolutionsanhänger Richtung Westen bis in die USA. Bei der deutschen Bevölkerung löste der polnische Novemberaufstand unter den Liberalen eine wahre Polenbegeisterung aus, wie z. B. die Reden des Hambacher Festes 1832 zeigen.

In der Literatur wird darauf hingewiesen, dass scharfe Gegensätze innerhalb der polnischen Freiheitsbewegung eine starke Belastung für die Revolution darstellten. Vor allem die Bauern, deren Interessen von der liberalen Bewegung nicht angemessen berücksichtigt worden seien, hätten sich eher halbherzig für die Revolution eingesetzt und so den Novemberaufstand geschwächt. Sie blieben weiterhin in einem Feudalsystem gefangen.

Die russischen Repressalien nach der Niederschlagung des Novemberaufstands waren ursächlich für eine weitere Erhebung im Januar 1863, die entsprechend als „Januaraufstand" in die Literatur eingegangen ist. Erneut ging es um die Wiedererlangung der Eigenständigkeit Polens. Bereits 1861 war es zu opferreichen Massendemonstrationen gekommen, die die polnische Forderung nach nationaler Autonomie bekräftigten. Diese Aktionen forderten zahlreiche Todesopfer. Um die polnische Autonomiebewegung einzudämmen, hatte der vom Zaren eingesetzte polnische Regierungschef 1862 die Zwangsaushebung von 10.000 jungen Polen verfügt. Dies brachte das polnische Zentrale Nationalkomitee dazu, den geplanten Aufstand auf den 22. Januar 1863 vorzuziehen. Dies löste eine bewaffnete Auseinandersetzung von mehr als einem Jahr (bis April 1864) aus. Nachdem der Anführer der polnischen Aufständischen gefangen genommen werden konnte, brach die polnische Front zusammen. Es folgte wieder eine harte Maßregelung Polens durch Russland.

Die Revolutionswelle von 1848/49 in Europa

In den Jahren 1848 und 1849 rüttelte eine bis dahin unbekannte Revolutionswelle an den politischen und sozialen Strukturen Europas. In einem Aufsatz über die Revolution von 1848/49 in der Habsburgermonarchie schreibt Hans Peter Hye, dass sich zu Neujahr 1848 wohl kaum jemand in Mitteleuropa vorstellen konnte, dass die Ereignisse der folgenden eineinhalb Jahre die politische und soziale Ordnung nachhaltig verändern würden. Dies, obwohl es bereits am Neujahrstag 1848 in Mailand einen „Zigarrenrummel" gab, als dort die Raucher in einen zweitägigen „Streik" traten, mit dem die österreichischen Staatsfinanzen getroffen werden sollten. Auch die Lotteriespiele boykottierte man deswegen. Es folgten blutige Ausschreitungen in anderen oberitalienischen Städten, auf die der Kommandierende der habsburgischen Streitkräfte in Italien, Feldmarschall Josef Wenzel Radetzky von Radetz (1766 - 1858), im Februar mit der Verhängung des Ausnahmezustands reagierte. Aber das war seit 1830 nichts Neues. Doch dann löste die Februarrevolution in Paris einen regelrechten Dominoeffekt weiterer Revolten fast auf dem gesamten europäischen Kontinent aus: neben Frankreich in den deutschen und italienischen Staaten, dem gesamten Territorium der Habsburgermonarchie, in den Randzonen des Osmanischen Reiches sowie auf dem Balkan, wo die „Donaufürstentümer" Moldau und Walachei betroffen waren. Diesmal gehörten auch Berlin, Budapest, Prag und Wien zu den Zentren der Revolution. In den Niederlanden, Belgien den skandinavischen Ländern und in der Schweiz kam es nicht zu Revolutionen, aber die Reformprozesse gewannen an Fahrt. Zum Beispiel bildete sich in der Schweiz, die in den Jahren zuvor schon Zufluchtstätte für politische Flüchtlinge gewesen war, aus dem losen, politisch heterogenen Staatenbund ein liberaler Bundesstaat. Die schweizerische Bundesverfassung von 1848, ermöglicht durch den Sonderbund-Krieg, bildet bis in die Gegenwart die Grundlage des politischen Systems der Schweiz. Auch in Dänemark gab es Veränderungen: 1849 wurde das Königreich Dänemark zu einer konstitutionellen Monarchie mit allgemeinem Wahlrecht und einem Zwei-Kammer-Parlament. Vereinzelte Aufstände in Irland, Spanien und Griechenland sowie die Chartistenbewegung in England (Eine Reformbewegung die sich seit Mitte der 1830er-Jahre für Wahlrechts- und Sozialreformen einsetzte.) waren nicht erfolgreich. Einzig das Russische Reich widerstand den Umwälzungsprozessen, die sich andernorts überall bemerkbar machten. Russland blieb die konservative Vormacht Europas, die dann erheblichen Anteil an der Beendigung des europäischen „Völkerfrühlings" hatte.

Einerseits waren die revolutionären Bewegungen in Europa in vielerlei Hinsicht miteinander verflochten, andererseits gab es Unterschiede sowohl in der jeweiligen Ausgangslage, in den Zielen und auch in den Revolutionsverläufen. Charles-Hippolyte Pouthas hat hierfür den Ausdruck „Komplexität von 1848" geprägt. In allen revolutionären Bewegungen gehörte die Errichtung von Nationalstaaten zu den Hauptforderungen. Dabei war dieses Ziel mit unterschiedlichen Problemen verbunden: In Böhmen, Polen und Ungarn wurde ein Kampf um die nationale Unabhängigkeit entfacht; zumindest sollte eine gleichberechtigte Stellung innerhalb der Habsburgermonarchie erreicht werden. Hier versuchten staatenlose Völker, wie z. B. Tschechen, Slowaken, Slowenen, das bestehende Staatsgebilde aufzulösen, um eigene Nationalstaaten bilden zu können. Weder das Kaiserhaus in Wien noch die Magyaren, die sich ja selbst von Wien emanzipieren wollten, waren solchen Plänen zugetan. In Italien waren die bestehenden Staaten zu einem Nationalstaat zusammenzuführen und zugleich die österreichische Herrschaft in der Lombardei und in Venetien zu beenden. In den deutschen Staaten wiederum kämpfte das liberale Bürgertum für ein freiheitlich verfasstes, rechtsstaatliches und geeintes Deutschland. Wie in Italien war hierzu ein nationaler Vereinigungsprozess notwendig. Zusätzlich ergaben sich aber Schwierigkeiten aus der „staatsrechtlichen und ethnischen Unschärfe" (Dieter Langewiesche) der Grenzen des Deutschen Bundes: Die nationalstaatlichen Zielsetzungen der deutschen und der nicht-deutschen Revolutionäre mussten in Einklang gebracht werden, zudem die Einigungsidee der Deutschen mit der herrschenden Außenpolitik der Mächte, die den Deutschen Bund auf dem Wiener Kongress explizit nicht als integrierten Nationalstaat konstruiert hatten. Während in Frankreich und in Großbritannien ein Emanzipationsprozess aus

Untertanen Bürger einer Republik bzw. einer konstitutionellen Monarchie gemacht hatte, war dies in den deutschen Territorien noch Wunschdenken. In Frankreich ging es bei der Veränderung der Sozialverfassung vor allem um eine Antwort auf die „Arbeiterfrage". In den osteuropäischen Agrargesellschaften war es dagegen die „Bauernfrage", die unter den Nägeln brannte. Dies weist auf ein wirtschaftliches und soziales Entwicklungsgefälle von West nach Ost als Konsequenz der unterschiedlichen Geschwindigkeiten im Industrialisierungsprozess. Die deutschen Staaten, Deutschösterreich und auch Italien befanden sich hier in einer Mittellage, wo sich beide Problemzonen überlagerten.

Die sozialen Strömungen innerhalb der Revolutionen schufen allerorten Ansätze sowohl für sozialrevolutionäre Bewegungen als auch für die Gegenrevolution. Die unterschiedlichen revolutionären Bewegungen standen wegen ihrer nationalpolitischen Ziele in vielfachen Gegensätzen zueinander, sodass es nicht gelang, diese Revolutionen in Europa zu einer europäischen Revolution zu koordinieren. Diese Schwäche nutzten die gegenrevolutionären Kräfte, die über bessere internationale Koordinationsmechanismen verfügten, um ihre zunächst verloren geglaubte Machtstellung zurückzugewinnen.

Die Pariser Februarrevolution 1848

Paris war 1848 einmal mehr Ausgangspunkt einer revolutionären Bewegung, die dieses Mal mit „„Messer und Gabel" (Werner Näf) begann. Zunächst hatten die Oppositionellen für ihre Forderung nach Ausweitung des Wahlrechts auf Reformbanketten geworben. Das Verbot eines solchen Banketts durch die Regierung führte am 22. Februar zu einer Massendemonstration. Bei der Februarrevolution handelte es sich um eine spontane Massenbewegung, sie war nicht von langer Hand geplant. Träger dieser Revolution war das „Volk im eigentlichen Sinne, ... die Volksschichten, die von der Arbeit ihrer Hände leben", wie sich Alexis de Tocqueville ausdrückte. Gemeinsam war diesen Menschen, immerhin noch zwei Drittel der Pariser Bevölkerung, die permanente Unsicherheit ihrer Existenz. Dies, so wünschten sie, sollte die Revolution ändern.

Als Regierungstruppen auf die Demonstranten schossen, schlug die Demonstration in einen Aufstand um, der eine neue Revolution in Frankreich auslöste. Bereits am 23. Februar entstanden auf den Pariser Straßen 1.500 Barrikaden. Die Eskalation der Gewalt auf der Straße bewirkte auch eine Radikalisierung der zunächst gemäßigten Forderungen. Die Massen wollten sich mit der Abdankung des Königs zugunsten seines Enkels am 24. Februar nicht begnügen und erzwangen die Ausrufung der Republik und die Errichtung einer Provisorischen Regierung, an der sich sowohl gemäßigte Liberale als auch Sozialisten beteiligten. Der sozialistische Theoretiker Louis Blanc (1811 - 1882) zählte dazu. Der Druck der Massen veranlasste die Regierung zu weitreichenden Reformen. Rasch verkündete die Regierung die völlige Freiheit der Presse, Versammlungs- und Vereinigungsfreiheit, die Abschaffung der Todesstrafe für politische Verbrechen und das Ende der Sklaverei in den französischen Kolonien. Das Recht auf Arbeit wurde eingeführt und unter der Führung Blancs staatliche „Nationalwerkstätten" zur Bekämpfung der Arbeitslosigkeit gegründet, in denen 10.000 Arbeitslose unterkamen.

Eine Woche nach der Abdankung des Königs, am 2. März, wurde in Frankreich das allgemeine Wahlrecht eingeführt, auf dessen Grundlage am 23. April 1848 die Wahlen zur „Verfassungsgebenden Nationalversammlung" durchgeführt wurden. Von den 900 Parlamentssitzen gingen über 500 an die Konservative Allianz, die angetreten war, die sozialistischen Reformen zu stoppen, 80 Sitze bekamen die Sozialisten und die radikalen Demokraten. Die so zusammengesetzte Körperschaft setzte eine „Kommission für die Exekutivgewalt", bestehend aus fünf Mitgliedern, ein, die als kollektives Staatsoberhaupt fungieren sollte.

Zwar waren Kleinbürgertum und Sozialisten in dieser Kommission vertreten, dennoch wollten sich die Sozialisten und der linke Flügel der Liberalen nicht mit ihrer Wahlniederlage abfinden, da die wirtschaftliche Lage des Pariser Kleinbürgertums und der unterbürgerlichen Schichten seit der Februarrevolution eher schlimmer als besser geworden war. Die Arbeitslosigkeit war stark angestiegen. Die Pariser Handelskammer hatte ermittelt, dass das Pariser Gewerbe 1847 rund 340.000 Arbeiter beschäftigte, 1848 nur noch ca. 147.000. Auch die Börsenkurse litten an der

Revolution. Wie in Deutschland, stiegen sie erst wieder, als die Revolution abgefangen war. In dieser Situation wurden die Rufe nach Ruhe und Ordnung immer mehr und lauter. Die Verschärfung der Wirtschaftskrise stärkte nicht die Revolution, sondern deren Gegner. Die Landbevölkerung spürte von den Reformen der Republik vor allem die Steuererhöhungen. Viele, die in den Städten und auf dem Land die Revolution zunächst positiv gesehen hatten, empfanden die Ergebnisse als Belastung.

In dieser explosiven Atmosphäre entfachte ein Versuch der Konservativen, die Nationalwerkstätten aufzulösen, am 21. Juni 1848 einen Flächenbrand. 40-50.000 aus dem ärmeren Teil der Pariser Bevölkerung beteiligten sich an diesem Aufstand, den die Regierung mit militärischen Mitteln bis Ende des Monats niederwerfen konnte. Der Blutzoll war hoch: Mehr als 3.000 revolutionäre Kämpfer und 1.600 Soldaten fanden den Tod. Die überlebenden Revolutionäre wurden gnadenlos verfolgt, was von der breiten Bevölkerung in der Provinz, die sich vor dieser Bewegung eher gefürchtet und in ihren Eigentumsrechten bedroht gesehen hatte, durchaus begrüßt wurde. Hier zeichnete sich deutlich die Spaltung der revolutionären Bewegung in proletarisch-revolutionäre und bürgerlich-revolutionäre Kräfte ab, wie sie bereits von Karl Marx prognostiziert worden war. Die Zeitgenossen sahen im Juniaufstand einen „Klassenkrieg" (Charles de Rémusat, 1797 - 1875), eine Art Sklavenaufstand, der eine andere Gesellschaftsordnung und nicht nur eine andere Regierungsform wollte.

Der Erfolg der bürgerlichen Regierung bei der Bekämpfung des Pariser Juniaufstands löste zudem in allen Staaten, die von der Märzrevolution erfasst worden waren, eine konservative bis reaktionäre Gegenbewegung aus. Konservative, aber auch Liberale und gemäßigte Demokraten in anderen Ländern Europas feierten den „Sieger von Paris", General Louis Eugène Cavaignac (1802 - 1857), als Retter vor der „roten Flut". Man sah sich gewappnet vor ähnlichen Bewegungen, zumal nun nicht mehr zu erwarten stand, dass sich Frankreich zugunsten anderer revolutionärer Bewegungen militärisch engagieren würde.

DIE MÄRZREVOLUTION: DIE REVOLUTIONÄREN BEWEGUNGEN VON **1848/49** IN DEN DEUTSCHEN STAATEN OHNE ÖSTERREICH

> *„Einigkeit und Recht und Freiheit*
> *für das deutsche Vaterland!*
> *Danach lasst uns alle streben*
> *brüderlich mit Herz und Hand!"*
> (August Heinrich Hoffmann von Fallersleben, 1798 - 1874)

Die Revolution von 1848/49 in Deutschland ist ein Bündel von Ereignissen, die sich zwischen dem Februar 1848 und dem Spätsommer des darauffolgenden Jahres in den deutschen Territorien abgespielt haben. In der Literatur wird meistens ein direkter Zusammenhang zwischen der Februarrevolution in Paris und dem Ausbruch der Revolution in den deutschen Staaten und in der Habsburger Monarchie hergestellt. Dies kann den Blick ein wenig verstellen auf andere Traditionen in Europa. Sicher waren die Revolutionen inspiriert durch die Ideen der Französischen Revolution von 1789: Freiheit, Gleichheit und Brüderlichkeit. Zudem förderten die Erfahrungen der napoleonischen Kriege und Besatzung nationale Einigungs- und Unabhängigkeitsbewegungen sowie grundlegende Reformen der politischen und gesellschaftlichen Strukturen. So kamen auch wichtige Impulse für die Märzrevolution aus Preußen. Hier hatte man nach der Niederlage gegen das napoleonische Frankreich, die die Hohenzollernmonarchie in eine tiefe Krise stürzte, auf Betreiben von Reichsfreiherr Karl vom und zum Stein (1757 - 1831) und Fürst Karl August von Hardenberg (1750 - 1822) zu richtungweisenden Reformen gefunden: Bauernbefreiung, Beseitigung der Ständeordnung, städtische Selbstverwaltung, Gewerbefreiheit und bürgerliche Gleichberechtigung der Juden (Stein- und Hardenberg'sche Reformen). In Deutschland hatten sich zudem Modernisierungs- und Demokratisierungsdiskurse entwickelt, die durch die metternichsche Restaurationspolitik sterilisiert werden sollten.

Die deutschen Revolutionäre zogen viel von ihrer Motivation aus den Freiheitsbewegungen anderer europäischer Länder gegen die Unterdrückung von außen und durch die eigenen Fürsten.

Das Lützow'sche Freikorps in schwarzen Anzügen mit goldenen Knöpfen und roten Litzen gehörte zu den anspornenden Vorbildern. Lützows „Schwarze Jäger" sind vor allem bekannt geworden durch eine Dichtung eines prominenten Mitglieds. Der 1813 gefallene Dichter Theodor Körner (* 1791) hat das Korps in einem Gedicht verewigt, welches Carl Maria von Weber (1786-1826) vertont hat: „Lützows wilde Jagd". Die lützowschen Farben wurden dann auch die deutschen Farben: Schwarz-Rot-Gold. Diese Farben wurden das Symbol der liberalen und nationalen Kräfte des deutschen Vormärz. Einheit in Freiheit durch einen Verfassungsstaat war das Ziel einer Bewegung, die nach der erfolgreichen Völkerschlacht von Leipzig (1813) zunächst sehr hoffnungsvoll begonnen hatte.

Die restaurativen Beschlüsse des Wiener Kongresses (1814/15) wirkten auf diese fortschrittlichen Kräfte in Deutschland zunächst ernüchternd. In den deutschen Territorien verhinderten sie die Herausbildung eines nationalen Verfassungsstaates. Stattdessen wurde eine föderale Verbindung von zunächst 41 souveränen deutschen Staaten zum Deutschen Bund aus der Taufe gehoben. Der Bundestag war das einzige gemeinsame Staatsorgan, das bis 1848 in Frankfurt am Main tagte. Es gab eine Art Vorform von Verfassung, die Deutsche Bundesakte, die zu Grundrechten lediglich eine Absichtserklärung enthielt, gegen deren Umsetzung die Stärke der Reaktion unter Metternichs Führung stand.

Aber die Gegenspieler der Reaktion, die deutsche National- und Freiheitsbewegung, bestand auf einer Einlösung der in der Bundesakte festgelegten Bestimmungen. Der Einfluss dieser Kräfte wuchs beständig, bis es 1848 zum Ausbruch der Revolution kam. Nicht vergessen darf man auch, dass sich im Zeitalter der Restauration in einigen deutschen Territorien erste konstitutionelle Strukturen herausbildeten. Zunächst bekamen 1818 und 1819 die süddeutschen Staaten Bayern, Baden und Württemberg Verfassungen und Parlamente. Es war die Ära des „Frühkonstitutionalismus" in Deutschland. Zeitgleich organisierten sich Studenten in „Burschenschaften" und versuchten, insbesondere auf dem Wartburgfest 1817, die Ziele der Freiheits- und Nationalbewegung aus der Zeit der Kämpfe gegen Napoleon aufs Neue in den Vordergrund zu rücken. Insgesamt entwickelte sich ein sehr lebendiges und vielfältiges Vereinsleben in jenen Jahren.

Diesen nationalen und konstitutionellen Strömungen versuchten die restaurativen Kräfte entgegenzuwirken. Bekannt sind in diesem Zusammenhang die Karlsbader Beschlüsse von 1819 und die Wiener Schlussakte von 1820. Die Karlsbader Beschlüsse verboten die Burschenschaften und brachten die Pressezensur. Die Mitgliedsstaaten wurden zur Unterbindung der National- und Verfassungsbewegung verpflichtet. Die Wiener Schlussakte reduzierte vollends den Deutschen Bund auf die Rolle eines Instruments zur Unterdrückung partizipatorischer Forderungen und nationaler Bewegungen. Trotz solcher politischer Teilerfolge blieben die restaurativen Kräfte mittelfristig in der Defensive.

Schon zehn Jahre nach der Wiener Schlussakte erhielt die deutsche National- und Verfassungsbewegung einen neuen starken Impuls durch die Julirevolution in Frankreich (1830). Nun setzten sich auch in den mitteldeutschen Staaten konstitutionelle Elemente durch; so gab sich Kurhessen 1830 eine Verfassung, Sachsen 1831. Auch das Hambacher Fest, zu dem 1832 über 30.000 Menschen zusammenkamen, konnte nicht unterbunden werden. Die dort erhobenen Forderungen waren ein freies und geeintes Deutschland, die Beseitigung der Fürstenherrschaft und ein „konföderiertes republikanisches Europa". Die von Metternich durchgesetzten Gegenmaßnahmen waren zwar hart, konnten das Rad der Zeit aber nicht anhalten. Der Handlungsspielraum der oppositionellen Kräfte hatte sich spürbar vergrößert. So genossen die „Göttinger Sieben", jene Professoren, die gegen die Aufhebung der Verfassung des Königreichs Hannover protestierten und dafür entlassen wurden, in der Öffentlichkeit sehr hohes Ansehen.

Zudem entwickelte sich eine neue Form bürgerlicher Öffentlichkeit, und zwar die Vereine. Überall gründeten sich Vereine, teils offen politische Vereine, teils Bildungs-, Musik-, Lese- oder Turnvereine, die als Tarnung für politische Aktivitäten dienten. Vor allem in den Lesegesellschaften, die wir schon aus Frankreich kennen, entfaltete sich eine bürgerliche Diskussionskultur, die einen öffentlichen Raum für intellektuelle und politische Debatten bereitstellte und als Informationsbörse diente. In diesen

Lesegesellschaften werden erstmals in Deutschland auch Frauen politisch aktiv. Die Vereinsbereitschaft der Bürger, so Thomas Nipperdey, steigerte sich in den 1840er-Jahren zu einer wahren „Vereinsleidenschaft", die Vereinswesen und Politisierung über die Grenzen des Bürgertums hinaustrugen. Es entstanden auch Organisationen für Handwerksgesellen und Arbeiter.

Die wirtschaftlichen und sozialen Verhältnisse bildeten neben der politischen Missstimmung den Nährboden für den Ausbruch der Märzrevolution. Deutschland war, anders als England, noch von agrarischen Strukturen geprägt. 60 % der Bevölkerung des Deutschen Bundes arbeiteten um 1850 in der Landwirtschaft, im Gewerbe waren es ein Viertel und im Dienstleistungsbereich 15 %. Wegen eines enormen Bevölkerungswachstums (in den Staaten des Deutschen Bundes – ohne die österreichischen Bundesgebiete – hatte sich die Bevölkerung seit 1815 fast verdoppelt; auf rund 35 Millionen) und Modernisierungen in der Landwirtschaft und ersten Maschinen wuchs die Kluft zwischen Arbeitsplatzangebot und Arbeitskräften. Die Not in den ländlichen Gebieten löste eine Binnenwanderung in die Städte aus. Berlin, Breslau, Hamburg, München und Wien entwickelten sich zu Großstädten. Die Landflucht erzeugte wiederum eine dramatische Zunahme eines arbeitslosen Proletariats in den Vorstädten. Aber auch im Handwerk gab es nicht mehr genügend Arbeit.

Mit der Gründung des Deutschen Zollvereins gelang 1834 die Bildung eines großen Wirtschaftsraumes, der die Bedingungen für eine wirtschaftliche Modernisierung, aber auch den Willen zu politischer Modernisierung stärkte. Aber die Industrialisierung begann erst, und es waren einige Wirtschaftskrisen zu überstehen. Unmittelbar vor Ausbruch der Revolution wurde Deutschland von Hungersnöten, Massenarbeitslosigkeit, Teuerung und Depression heimgesucht, was seine Ursachen vor allem in den Missernten von 1842, 1845 und 1846 hatte. In dieser Lage erwiesen sich die herrschenden Eliten – wie dies bereits für andere Länder gezeigt wurde – als unfähig, die deutschen Staaten aus der Krise zu führen. Verschärfend wirkte, dass sich zur gleichen Zeit die überkommenen Milieus ständischer, regionaler oder konfessioneller Art mit ihren starken Bindungen durch die einsetzende Industrialisierung aufzulösen begannen.

Am Vorabend der Revolution von 1848 meldeten sich vor allem im Südwesten Liberale und Demokraten mit direkten und offenen Forderungen nach einer Umgestaltung Deutschlands zu Wort. Die Vorgänge im Großherzogtum Baden waren für das Geschehen in den deutschen Mittel- und Kleinstaaten charakteristisch.

In Baden hatte sich 1846 die demokratische Bewegung in eine konstitutionell-liberale (z. B. der Herausgeber der *Deutschen Zeitung* Karl Mathy, 1807 - 1868, und der Verleger der Zeitung, der Unternehmer Friedrich Daniel Bassermann, 1811 - 1855) und eine radikal-demokratische (Friedrich Hecker, 1811 - 1881; Gustav Struve, 1808 - 1870, sowie alle Abgeordneten der Zweiten Badischen Kammer) Richtung gespalten. Die beiden Richtungen formulierten ihre Programmatik in zwei Manifesten: Am 12. September 1847 beschlossen im Offenburger Gasthaus „Salmen" etwa 200 Liberale, die sich „entschiedene Freunde unserer Verfassung" nannten, auf Initiative der radikalen Demokraten Friedrich Hecker und Gustav Struve die „Forderungen des Volkes in Baden".

Forderungen des Volkes in Baden
Art. 1. Wir verlangen, daß sich unsere Staatsregierung lossage von den Karlsbader Beschlüßen vom Jahr 1819, von den Frankfurter Beschlüßen von 1831 und 1832 und von den Wiener Beschlüßen von 1834. Diese Beschlüsse verletzen gleichmäßig unsere unveräußerlichen Menschenrechte wie die deutsche Bundesakte und unsere Landesverfassung.
Art. 2. Wir verlangen Preßfreiheit; das unveräußerliche Recht des menschlichen Geistes, seine Gedanken unverstümmelt mitzuteilen, darf uns nicht länger vorenthalten werden.
Art. 3. Wir verlangen Gewissens- und Lehrfreiheit. Die Beziehungen des Menschen zu seinem Gotte gehören seinem innersten Wesen an, und keine äußere Gewalt darf sich anmaßen, sie nach ihrem Gutdünken zu bestimmen. Jedes Glaubensbekenntnis hat daher Anspruch auf gleiche Berechtigung im Staate. Keine Gewalt dränge sich mehr zwischen Lehrer und Lernende. Den Unterricht scheide keine Konfession.

Art. 4. Wir verlangen Beeidigung des Militärs auf die Verfassung. Der Bürger, welchem der Staat die Waffen in die Hand gibt, bekräftige gleich den übrigen Bürgern durch einen Eid seine Verfassungstreue.

Art. 5. Wir verlangen persönliche Freiheit. Die Polizei höre auf, den Bürger zu bevormunden und zu quälen. Das Vereinsrecht, ein frisches Gemeindeleben, das Recht des Volkes, sich zu versammeln und zu reden, das Recht des Einzelnen, sich zu ernähren, sich zu bewegen und auf dem Boden des deutschen Vaterlandes frei zu verkehren – seien hinfüro ungestört.

Art. 6. Wir verlangen Vertretung des Volkes beim deutschen Bund. Dem Deutschen werde ein Vaterland und eine Stimme in dessen Angelegenheiten. Gerechtigkeit und Freiheit im Innern, eine feste Stellung dem Auslande gegenüber gebühren uns als Nation.

Art 7. Wir verlangen eine volkstümliche Wehrverfassung. Der waffengeübte Bürger kann allein den Staat schützen. Man gebe dem Volke Waffen und nehme von ihm die unerschwingliche Last, welche die stehenden Heere ihm auferlegen.

Art. 8. Wir verlangen eine gerechtere Besteuerung. Jeder trage zu den Lasten des Staates nach Kräften bei. An die Stelle der bisherigen Besteuerung trete eine progressive Einkommensteuer.

Art. 9. Wir verlangen, daß die Bildung durch Unterricht allen gleich zugänglich ist. Die Mittel dazu hat die Gesamtheit in gerechter Verteilung aufzubringen.

Art. 10. Wir verlangen Ausgleichung des Mißverhältnisses zwischen Arbeit und Kapital. Die Gesellschaft ist schuldig, die Arbeit zu heben und zu schützen.

Art. 11. Wir verlangen Gesetze, welche freier Bürger würdig sind und deren Anwendung durch Geschworenengerichte. Der Bürger werde von dem Bürger gerichtet. Die Gerechtigkeitspflege sei Sache des Volkes.

Art. 12. Wir verlangen eine volkstümliche Staatsverwaltung. Das frische Leben eines Volkes bedarf freier Organe. Nicht aus der Schreibstube lassen sich seine Kräfte regeln und bestimmen. An die Stelle der Vielregierung der Beamten trete die Selbstregierung des Volkes.

Art 13. Wir verlangen Abschaffung aller Vorrechte."

Dieser Forderungskatalog ging über den üblichen liberalen Forderungskatalog hinaus, verband sich aber mit einer breiteren Theorie- und Politikdebatte in Europa, dem Kommunismus. Karl Marx und Friedrich Engels schrieben 1847 im Auftrag des Bundes der Kommunisten am „Manifest der Kommunistischen Partei" (auch: Kommunistisches Manifest), das am 24. Februar 1848 in London erschien, zeitgleich zur Februarrevolution in Frankreich und wenige Tage vor dem Ausbruch der Märzrevolution.

Die gemäßigten Kräfte unter den süddeutschen Liberalen sahen im Offenburger Programm eine „wirklich freche Kriegserklärung" und stellten ihre Positionen dagegen, die sie in einer Versammlung am 10. Oktober 1847 im Gasthof „Zum halben Monde" in Heppenheim an der Bergstraße beschlossen. Das Heppenheimer Programm stellte die deutsche Einigung in Freiheit und politischer Gleichberechtigung in den Vordergrund. Freiheit und Gleichberechtigung bedeutete für sie nicht nur demokratische Mitentscheidung, sondern auch die Gewährung politischer Grundrechte. In diesem Punkt deckten sich die Ziele von Offenburg und Heppenheim. Was trennte, war der Weg, auf dem man diese Ziele erreichen wollte. Die „Heppenheimer" wollten den Dialog mit den Herrschenden, während die „Offenburger" schon in Richtung revolutionäre Umwälzung tendierten.

Als Beginn der Revolution wird in der Regel die Besetzung des Ständehauses des badischen Landtags in Karlsruhe am 1. März angesehen. Aber bereits seit Februar 1848 hatte sich der Unmut der Bevölkerung über die politische und soziale Lage bei Volksversammlungen, Massendemonstrationen und Straßentumulten artikuliert. In München kam es ab dem 8. Februar zu Unruhen, am 12. Februar wurde in der badischen Kammer die Forderung nach einer deutschen Nationalrepräsentation erhoben. Es folgte am 27. Februar eine Volksversammlung in Mannheim. In der Industrie- und Handelsstadt Mannheim feierte allen voran der volkstümliche Anwalt Friedrich Hecker am 26. Februar die Februarrevolution in Paris. Schon am folgenden Tag fand in der Stadt eine erste, mehr als 2.500 Menschen zählende Volksversammlung statt. Weitere Versammlungen und Demonstrationen folgten in den nächsten Tagen und Wochen fast überall im Land. Der badische Landtag selbst verlangte die Umbildung der Regierung durch die Ernennung von Ministern, die das Vertrauen des Volkes genossen.

Es war ein Signum der bürgerlichen Revolutionsbewegung in Deutschland, nicht auf Gewalt als Durchsetzungsstrategie zu setzen, sondern ihre Ansprüche zu „petitionieren". Das heißt, den Regierenden die Wunschvorstellungen auf legalem Wege, mittels Petitionen und Abordnungen vorzulegen, die ihre Forderungslisten den Regierungsvertretern oder den Regenten zu Gehör brachten. Aber es gab auch sogenannte „Sturmpetitionen", mit denen die Reformer ihren Forderungen mehr Dringlichkeit verleihen wollten. Dabei sollten Demonstrationen ein gewisses Drohpotenzial besitzen. Sie verliefen daher nicht immer vollkommen friedlich.

Innerhalb kurzer Zeit griff die Revolution auf die anderen deutschen Territorien über: Am 4. März begann mit Aufständen in München die Revolution in Bayern. 14 Tage später dankte der bayerische König Ludwig I. (1786 - 1868) zugunsten seines Sohnes Maximilian II. (1811 - 1864) ab. Am 6. März erfasste die Revolution mit ersten Unruhen in Berlin Preußen.

In Heidelberg stimmte am 5. März 1848 die sogenannte Heidelberger Versammlung, zu der auf Einladung des Liberalen Johann Adam von Itzstein (1775 - 1855) 51 Repräsentanten der südwestdeutschen Demokraten und Liberalen im Gasthaus „Badischer Hof" zusammengekommen waren, mehrheitlich für die Einberufung eines Vorparlaments. Die Versammlung beschloss die von Carl Theodor Welcker angeregte Einsetzung eines „Siebenerausschusses", der die Einladungen für das Vorparlament in Frankfurt am Main aussprechen sollte. Über den Weg zu einem deutschen Zentralstaat waren sich die Teilnehmer an der Versammlung nicht einig, da vor allem Gustav Struve auf eine den Vereinigten Staaten von Amerika nachempfundene „Sociale Demokratie" pochte, die Mehrheit der Versammlung, insbesondere Heinrich von Gagern (1790 - 1880), dagegen für eine konstitutionelle Monarchie plädierte und den Weg in die Revolution ablehnte.

Der „Siebenerausschuss" verständigte sich bis zum 12. März des Jahres auf folgende Programmpunkte für die politische Umgestaltung in Deutschland:

· eine zentrale Bundesgewalt mit verantwortlichen Ministern;
· einen Senat der Einzelstaaten;
· ein „Haus des Volkes" hervorgehend aus Urwahlen nach der Relation 1 zu 70.000;
· Kompetenz des Bundes durch Verzicht der Einzelstaaten auf folgende Punkte zugunsten der Zentralgewalt:
   Heerwesen;
   Vertretung gegenüber dem Ausland;
   ein einheitliches System des Handels, der Schifffahrtgesetze, des Bundeszollwesens, der Münze, von Maß, Gewicht, Posten [Postwesen], Wasserstraßen und Eisenbahnen;
· Einheit der Zivil- und Strafgesetzgebung und des Gerichtsverfahrens;
· ein Bundesgericht;
· Verbürgung der nationalen Freiheitsrechte;
· Beschluss über die Einberufung der konstituierenden Nationalversammlung auf den genannten Grundlagen erfolgt durch die mit Vertrauensmännern verstärkten Bundesbehörden;
· ein aus der Versammlung zu wählender permanenter Ausschuss von 15 Personen, der die Einberufung der konstituierenden Nationalversammlung betreiben soll;
· ein Ultimatum von vier Wochen, nach dessen Ablauf ohne Zusammentritt der Nationalversammlung die hiesige Versammlung am 3. und 4. Mai hier wieder zusammentreten sollte; im Falle der Dringlichkeit kann der Ausschuss die Versammlung auf einen früheren Termin einberufen.

Das Vorparlament kam am 31. März in Frankfurt am Main zusammen und widmete sich den deutschen Grundsatzfragen, die Dieter Langewiesche folgendermaßen zusammengefasst hat: „Reform oder Revolution, Neuordnung kraft revolutionären Rechts oder im Zusammenwirken mit den einzelstaatlichen Gewalten und Dynastien zugunsten eines Reformkurses". Die Entscheidung fiel für den Reformkurs.

Ein permanenter Ausschuss des Vorparlaments, dessen Name „Fünfzigerausschuss" sich aus der Zahl der ihm angehörenden Repräsentanten ergeben hat, existierte vom 4. April 1848 bis zum 18. Mai 1848. Er diente der Repräsentation gegenüber dem Bundestag des Deutschen Bundes, außerdem sollte er die Zeitspanne bis zum Zusammentreten der Frankfurter Nationalversammlung in der Paulskirche als ständige Repräsentanz der Volksvertreter überbrücken. Das Vorparlament hatte festgelegt, dass es die Aufgabe des Fünfzigerausschusses sei, „die Bundesversammlung einzuladen, mit ihr bis zum Zusammentritte der konstituierenden Versammlung in Vernehmen zu treten, ... die Bundesversammlung bis zum Zusammentritte der konstituierenden Versammlung selbstständig zu beraten und die nötigen Anträge an die Bundesversammlung zu bringen, ... bei eintretender Gefahr des Vaterlandes die gegenwärtige Versammlung sofort wieder einzuberufen ... [und] bei allen Regierungen dahin [zu] wirken, dass die allgemeine Volksbewaffnung in allen deutschen Ländern schleunigst in's Leben gerufen werde."

Im März kam es auch in Berlin zu Unruhen, die von der preußischen Regierung mit der Akzeptanz der Märzforderungen befriedet werden konnten. Ein fruchtbarer Boden für den tiefsitzenden Unmut waren hier wirtschaftliche Probleme gewesen. In Berlin gab es Massenentlassungen und panische Reaktionen an der Börse. Am 13. März 1848 wurde ein Flugblatt verbreitet, in dem die Bekämpfung von wirtschaftlicher Not und der Arbeitslosigkeit, Schutz vor Wucher und Ausbeutung sowie die Einrichtung eines Sozialministeriums verlangt wurden. Am Abend kam es bei einer Massenversammlung bei Zusammenstößen mit den staatlichen Ordnungskräften zu ersten Verletzten. Einige Tage später kam es bei der Verlesung eines königlichen Reform-Patents in Berlin wieder zu Auseinandersetzungen zwischen protestierenden Bürgern und dem Militär, die sich am 18./19. März zu Straßenkämpfen ausweiteten. Nun wurden auch in Berlin Barrikaden errichtet. Am 19. März 1848 erfolgte die Proklamation des Königs „An meine lieben Berliner", mit der sich Friedrich Wilhelm IV. (1795 - 1861) an die Spitze der nationalen Reform stellte. In einem weiteren Aufruf des Königs vom 21. März „An mein Volk und die deutsche Nation" verkündete er: „Preußen geht fortan in Deutschland auf", und zog sich nach Potsdam zurück. Ziel des Königs war es, die Revolution in Preußen durch die deutsche Nationalstaatsbewegung zu überwinden. Aber Preußen blieb Schauplatz einer eigenen Entwicklung. Ab dem 29.

März gab es auch in Preußen eine liberale Regierung unter Ministerpräsident Gottfried Ludolf Camphausen (1803 - 1890; u. a.
Mitinitiator der Heppenheimer Tagung), der auch der Kaufmann
und Bankier David Justus Ludwig Hansemann (1790 - 1864) als
Finanzminister angehörte.

Die Märzrevolution verlief in den meisten deutschen Klein-
und Mittelstaaten ähnlich. In den Städten gab es Volksversammlungen, Demonstrationen und Massenpetitionen, in einigen
ländlichen Gebieten Bauernunruhen, da die „Standesherren"
noch immer ein erhebliches Maß hoheitlicher Rechte und Privilegien besaßen.

Die Programmatik der Märzbewegung zielte nicht auf punk-
tuelle Veränderungen im politischen System, sondern sollte
eine grundlegende Veränderung der staatlichen Struktur in den
deutschen Ländern und in einem künftigen deutschen Gesamtstaat bewirken. Die Heere waren bis zu dieser Zeit strikt auf die
Monarchen ausgerichtet und waren mit der Polizei das Rück-
grat der bisherigen Unterdrückungspolitik. Mit dem Ruf nach
„Bürgermilizen" beziehungsweise nach „Nationalgarden" sollte
erreicht werden, dass die Fürsten ihr Gewaltmonopol und damit
ein starkes Mittel der Repression verlören. Die Pressefreiheit
sollte die Herausbildung einer breiten liberal-demokratischen
Öffentlichkeit fördern, die sowohl einen umfassenden Zugang zu
Informationen als auch freie Meinungsbekundung gewährleisten
sollte. Gerichte sollten zu Instrumenten für die Rechtssicherheit
des ganzen Volkes werden und nicht in erster Linie den Interessen
der alten Machtelite dienen; Ziel war eine unabhängige Justiz. Ein
so tief greifender politischer Wandel war nur mit anders besetzten
Regierungen zu erreichen. Es sollten also liberale, demokratische
Regierungen in den Einzelstaaten gebildet werden. Schließlich
sollte eine demokratisch zusammengestellte Nationalversammlung für den gesamten deutschen Raum einen nach rechtsstaatlichen Prinzipen, Grundrechten und demokratischen Grundsätzen
aufgebauten deutschen Nationalstaat vorbereiten.

Die Proteste veranlassten die Regierungen zum Einlenken.
Mit Ausnahme von Bayern wurden die Märzforderungen ohne
nennenswerten Widerstand von den Herrschern akzeptiert. Die
führenden Vertreter der Märzrevolution wurden von den Fürsten

fast aller deutschen Staaten mit der Regierungsbildung betraut („Märzministerien"). Verknüpft hiermit war die Anerkennung der Märzforderungen: Presse- und Versammlungsfreiheit, Schwurgerichte, Volksbewaffnung, Ausarbeitung oder Liberalisierung einzelstaatlicher Verfassungen sowie die Wahl eines zentralen Parlaments, das die Grundlagen für den deutschen National- und Verfassungsstaat legen sollte. Die Märzbewegung hatte innerhalb von gut zwei Wochen Politiker an die Macht gebracht, die bereit waren, diese Forderungen auf dem Wege der Reformpolitik umzusetzen, zugleich aber entschlossen waren, allen republikanischen und sozialrevolutionären Bestrebungen entgegenzutreten. Zu diesem Zeitpunkt sahen das liberale Bürgertum und die Mehrheit der bürgerlichen Demokraten die Revolution als beendet an, was nicht bedeutete, dass das Bürgertum sich von seinen Zielen verabschiedete. Vielmehr galten die Märzministerien als Garanten eines begrenzten sozialen und politischen Wandels, der Privilegien des Adels reduzierte, den eigenen Handlungsspielraum erweiterte, aber auch Schutz vor sozialrevolutionären Forderungen der unterbürgerlichen Schichten bot, durch die das Bürgertum seine Position gefährdet sah. Auf dem Gebiet der nationalen Einigung sahen die bürgerlichen Revolutionäre ebenfalls keine Notwendigkeit mehr, auf die Barrikaden zu gehen, zumal Preußen und der Bundestag Pläne zu einer Reform des Deutschen Bundes vorlegten. Die Revolution wurde durch diesen Strategiewechsel legalisiert, indem man die Antwort auf die kardinalen Fragen der deutschen Politik, nämlich die Bildung eines Nationalstaates und dessen gesellschaftliche und politische Ordnung, der parlamentarischen Konfliktlösung in der künftigen deutschen Nationalversammlung überließ.

Es gab in der Frage der Strategie der Modernisierung von Politik und Gesellschaft aber weiterhin die Option für eine revolutionäre Strategie. Die republikanische Minderheit unter den Demokraten hatte im Frankfurter Vorparlament gegen die Strategie des Dialogs votiert und wollte das Revolutionspotential in der Bevölkerung aktivieren. Federführend waren hier die beiden schon erwähnten badischen radikalen Demokraten Hecker und Struve („Heckeraufstand"). Am 12. April 1848 rief Hecker in Konstanz die Republik aus. Einen Tag später machte er sich mit einigen Hundert Gefolgsleuten, bewaffnet mit Jagdflinten, Sensen und anderen bäuerlichen Geräten, auf den Weg, um im Großherzogtum Baden die Ziele der Märzrevolution und die Republik als Staatsform durchzusetzen. Dieser sogenannte „Heckerzug" führte die Revolutionäre von Konstanz zur Landeshauptstadt Karlsruhe. Dort wollten sie gemeinsam mit der Freischar des sozial-revolutionären Dichters Georg Herwegh (1817 - 1875) die Regierung stürzen. Diesem Vorhaben setzten Truppen des Deutschen Bundes ein Ende. Das Scheitern des Heckeraufstandes machte deutlich, dass die Anwendung gewaltsamer revolutionärer Strategien nur eine unzureichende Unterstützung finden würde, zumindest so lange, wie der Reformprozess noch Modernisierungsperspektiven bot. Das rasche Eingreifen der Bundestruppen zeigt auch, dass die Märzrevolution kein Machtvakuum geschaffen hatte.

Nun stand der Weg zur Wahl der Nationalversammlung offen. Die Abgeordneten zur Frankfurter Nationalversammlung wurden am 1. Mai 1848 in allen Staaten des Deutschen Bundes gewählt. Freilich waren die Chancen der Mitbestimmung in den verschiedenen Staaten und zwischen den verschiedenen Gesellschaftsschichten bzw. Klassen sehr unterschiedlich. Vor allem die unterbürgerlichen Schichten waren weitgehend von den Wahlmöglichkeiten ausgeschlossen. Dennoch werden die Wahlen in der Literatur als „breite demokratische Willensbildung" (Dieter Langewiesche) gesehen. Die Nationalversammlung tagte vom 18. Mai 1848 bis zum 31. Mai 1849 in der Frankfurter Paulskirche. In der Nationalversammlung dominierte dann das Bildungsbürgertum. Zwei Drittel der Abgeordneten gehörten dem akademischen Bürgertum an, Adel und Besitzbürgertum stellten je etwa 15 Prozent der Parlamentarier. Die Handwerker hatten nur wenige, die Arbeiter keinen Repräsentanten. Unter den 809 Abgeordneten fanden sich zahlreiche bekannte Namen: Ernst Moritz Arndt, Friedrich Christoph Dahlmann, Johann Gustav Droysen, Carl Jaup, Jakob Grimm, Ludwig Uhland, Georg Gottfried Gervinus, Wilhelm Eduard Albrecht Friedrich, Theodor Vischer, Heinrich von Gagern, Johann Gustav Heckscher, Wilhelm Emmanuel von Ketteler und Georg Waitz. Auch „Turnvater" Friedrich Ludwig Jahn war Paulskirchenabgeordneter.

In der konstituierenden Sitzung wurde der hessische März-
minister Heinrich von Gagern zum Präsidenten gewählt. Es gab
noch keine Parteien wie heute, dennoch war die politische Gesin-
nung der Abgeordneten an ihrer Sitzposition im Parlamentssaal
zu erkennen: Wie in Frankreich nahmen, vom Präsidenten aus
gesehen, ganz rechts die konservative Rechte, die keine Veränderung der bestehenden Verfassung wollte, Platz, links außen
die radikalen Demokraten, die für ein allgemeines Wahlrecht,
für die Abschaffung der Monarchie und gegen föderalistische
Bestrebungen waren. Zur „Linken" zählten auch die gemäßigten
Demokraten, die für ein allgemeines Wahlrecht, auch in einer
Monarchie, plädierten. Zwischen der rechten und linken Seite
des Parlaments, in der Mitte somit, fanden die 290 Liberalen
Platz. Die Mitte wies ebenfalls Schattierungen auf, entsprechend
ihrer Haltung zu Umfang und Ausgestaltung der Grundrechte,
zum Wahlrecht und zur Konstruktionsweise des Nationalstaates.
Daneben gab es eine Anzahl Abgeordneter, die sich keiner Grup-
pierung zuordnen lassen wollten.

Die Nationalversammlung bewältigte am 28. Juni 1848 eine
erste wichtige Aufgabe mit der Schaffung einer provisorischen
Zentralgewalt. Erzherzog Johann von Österreich wurde zum
Reichsverweser gewählt. Allerdings zeigte sich rasch, nämlich
schon im Juli 1848, die Beschränktheit der Macht dieser Instanz.
Der Reichsverweser konnte sich gegenüber Österreich und
Preußen nicht als oberster Kriegsherr durchsetzen. Die beiden
wichtigsten deutschen Staaten behielten die Kommandogewalt
über ihre Streitkräfte. Auf dieses Machtmittel konnten später
die antirevolutionären Kräfte zurückgreifen. Nur in Ungarn
gelang der Revolutionsbewegung der Griff nach dem Militär-
kommando.

Parallel zur Frankfurter Nationalversammlung trat am 22. Mai
eine demokratisch gewählte „Preußische Nationalversammlung"
zusammen, die bis zum September 1848 im Gebäude der Sing-
Akademie zu Berlin, dann bis Anfang November im Schauspiel-
haus am Gendarmenmarkt tagte. Sie sollte eine Verfassung für
das Königreich Preußen ausarbeiten.

Neben den Parlamenten in Frankfurt und in den Einzelstaaten
entwickelte sich eine breite politische Öffentlichkeit, die eine

Vielfalt an Artikulations- und Informationsmöglichkeiten schuf. Es waren zahlreiche Zeitungen gegründet worden, Flugschriften und Karikaturen erschienen in großer Zahl. Vor allem bot aber die Vereinsfülle der städtischen Bevölkerung die Gelegenheit, ihren politischen Gestaltungswillen in organisatorische Formen zu gießen. In allen revolutionären Ländern, so auch in Deutschland, entfalteten sich unterschiedliche Richtungen. Deren Trägergruppen setzten unterschiedliche Schwerpunkte in ihrer Programmatik und entwickelten verschiedene Organisations- und Kampfformen.

Im Gegensatz zu den ländlichen Bewegungen konnten sich die politisch-sozialen Richtungen in den Städten organisatorisch festigen. In der Literatur werden fünf parteiähnliche Gruppierungen genannt: Die Konservativen, die Liberalen, der politische Katholizismus (der mit dem ersten deutschen Katholikentag 1848 in Mainz sein erstes großes Forum hatte), die bürgerlichen Demokraten (die sich in einen gemäßigten und einen republikanischen Flügel aufspalteten) und die Arbeiterbewegung. Die Arbeiterbewegung verfügte mit der „Allgemeine Deutsche Arbeiterverbrüderung" über eine der mitgliederstärksten Organisationen der Revolutionsjahre. Die „Vielfalt von Organisationen und Zusammenkünften, zu denen auch Versammlungen von Lehrern, Professoren und Studenten, von Freihändlern und Schutzzollanhängern gehörten, lässt erkennen, in welch starkem Maße die deutsche Gesellschaft … in Bewegung geraten war" (Langewiesche).

Die deutsche Frage tangierte massiv die Interessen der europäischen Mächte. Ein deutscher Nationalstaat hätte die Friedensordnung des Wiener Kongresses nachhaltig verändert, beruhte diese doch darauf, dass der mitteleuropäische Kern fragmentiert blieb. Dennoch schätzen Historiker die außenpolitischen Möglichkeiten für einen deutschen Nationalstaat als nicht so ungünstig ein. Reiner Stadelmann resümiert daher, dass wir die Ursachen des Scheiterns „nicht in feindseligen europäischen Voraussetzungen, sondern im Inneren der Revolution selbst zu suchen haben".

Tatsächlich erwies sich die Aufspaltung des bürgerlichen Lagers in Liberale und Demokraten im Laufe der Revolutionszeit als fatal. Die Kontroverse entzündete sich an der Staatsform des von allen herbeigesehnten deutschen Nationalstaats. Die Demokraten wollten die Republik, was die Liberalen aus Furcht vor weitergehenden sozialen Veränderungen verhindern wollten. Sie hatten die sozialen Forderungen der Pariser Arbeiter und kleinen Handwerker vor Augen. Mit dem selbstständigen Auftreten deutscher Gesellen und Arbeiter schien diese Bewegung der sozialen Rechte auch auf Deutschland überzuspringen. So wurde der Begriff der „Republik" zu einem Angstwort. Die Liberalen orientierten sich am Leitbild einer mittelständischen „klassenlosen Bürgergesellschaft" (Lothar Gall). Die unterbürgerlichen Schichten sollten durch den Erwerb von Besitz und Bildung hineinwachsen und dann mit staatsbürgerlichen Rechten im Rahmen einer konstitutionellen Monarchie belohnt werden. Die Anhänger der Republik waren in ihrer überwiegenden Mehrheit allerdings nicht so umstürzlerisch, wie dies die Liberalen darstellten. Vielmehr sahen bürgerliche wie proletarische Demokraten in einer demokratischen Republik die institutionelle Garantie für eine weitere Modernisierung der Gesellschaft. Die beiden Lager konnten sich hier auf keine gemeinsame Linie verständigen.

Große Schwierigkeiten bereiteten auch jene in Deutschland erhobenen nationalen Forderungen, die konkurrierenden Ansprüchen nicht-deutscher nationaler Bewegungen in Schleswig und Holstein, Posen, Limburg, Böhmen und Oberitalien wie auch den Interessen der europäischen Großmächte entgegenstanden.

Die explosivste Lage ergab sich in Bezug auf Schleswig und Holstein. Hier mussten die Paulskirchenversammlung und die provisorische Zentralgewalt beweisen, ob sie territoriale Ziele formulieren konnten, die von England und Frankreich toleriert werden würden. Die Absicht Dänemarks, sich das Herzogtum Schleswig einzuverleiben, führte im März 1848 zu nationaldeutschen Aufständen, aus denen eine „Provisorische Regierung" in Kiel hervorging. Als Folge dieser Aufstände kam es zum ersten preußisch-dänischen Krieg. Preußen schloss mit Dänemark am 26. August den Waffenstillstand von Malmö, in dem vereinbart wurde, dass die Bundestruppen aus den Herzogtümern abzogen und die Provisorische Regierung durch Soldaten aus beiden Staaten ersetzt wurde. Dieser Waffenstillstand löste in Deutschland eine schwere innenpolitische Krise aus. Zunächst lehnte die Nationalversammlung den Waffenstillstand mit knapper Mehrheit ab, korrigierte sich aber kurz danach und stimmte zu. Aus dieser Sache ging die Nationalversammlung schwer angeschlagen hervor. Die Fronten zwischen Liberalen und Demokraten eskalierten und führten zu einer Radikalisierung, die sich im September 1848 in Frankfurt in einem Aufstandsversuch und in Baden in einer zweiten Revolutionswelle artikulierte. In der Septemberrevolution ließ die gemäßigte liberale Mehrheit in der Frankfurter Nationalversammlung die Aufstände der radikalen Demokraten durch preußische und österreichische Truppen niederschlagen (18. September 1848) und verhalf so den alten Ordnungsmächten zum entscheidenden Erfolg. Danach entzogen sich die beiden stärksten deutschen Staaten, Österreich und Preußen, der Zusammenarbeit mit den zentralen deutschen Institutionen in Frankfurt.

Der Richtungswechsel zeigte sich auch in Preußen, wo der König und seine Berater nach dem Rücktritt des parlamentarischen Mehrheitsministeriums politisch und sozial motivierte Unruhen im Oktober zum Anlass nahmen, am 9. November 1848 die Ausweisung der Preußischen Nationalversammlung nach Brandenburg an der Havel zu verfügen, bevor sie am 5. Dezember 1848 durch königliche Order aufgelöst wurde. Dem beugten sich die Mitglieder nicht widerstandslos. Die Mehrheit der Preußischen Nationalversammlung rief zum Steuerboykott auf, konnte dem aber keine durchschlagende Wirkung verleihen. Die von ihr erarbeitete demokratische Verfassung wurde von der Regierung abgelehnt. Aber es tauchten viele grundlegende Artikel in der von König Friedrich Wilhelm IV. im Dezember 1848 oktroyierten Verfassung und in der revidierten Verfassung von 1850 auf. So beschnitt die oktroyierte Verfassung nur wenige Grundrechte. Auch das allgemeine Wahlrecht wurde zunächst übernommen, dann aber im Mai 1849 durch ein Dreiklassenwahlrecht ersetzt.

In einem Klima abgebremster, aber noch nicht völlig gestoppter Reformmöglichkeiten widmete sich die Paulskirchenversammlung ihrer heikelsten Aufgabe, der Ausarbeitung der Artikel über die Reichsorgane und deren Kompetenzen sowie über die Rolle Österreichs in einem künftigen Nationalstaat. Während es der Nationalversammlung gelang, sich auf einen umfassenden

Grundrechtekatalog in Form des „Gesetzes über die Grundrechte des deutschen Volkes" zu einigen und diesen zum 27. Dezember 1848 in Kraft zu setzen, war die Lage in der Frage der Ausgestaltung der Staatsorgane und der Rolle Österreichs verfahren. Die Debatte über die Grenzen des künftigen deutschen Gesamtstaates ab Ende September 1848 führte zu einer Polarisierung, die die Abgeordneten in Kleindeutsche und Großdeutsche spaltete. Das kleindeutsche Lager wollte einen Gesamtstaat ohne Österreich, während das großdeutsche Lager den Gesamtstaat nicht ohne Österreich wollte. Am Ende setzte eine knappe Mehrheit aus kleindeutschen Liberalen und Teilen der Linken am 28. März 1849 eine kleindeutsch-preußische Variante durch. Der preußische König wurde zum deutschen Kaiser gewählt. Der weigerte sich aber, die Erbkaiserkrone von der Paulskirchenversammlung anzunehmen. Der König hasste die Revolution. Er wollte den „imaginären Reif, aus Dreck und Letten gebacken, mit dem Ludergeruch der Revolution behaftet", nicht. Mit seiner Weigerung machte er die Hoffnungen auf einen kleindeutschen Nationalstaat zunichte. Die Absage Friedrich Wilhelms stand für die Legitimation von Herrschaft kraft monarchischen Rechts, während die Reichsverfassung für das Prinzip der Volkssouveränität stand. Die liberal geprägte Reichsverfassung vom 28. März 1849 erkannten immerhin 29 deutsche Staaten an, Preußen und Österreich versagten sich jedoch. Aufstände in Baden, in der Pfalz und in Sachsen, viele lokale Beschlüsse auf Volksversammlungen, Bürgerwehren und politische Vereinigungen zeigten, dass es nicht unbedingt blauäugig war, die Anerkennung durch eine Revolution zu erzwingen. Allerdings blieb es bei regionalen Erhebungen. Die Maiaufstände zur Durchsetzung der Verfassung in Baden, der Pfalz und in Sachsen (Dresdner Maiaufstand) wurden niedergeschlagen. Am Dresdner Maiaufstand vom 3. bis 9. Mai 1849 beteiligten sich auch der spätere Liebling des bayerischen Königs Ludwig, Richard Wagner, und der russische Anarchist Michail Bakunin. Von der Frankfurter Nationalversammlung blieb ein Rumpfparlament, bestehend aus etwa 100 Radikalen, das am 30. Mai 1849 nach Stuttgart umzog. Dort wurde es am 18. Juni 1849 von württembergischen Truppen aufgelöst. Zwei Tage vorher war der Reichsverweser abgesetzt worden.

Es sollte noch einige Jahrzehnte dauern, bis die Arbeit in der Paulskirche in Deutschland ihre volle Wirkung würde entfalten können. Die Weimarer Nationalversammlung von 1919 übernahm eine Reihe Formulierungen von der Frankfurter Nationalversammlung. Schließlich gehen viele der Grundrechte, die das deutsche Grundgesetz nennt, auf die 1848er-Revolution zurück.

Die revolutionären Bewegungen in der Habsburgermonarchie

In der Habsburgermonarchie überlappten sich fast alle Krisengebiete der Revolutionsjahre 1848 und 1849. Zum einen war Österreich Teil des Deutschen Bundes, zum anderen handelte es sich um ein Großreich, das sich von Oberitalien bis an die Grenzen des Osmanischen und des Russischen Reiches erstreckte. Auch die unterschiedlichen Motivationen und Ziele der revolutionären Strömungen bildeten in diesem Reich eine Gemengelage. Ganz wie in Paris gab es in den Städten, vor allem in Wien, harte Auseinandersetzungen um Umfang und Ziele des politischen und gesellschaftlichen Wandels. Gleichzeitig wurde der Bestand des zentralistisch organisierten Kaiserreichs durch nationale Autonomiebewegungen gefährdet. Es waren somit Lösungen gefragt, die sowohl den Bedürfnissen und Erwartungen der Stadtbevölkerung entgegenkamen, als auch völlig anderen Erwartungshaltungen in den ländlichen Regionen. Dies wurde durch das immense ökonomische Entwicklungsgefälle und die enormen sozialen und kulturellen Unterschiede zwischen den Regionen der Monarchie erschwert. Diese inneren Differenzen bewirkten eine starke Regionalisierung der Revolutionsbewegungen, was wiederum die Chancen der Zentralgewalt in der Reichsmetropole Wien erhöhte, sich gegen die Opposition zu behaupten.

Die 1848er-Revolution in Wien

Wien war das Zentrum der Revolution im deutschsprachigen Österreich. In Wien forderten am 11. März 1848 die niederösterreichischen Stände sowie die gesellschaftlichen und gewerblich-industriellen Vereinigungen der Stadt die Einberufung einer

Volksvertretung für den Gesamtstaat. Gleichzeitig formulierten die Studenten ihre Märzforderungen, die sich nicht sehr von jenen unterschieden, die in anderen deutschen Staaten erhoben worden waren. Am 13. März radikalisierte sich die bis dahin recht gemäßigt verlaufene, sogenannte „mondäne Revolution" durch aus den Wiener Vorstädten herbeiströmende Handwerksgesellen und Arbeiter. Als die Massen das Ständehaus plünderten, fielen von Seiten des Militärs Schüsse. Dies provozierte einen allgemeinen Aufstand. Staatskanzler Metternich konnte sich mit seiner Forderung, durch hartes Durchgreifen den Aufstand niederzuschlagen, nicht durchsetzen und trat am 13. März zurück. Stattdessen verfolgte man die Linie Erzherzog Johanns (1782 - 1859), der für die Bewilligung der Anliegen des Volkes eintrat, und versuchte die Revolution durch Nachgiebigkeit zu ersticken. In den folgenden Tagen wurden zentrale bürgerliche Reformwünsche erfüllt, bzw. deren Umsetzung angekündigt. Dazu gehörten Pressefreiheit, die Verabschiedung einer Verfassung und die Aufstellung einer Nationalgarde. Am 17. des Monats wurde eine neue Regierung berufen, die den Übergang zum Verfassungsstaat einleiten sollte. Am 25. April 1848 wurde diese Verfassung verkündet, die ohne demokratische Mitwirkung erstellt worden war. Mit der Verfassung wurde ein Kompromiss zwischen ständischen und konstitutionellen Prinzipien angestrebt. Diese erste österreichische Verfassung, nach ihrem Verfasser Franz von Pillersdorf (1786 - 1862) *Pillersdorfsche Verfassung* genannt, sollte nur für die Erbländer gelten, also nicht für Ungarn und die italienischen Gebiete. Die Volksvertretung war als Zweikammersystem konzipiert: ein Oberhaus, zusammengesetzt aus Großgrundbesitzern und vom Kaiser ernannten Mitgliedern, sowie ein Unterhaus, dessen Mitglieder indirekt gewählt werden sollten. Der Kaiser besaß ein Vetorecht gegen die Beschlüsse dieses Parlaments. Die kurz darauf vorgelegte Wahlordnung versagte den unterbürgerlichen Schichten das Wahlrecht.

Während sich das gemäßigte Wiener Bürgertum mit diesen Schritten zufrieden zeigte, formierte sich in anderen Teilen der Bevölkerung Widerstand gegen die bisherigen Ergebnisse. Hier zeigte sich auch die Spaltung der Wiener Revolution, sowohl in den Zielsetzungen als auch in der sozialen Trägerschaft. Zur gleichen Zeit, als die „Elegante Revolution" in der Inneren Stadt die politischen Reformwünsche des Bürgertums durchsetzte, gab es in den Vorstädten und in der Umgebung Wiens Sozialrevolten. Die aufgebrachte Menge in den Vorstädten stürmte Fabriken und zerstörte Maschinen, ein Verzehrsteueramt ging in Flammen auf. Die Aggressionen richteten sich gegen das, was die Menschen für ihr Elend verantwortlich machten. Teile des Bürgertums sahen hierin das Menetekel eines bevorstehenden sozialrevolutionären Umsturzes. Im weiteren Verlauf kam es in Wien in vielen Gewerben zu Streiks für höhere Löhne und kürzere Arbeitszeiten, das Verbot körperlicher Züchtigung und das Recht, mit „Sie" angeredet zu werden.

Die Verfassung und die Wahlordnung gingen einem neuen Höhepunkt im Polarisierungsprozess im Mai voraus. Auseinandersetzungen zwischen Regierung und Teilen der Nationalgarde sowie ihrer studentischen Parallelorganisation, der Akademischen Legion, wegen der diskriminierenden Wahlordnung lösten die Maiunruhen aus, bei denen erstmals auch Barrikaden gebaut wurden. Ziel war die Verteidigung des Errungenen. Als die Regierung nachgab und die oktroyierte Verfassung aufhob und sich auf die Ausschreibung von Wahlen für einen verfassungsgebenden Reichstag festlegte, entspannte sich die Lage sofort. Allerdings erzeugte der Rückzug des Kaisers vor dem Druck in Wien am 17. Mai nach Innsbruck ein Machtvakuum. Ein „Ausschuss der Bürger, Nationalgarde und Studenten zur Aufrechterhaltung der Ordnung und Sicherheit und für Wahrung der Volksrechte" füllte in Wien dieses Machtvakuum bis zur Neubildung der Regierung und dem Beginn des Reichstags im Juli 1848. Der erste Österreichische Reichstag wurde am 22. Juli von Erzherzog Johann, dem vom Kaiser während der Zeit seiner Abwesenheit die Regentschaft übertragen worden war, eröffnet. Der Reichstag bestand aus 383 Abgeordneten aus den Kronländern des Kaisertums Österreich. Am 22. Oktober 1848 musste der Reichstag wegen der Wiener Oktoberrevolution in das mährische Kremsier (heute: Kroměříž) verlegt werden, das in der Nähe von Olmütz (heute: Olomouc) liegt, wohin der Hof geflohen war. Er arbeitete einen Verfassungsentwurf aus, der anstelle der Kronländer sogenannte Bundesländer der einzelnen Völker der Monarchie vorsah. Die gemeinsamen Angelegenheiten sollten von einem Reichstag erledigt werden, der aus einer direkt gewählten Volkskammer und einer von den Landtagen beschickten Länderkammer bestehen sollte. In diesem Entwurf, in dem der Kaiser nur ein aufschiebendes Vetorecht besaß, kann der Versuch gesehen werden, die Habsburgermonarchie zu einer Art „Völkerbund" umzugestalten. Die Verfassung sollte am 15. März 1849 vom Reichstag beschlossen werden. Um dies zu verhindern, verfügten der Kaiser und Fürst F. Schwarzenberg am 7. März 1849 dessen Auflösung. Es blieb als vorerst wichtigstes Ergebnis die Aufhebung des Feudalsystems.

Der Wiener Sicherheitsausschuss hatte, wohl nach dem Pariser Vorbild, allen Arbeitslosen Beschäftigung auf Staatskosten versprochen. Die unerfüllbaren Erwartungen, die der Ausschuss mit dieser Ankündigung weckte, erzeugten in der Wiener Arbeiterschaft, die seit Beginn der Revolution immer selbstbewusster geworden war, soviel Enttäuschung, dass sie einen Aufstand wagten, als dieses Projekt wieder beerdigt werden sollte. Dieser Augustaufstand scheiterte allerdings. Die Politisierung und Radikalisierung hatte ihr Pendant in einer Kleinbürgerrevolte, die die Hauptstadt im September an den Rand des Bürgerkriegs brachte. Auslöser war der gescheiterte Versuch eines Privat-Darlehens-Vereins mit 40.000 Mitgliedern, mittels zinsloser Kredite die Spielregeln des Kapitalmarktes auszuhebeln. Es kam zu Tumulten auf den Straßen, die das bürgerliche Lager noch tiefer spalteten. Liberale und Demokraten bezichtigten sich gegenseitig des Verrats an der Revolution.

Von diesen Spannungen geschwächt, musste sich die revolutionäre Bewegung in Wien im Oktober dem entscheidenden Kampf mit den antirevolutionären Kräften stellen. Vom 6. bis 31. Oktober tobte der Wiener Oktoberaufstand, getragen vornehmlich von Handwerkern und Arbeitern, ausgelöst durch den Befehl der österreichischen Zentralgewalt, die in Wien stationierten Militärs im Kampf gegen die ungarische Nationalbewegung einzusetzen. Diese Phase der Revolution wurde nicht mehr von allen Reformkräften mitgetragen. Es setzte eine Massenflucht des Bürgertums aus Wien ein. Viele Reichstagsabgeordnete machten sich ebenfalls aus dem Staub. Auch der Hof floh wieder aus Wien. Am 28. Oktober begannen die kaisertreuen Truppen unter Fürst Alfred I. zu Windisch-Graetz (1787 - 1862) den Sturm auf Wien. Am

31. Oktober war die Stadt erobert und die Revolution am Ende. Einige Wochen später dankte Kaiser Ferdinand I. (1793 - 1875) zugunsten seines Neffen Franz Joseph I. (1830 - 1916) ab, der bis 1916 regieren sollte.

Die Niederlage im Oktober stärkte die antirevolutionären Kräfte in ganz Europa und setzte in Österreich Kräfte frei, die dringend in Italien und Ungarn gebraucht wurden. Es entwickelte sich eine Phase des Neoabsolutismus. Geschwächt durch Finanzprobleme und die österreichischen militärischen Niederlagen gegen Preußen, kam es 1867 zu einem grundlegenden Umbau des Staates. Aus dem zentralistischen neoabsolutistischen Regime wurde mit dem Ausgleich von 1867 die Doppelmonarchie Österreich-Ungarn. Danach entwickelten sich in der österreichischen Reichshälfte zunehmend modernere Strukturen in Wirtschaft und Regierungssystem.

DIE ERHEBUNG DER NATIONALITÄTEN

Auf dem Territorium der Habsburgermonarchie lebten mehr als zehn Nationalitäten mit unterschiedlichen Sprachen und Konfessionen. Alle nationalen Regungen und Wünsche nach mehr Autonomie oder gar staatlicher Eigenständigkeit versuchte das „System Metternich", das sich gleichermaßen gegen Liberalismus und Nationalismus richtete, mit Pressezensur, Polizei- und Spitzelwesen klein zu halten. Akteure wie der Genuese Giuseppe Mazzini (1805 - 1872), der – angeregt durch die Französische Revolution – 1834 die Selbstbestimmung der Völker forderte, waren Metternich ein Dorn im Auge, ganz zu schweigen von den nationalen Bewegungen im Deutschen Bund und in den Grenzen des Habsburgerreiches. Der Ausbruch der Februarrevolution 1848 in Paris wurde auch von den Völkern des österreichischen Kaiserreichs als Signal zur Erhebung gegen das *Ancien régime* verstanden.

DIE BÖHMISCHE NATIONALBEWEGUNG

Im März 1848 formulierte die böhmische Nationalbewegung einen Kanon von Zielen, der soziale und politische Forderungen mit nationalen Autonomieansprüchen verknüpfte. Die Regierung in Wien, geschwächt durch die revolutionären Bewegungen in Italien, Ungarn und in der Hauptstadt, akzeptierte am 8. April die wichtigsten Forderungen aus Böhmen. Die weiteren Schritte sollte der böhmische Landtag regeln. Die gemäßigte böhmische Reformbewegung hätte damit ihre Ziele durchgesetzt, wären die Kronländer Mähren und Schlesien mit der geplanten Integration in ein Königreich Böhmen einverstanden gewesen. Dies war aber nicht der Fall. Noch ausschlaggebender für das Scheitern war die Kollision der Zielvorstellungen der deutschen und der tschechischen Nationalbewegungen. Der böhmische Politiker František Palacký (1798-1876) reagierte auf die Einladung des Frankfurter Vorparlaments mit dem berühmt gewordenen Absagebrief vom 11. April 1848. In diesem Schreiben formulierte der Historiker die Grundsätze der tschechischen Nationalbewegung und des Austroslawismus. Böhmen sollte demnach nicht Teil eines deutschen Nationalstaates werden, vielmehr innerhalb eines reformierten österreichischen Gesamtstaates verbleiben. Die Habsburgermonarchie sollte als Bollwerk gegen Russland erhalten bleiben. Der Austroslawismus, hauptsächlich getragen von Tschechen, strebte – im Gegensatz zu der von den Magyaren gewünschten dualistischen Lösung – die Umformung der Habsburger-Monarchie in einen trialistischen Staat an. Um 1890 wurde der Austroslawismus von den politischen Ideen der radikalen Jungtschechen abgelöst.

Als die tschechische Bevölkerung in Böhmen, Mähren und Schlesien ihre Ablehnung gegen einen Beitritt zu einem deutschen Nationalstaat durch den Boykott der Wahlen zur Paulskirchenversammlung demonstrierte, verschärfte sich der Konflikt zwischen tschechischer und deutscher Nationalbewegung noch mehr. Dieser Konflikt erreichte seinen Höhepunkt, als die Tschechen eine Gegenveranstaltung zur Nationalversammlung in Frankfurt organisierten. Dieser Slawenkongress (an dem auch Bakunin teilnahm) trat vom 2. bis 12. Juni 1848 in Prag zusammen, lehnte die Eingliederung in einen deutschen Nationalstaat ab und verlangte die Umwandlung der Habsburgermonarchie in einen Bund gleichberechtigter Völker. Gleichzeitig betonten die Delegierten ihre Loyalität zum österreichischen Kaiserhaus. Allerdings wurde an anderen Fragen deutlich, dass es auch zwischen den slawischen Interessen Gegensätze gab. Strittig waren vor allem die territorialen Ansprüche der verschiedenen Nationalitäten. Sollte es eine Neuordnung nach ethnischen Kriterien werden oder entlang der Grenzen der historischen Länder? Die Neuordnung nach ethnischen Kriterien musste das Ziel jener Völker sein, die verstreut über verschiedene Länder siedelten und daher nur über eine Desintegration dieser alten staatlichen Strukturen ihre eigenen nationalstaatlichen Ziele erfüllen konnten.

Am 12. Juni, als der Slawenkongress zu Ende ging, begann der Prager Pfingstaufstand, der Höhe- und Endpunkt der böhmischen Revolution. Der Aufstand ist auf drei Ursachen zurückzuführen: Ende Mai war Alfred I. zu Windisch-Graetz als Stadtkommandant nach Prag gekommen, was die Furcht vor einem reaktionären Gegenschlag schürte. Die tschechische Bevölkerung war zusätzlich beunruhigt durch Gerüchte über einen drohenden Angriff durch deutsches Militär. Schließlich waren es soziale Konflikte, die sich in Arbeiterdemonstrationen, Streiks und der Plünderung von Bäckereien und jüdischen Geschäften Luft verschafft hatten. Die treibenden Kräfte des Juniaufstands in Prag waren tschechische Studenten und Arbeiter. Österreichisches Militär unter Führung von Windisch-Graetz schlug den Aufstand am 16. Juni 1848 nieder. Der Stadtkommandant demonstrierte hier erstmals der europäischen Öffentlichkeit, dass der Barrikadenbau der 1848er-Revoltionäre keine Chance gegen den entschlossenen Einsatz des Militärs besaß. Friedrich Engels kommentierte dies in der „Neuen Rheinischen Zeitung" vom 18. Juni 1848 mit den Worten: „Die österreichische Soldateska hat die Möglichkeit eines friedlichen Zusammenbleibens von Böhmen und Deutschland im tschechischen Blute erstickt." Tatsächlich wurde die Niederlage von böhmischen Reformern und Austroslawisten sowohl in Ungarn als auch von der deutschen Nationalbewegung in Deutschland und Österreich begrüßt, statt dass der Sieg der Reaktion beklagt worden wäre.

DIE UNGARISCHE REVOLUTION

Die Revolution von 1848 in Ungarn nahm ihren Anfang mit einer Petitionsbewegung des Pressburger Reichstages. Lajos

Kossuth (1802 - 1894), die große Führungsfigur der ungarischen Reformopposition, trat, motiviert durch Nachrichten von der Februarrevolution in Paris, im Pressburger Reichstag mit einem historischen Vorschlag auf. Darin forderte er neben der Einführung der allgemeinen Steuerpflicht, der Rechtsgleichheit, der Volksvertretung und einer unabhängigen nationalen Regierung in Ungarn auch eine Verfassung für die Kronländer des Habsburgerreiches. (Diese auch ins Deutsche übersetzte Rede Kossuths spielte auch beim Ausbruch der Wiener Revolution am 13. März eine wesentliche Rolle.) Kossuths Vorstellungen wurden von beiden Ständekammern des Pressburger Reichstags übernommen. Angesichts des revolutionären Drucks bewilligte der Kaiser am 16. März das Reformpaket. Graf Lajos Batthyány (1807 - 1849) konnte eine Regierung bilden, die mit reformwilligen Politikern aus unterschiedlichen politischen Lagern bestückt war.

Im März und April 1848 verabschiedete der Reichstag unter dem Druck der revolutionären Bewegung eine Reihe grundlegender Gesetze, mit denen Ungarn zu einem sozial und politisch liberalen Nationalstaat mit einer parlamentarischen Verfassungsordnung geformt wurde. Mit diesem Modernisierungsschub wurden aber auch jene Probleme erzeugt, die die ungarische Revolution im Jahr darauf zu Fall bringen sollten. Es waren dies Differenzen, die sich auf der einen Seite mit der österreichischen Zentralgewalt ergaben und eine Politik des *double standard* (Doppelmoral) innerhalb Ungarns auf der anderen Seite. Zwar wurde die nationalstaatliche Autonomie für die Magyaren (Ungarn) von der ungarischen Nationalbewegung protegiert, nicht jedoch die Autonomiebestrebungen der anderen Nationalitäten, die im Königreich Ungarn lebten. Diese wurden blockiert. Hinzu kam die Ausgrenzung sozialer und ethnischer Gruppen. So wurde die Gleichheit der Menschen vor dem Gesetz ebenso beschlossen wie die Gleichstellung der Konfessionen. Dennoch blieben Juden vom Wahlrecht ausgeschlossen. Weiterhin schloss das Zensuswahlrecht klein- und unterbürgerliche sowie klein- und unterbäuerliche Schichten vom Wahlrecht aus. In Siebenbürgen galt ein fünfmal so hoher Zensus wie in den ungarischen Landesteilen. Das passive Wahlrecht war an die Beherrschung der ungarischen Sprache gebunden. Die wichtigste Sozialreform war die Bauernbefreiung, die aber weniger als die Hälfte der Landbevölkerung erfasste. Trotz des geringen Wirkungsgrades blieben die agrarrevolutionären Bewegungen lokale Erscheinungen, stärkten aber die nationalen Oppositionsbewegungen von Slowaken, Kroaten und Serben sowie der Sachsen und Rumänen in Siebenbürgen. In Kroatien entwickelte sich der stärkste Widerstand gegen die ungarische Politik gegenüber den nicht-magyarischen Nationalitäten. Der Kroatische Banus (Auch: Ban; dt.: Führer, war in Mittel- und Südosteuropa zwischen dem 7. und dem 20. Jahrhundert gebräuchlich. Das Territorium, über das ein Banus herrschte, heißt „Banschaft" oder „Banat",) Josip Jelačić von Bužim (1801 - 1859), der der Idee eines Kaiserreiches nachhing, in dem alle Völker gleichberechtigt lebten, erklärte am 19. April 1848 die Beziehungen zu Ungarn für beendet. Die ungarische Regierung versuchte durch weitgehende Zugeständnisse Ende August 1848 diesen Konfliktherd zu entschärfen, was aber nicht gelang.

Am 12. September wurde Kossuth ungarischer Ministerpräsident. In diesem Monat fiel Jelačić mit kroatischen Truppen in Ungarn ein. Anfang Oktober erklärte der Kaiser die ungarische Regierung für abgesetzt, den Reichstag für aufgelöst und alle Gesetze für ungültig, die nicht ausdrücklich von ihm sanktioniert worden waren. Zu dieser Zeit begann die zweite Phase der ungarischen Revolution. Dabei hatte es die österreichische Gegenrevolution mit einem abwehrbereiten und gerüsteten Gegner zu tun. Die ungarische Regierung akzeptierte die kaiserlichen Beschlüsse nicht. Die Lage spitzte sich weiter zu, als dem österreichischen Kaiser die ungarische Krone versagt wurde, weil er sich weigerte, einen Eid auf die ungarische Verfassung abzulegen.

Mitte Dezember 1848 marschierte die kaiserliche Armee, unterstützt von slowakischen Einheiten, in Ungarn ein und besetzte am 5. Januar 1849 Pest. Die oktroyierte österreichische Märzverfassung verhinderte vollends einen Ausgleich. Daraufhin erklärte der nach Debrecen (dt.: Debreczin) ausgewichene ungarische Reichstag am 14. April 1849 die staatliche Eigenständigkeit Ungarns, also an dem Tag, an dem die deutschen Staaten die Paulskirchenverfassung unterschrieben.

Diese Ereignisse lösten einen zunächst erfolgreichen Unabhängigkeitsaufstand aus. Die kaiserliche Armee unter Windisch-

Graetz musste sich am 10. April 1849 vor den ungarischen Kräften zurückziehen. Dennoch war die ungarische Nationalbewegung isoliert. Ganz anders sah es dagegen im Lager der Reaktion aus: Der russische Zar kam dem österreichischen Kaiser mit seiner Armee zu Hilfe. Gemeinsam bildeten russisches und österreichisches Heer, unterstützt durch kroatische Streitkräfte, eine große Übermacht und zwangen die ungarischen Truppen am 11. August 1849 bei Világos zur Kapitulation. Damit war die ungarische Revolution praktisch beendet. Am 3. Oktober 1849 gaben in der Festung Komárom die letzten ungarischen Einheiten auf. In den folgenden Wochen wurden über hundert Anführer des ungarischen Aufstands hingerichtet. Was den Ungarn blieb, waren eine begrenzte Bauernbefreiung, die formelle Gleichheit aller Bürger vor dem Gesetz und die Schaffung der ersten Grundlagen für die Industrialisierung des Landes.

DIE ITALIENISCHE EINIGUNGSBEWEGUNG

„Die großen Revolutionen vollziehen sich mehr durch Prinzipien als durch Bajonette; zuerst in den sittlichen Werten, dann in den wirtschaftlichen."
(Giuseppe Mazzini, Manifest des Jungen Italien, 1831)

Nach 1846 kam es unter dem Druck der liberalen und demokratischen Bewegungen in Europa in den italienischen Fürstentümern zu schrittweisen politischen Zugeständnissen. Neben dem Kirchenstaat erhielten auch das Königreich beider Sizilien, die Toskana und am 3. März 1848 Piemont-Sardinien Verfassungen.

Zwar war es schon zu Jahresanfang in Oberitalien zu Aktionen gegen die österreichische Herrschaft gekommen, richtig erfasst von der europäischen Revolutionswelle wurde Italien aber erst im März 1848. Die Wiener Revolution vom März 1848 wirkte dabei noch stärker als die Pariser Februarrevolution. Den stärksten Einfluss auf die politische Öffentlichkeit hatten die eben genannten Reformen in den Teilstaaten.

Drei konkurrierende Konzepte gab es für die Bildung eines italienischen Nationalstaates: Die Republikaner wollten einen

Einheitsstaat. Eine andere Richtung bevorzugte einen Staaten-bund mit dem Papst als Oberhaupt und vertraute dabei auf die Reformbereitschaft der Fürsten. Die dritte Gruppierung setzte auf eine führende Rolle von König Karl Albert von Piemont-Sardinien. Die Märzverfassung von Piemont-Sardinien hatte das Land zu einer konstitutionellen Monarchie mit relativ weitgehen-den politischen und sozialen Reformen gemacht.

Der Aufstand gegen Österreich, überwiegend getragen von Angehörigen der Unterschichten, begann am 17. März in Mailand, dessen Zigarrenraucher bereits am Jahresbeginn durch einen Raucherboykott aufgefallen waren, und setzte sich in Brescia und Padua fort. In den „Fünf Tagen von Mailand" wurden die von Feldmarschall Johann Wenzel Radetzky angeführten öster-reichischen Truppen zum Rückzug gezwungen. Es bildete sich eine provisorische Regierung. Mailand proklamierte seine Unab-hängigkeit von Österreich und den Anschluss der Lombardei an das Königreich Piemont-Sardinien. Am 23. März 1848 wurde in Venedig unter der Führung von Daniele Manin (1804 - 1857) die Republik ausgerufen.

Lombardo-Venetien bekam militärische Unterstützung von Piemont-Sardinien, das sich dem Krieg mit Österreich stellte (Erster Italienischer Unabhängigkeitskrieg). Mit diesem Schritt setzte sich König Karl Albert an die Spitze der italienischen Einigungsbewe-gung. Nach anfänglichen Erfolgen unterlagen die piemontesischen und revolutionären Streitkräfte am 25. Juli 1848 in der Schlacht bei Custozza der österreichischen Armee unter Radetzky. Der Waffen-stillstandsvertrag zwang die Lombardei wieder nach Österreich.

Nach einem Aufstand in der Toskana im Februar 1849, der zum Sturz des Groß- und Erzherzogs Leopold II. (1797 – 1870) und zur Ausrufung einer toskanischen Republik führte, kam es erneut zum Krieg zwischen Piemont-Sardinien und Österreich, weil die Deputiertenkammer wie auch die öffentliche Meinung eine Fortsetzung des Unabhängigkeitskampfes verlangten. Der 23. März 1849 brachte die nächste Niederlage für Karl Albert I. (1798 - 1849), was ihn zum Thronverzicht zugunsten seines Soh-nes Viktor Emanuel II. (1820 - 1878) veranlasste. Viktor Emanuel II. schloss am 6. August 1849 in Mailand einen Friedensvertrag mit Österreich.

Auch in Neapel und Rom hatte es 1848/49 republikanische Revolutionen gegeben. In Rom floh der Papst im November 1848 vor den zunehmenden Unruhen. Daraufhin kam es am 21. Januar 1849 zur Wahl einer konstituierenden Versammlung, welche die Anhänger Giuseppe Mazzinis gewannen. Am 9. Februar 1849 wurde im Kirchenstaat die Republik ausgerufen, die von einem Triumvirat, besehend aus Mazzini, Carlo Armellini (1777 - 1863) und Aurelio Saffi (1819 - 1890), geleitet wurde. Französische und spanische Truppen intervenierten Mitte April 1849, um die Herrschaft des Papstes wiederherzustellen. Zunächst konnte Giuseppe Garibaldi (1807 - 1882) die Franzosen zurückdrängen. Nach einmonatiger Belagerung musste die Republik schließlich kapitulieren. Garibaldi, Mazzini und andere führende Republikaner gingen ins Exil. Am 3. Juli 1849 wurde die römische Republik endgültig beseitigt. Ein Exekutivkomitee aus Kardinälen führte die Restauration durch. Die französischen Truppen blieben bis 1870 als Schutzmacht in Rom.

Die Niederlage der römischen Republik gegen Frankreich und die verlorenen Waffengänge Piemont-Sardiniens isolierten die Stadtrepublik Venedig. Die österreichische Seeblockade, Epidemien und Hunger zwangen Venedig am 23. August 1849 zur Aufgabe. Zur Demoralisierung der Venezianer mag auch der weltweit erste Luftangriff mittels einer Ballonbombe, die am 22. August 1849 vom österreichischen Militär auf Venedig geworfen wurde, beigetragen haben. Nach dieser Niederlage Venedigs war die italienische Einigungsbewegung in Norditalien vorerst zerschlagen.

Ursachen und Folgen des Scheiterns

Am Ende der Revolutionsphase blieb das Problem der deutschen Nationalstaatsbildung ungelöst. Zwar war die Idee der nationalen Einigung Deutschlands zunächst nicht durchzusetzen, aber auch hier konnte keine absolute Blockadepolitik betrieben werden. Bis zur Durchsetzung der kleindeutschen Lösung musste bis 1871 gewartet werden.

Die Umformung der staatlichen und gesellschaftlichen Ordnung war das gemeinsame Ziel der europäischen Revolutionen.

Jedoch war die Ausgangslage für alle Bewegungen äußerst verschieden. Daher konnte diese Revolution keinen gleichförmigen Verlauf entwickeln. Schwächend wirkten sich auch die Zielkonflikte zwischen den sozialen und nationalen Fraktionierungen aus. Positiv für das Bürgertum wirkte sich die nunmehr erhöhte Bereitschaft der Staaten zu partieller Modernisierung aus, die die Grundlagen für wirtschaftliche Entwicklungsprozesse legte, die Deutschland und Österreich gegenüber dem früh industrialisierten England wirtschaftlich rasch aufholen ließen. Das Bürgertum entwickelte sich, getragen von den Folgen der einsetzenden industriellen Revolution, auf dem Kontinent zur wirtschaftlich dominierenden gesellschaftlichen Schicht.

Auch für die Frauen begann mit der Revolution von 1848/49 eine neue Etappe der Emanzipationsbewegung, obgleich das für die Männer der Revolution noch kein Thema war. Ein Gesetz, welches von politischen Rechten spreche, könne „nur das männliche Geschlecht meinen" sagte ein Mitglied des Verfassungsausschusses der Paulskirchenversammlung. Noch bar demokratischer Teilhaberechte, gingen Frauen, die sich ja schon bei der Französischen Revolution artikuliert hatten, sehr wohl zu Versammlungen, organisierten Petitionen, gründeten Vereine, verlegten Zeitungen, beteiligten sich an Demonstrationen, Streiks und Barrikadenkämpfen. 1848 und 1849 kamen die Frauen nicht zu mehr Rechten, sehr wohl aber eroberten sie neue Gestaltungsräume.

Diese unterschiedlichen Gruppen und Interessen verweisen ebenso wie die Industrialisierung, die eng verknüpft war mit der Schaffung von Märkten, auf eine prägende Entwicklung in der zweiten Hälfte des 19. Jahrhunderts und im 20. Jahrhundert: die Durchsetzung des Wettbewerbsprinzips. Im späten 19. und im 20. Jahrhundert hat sich eine einheitliche Gesellschaft entwickelt, in der jeder zu jedem in Konkurrenz treten kann. Nach dem Moralkodex des alten Handwerks galten Wettbewerb, Leistungsmotivation und Gewinnstreben als anstößig. Während allmählich seit der Jahrhundertwende die Konsumgesellschaft die Mangelgesellschaft ablöste, wurden alte Produktionsstrukturen durch die industrielle, auf große Märkte zielende Massenproduktion verdrängt. Die Warenwelten traten in Konkurrenz mit tradierten Lebensstilen. Überkommene

Verhaltenskodizes wurden zusehends dem Konkurrenzprinzip geopfert. Der Markt verhalf einer neuen Art gesellschaftlicher Integration zum Durchbruch, indem die einzelnen Handlungen über funktionale Zusammenhänge koordiniert wurden. Dies fand seinen Ausdruck nicht allein im ökonomischen Bereich, sondern wirkte auch in Politik und Gesellschaft: Soziale, politische und ökonomische Positionen ließen sich immer weniger durch Geburt oder Geschlecht denn durch Leistung begründen. Dieser Prozess wird in den Sozialwissenschaften als Modernisierung bezeichnet, was eine positive Wertung des Wandels von vorindustriellen westlichen Gesellschaften zu industriell-kapitalistischen beinhaltet. Als langfristige Entwicklungsziele gelten die „evolutionären Universalien", demokratisches Verfassungsmodell und liberales Marktmodell. „Modernisierung bedeutet ebenso die Offenheit eines politischen Systems für immer neue Ausprägungen sozialer und politischer Differenzierung. Solche Vielgestalt äußert sich sowohl in einem Zuwachs an individuellen Wahlfreiheiten, Aufstiegsmöglichkeiten und Lebenschancen, als auch in der Umbildung und Erneuerung bestehender Institutionen", schreibt Everhard Holtmann. Bedroht fühlten sich durch die Modernisierung vor allem jene gesellschaftlichen Schichten, die in der alten Gesellschaftsordnung einen privilegierten Platz hatten. Während diese auf Traditionssätze zurückgriffen, entwickelten sich Emanzipationsbewegungen, deren Ziel zwar ebenfalls die Domestizierung des „entfesselten Prometheus" war, die damit aber Fortschritt im Sinne politischer Modernisierung verbanden, wie die Arbeiter- und die Frauenbewegung.

Die durch das Wettbewerbsprinzip erzeugte umfassende Statusunsicherheit bewirkte nicht nur den Aufschwung von Emanzipationsbewegungen und deren Abwehr durch Traditionalisten, sondern auch eine brisante Sehnsucht nach neuer, ideologisch vermittelter Eindeutigkeit und Orientierungssicherheit, die nicht zuletzt von fundamentalistischen Strömungen bedient wurde. In diesem Sinne spiegelten die vielen utopischen Entwürfe „neuer Welten" und „neuer Menschen", die in jener Zeit entstanden, ein tatsächlich verbreitetes Problembewusstsein.

Zum Entwurf einer prinzipiell offenen und universalisierbaren Bürgergesellschaft gesellten sich in der zweiten Hälfte des 19. Jahrhunderts drei Gegenutopien, die Ernst Hanisch so charakterisiert hat: Erstens der „Marxismus, der auf der Real-geschichte der Klassenkämpfe beharrte, das Privateigentum und den Warencharakter als grundlegende Entfremdung des Menschen kritisierte und in der Aufhebung des Privateigen-tums den Weg in die klassenlose Gesellschaft des Sozialismus suchte und dann erst ‚die wirkliche Aneignung des menschli-chen Wesens durch und für den Menschen' erwartete; zweitens die katholisch konservative Utopie der Ständegesellschaft, die gegen 1789, gegen Liberalismus, Kapitalismus und Sozialismus gerichtet, die natürliche, gottgewollte hierarchische Ordnung in den Berufsständen zu finden glaubte …; drittens die Utopie der Rassenherrschaft der Arier, die ohne Habsburg, ohne Juden und ohne Rom den germanischen Dom bauen, oder wie der Österreicher Adolf Hitler verkündete, den ‚leuchtend schönen Menschentyp' züchten wollte."

Diese gegenläufigen, zum Teil aggressiven Gesellschafts-vorstellungen waren die hintergründigen Ursachen des Ersten Weltkrieges, aber auch einer Serie von proletarischen bzw. kom-munistischen Revolutionen, die mit der russischen Revolution von 1905 begannen und während des Krieges über eine weitere Umsturzbewegung im Zarenreich bis zu den Rätebewegungen in Deutschland und Österreich am Ende des Weltkrieges reichen. Vielleicht kann man auch noch die Pariser Kommune (Commune de Paris) von 1871 dazurechnen, jene Tage zwischen dem 18. März und dem 28. Mai 1871, als der Pariser Stadtrat gegen den Willen der nationalen Regierung versuchte, Paris nach sozialistischen Vorstellungen zu verwalten.

Das Experiment Pariser Kommune von 1871

Ein am 26. März gewählter Rat bildete die Pariser Kommune von 1871, seine Mitglieder hießen Kommunarden. Die meisten Kommunarden waren Anhänger der Ideen des sozialistischen Theoretikers Louis Auguste Blanquis (1805 - 1881), andere ver-traten die sozialistische Theorie des französischen Philosophen Pierre Joseph Proudhon (1809 - 1865). Eine dritte Gruppe gehörte dem Internationalen Arbeiterbund an, dessen Sekretär Karl

Heinrich Marx (1818 - 1883) war. Der Rat der Kommune begann mit sozialen, politischen und wirtschaftlichen Reformen zur Verbesserung der Lebensbedingungen der breiten Bevölkerung. Arbeiterinnen spielten bei den Kämpfen eine wichtige Rolle, was sich auch in der Zusammensetzung und in der Politik des Rates widerspiegelte: Zu den Reformen zählten auch die Einrichtung von Farbrikarbeitsplätzen für Frauen und die Eröffnung einer Industrieberufsschule für Mädchen. Ferner wurde das Scheidungsrecht eingeführt, das auch Unterhaltszahlungen vorsah. Es kam auch zur Bildung unabhängiger Frauenorganisationen: Dem *Comité des femmes* (Frauenkomitee) gehörten 160 Gruppen und 1.800 Mitglieder an. Es wurden *Wachsamkeitskomitees* aufgestellt, welche die Errungenschaften der Kommune notfalls mit Waffengewalt verteidigen sollten.

Das Experiment der Pariser Kommune ging in blutigen Kämpfen unter, als am 21. Mai 1871 Regierungstruppen in die Stadt eindrangen und bis zum 28. Mai, in der sogenannten „Blutwoche", den Aufstand niederschlugen. Bei den Kämpfen und den folgenden Massenexekutionen wurden rund 30.000 Menschen getötet. Sebastian Haffner misst der Pariser Kommune eine richtungweisende Bedeutung zu: Zum ersten Mal, so Haffner, ging es „um Dinge, um die heute in aller Welt gerungen wird: Demokratie oder Diktatur, Rätesystem oder Parlamentarismus, Sozialismus oder Wohlfahrtskapitalismus, Säkularisierung, Volksbewaffnung, sogar Frauenemanzipation – alles das stand in diesen Tagen plötzlich auf der Tagesordnung."

DIE PROLETARISCHEN BZW. KOMMUNISTISCHEN REVOLUTIONEN

DIE RUSSISCHE REVOLUTION VON 1905

Die Russische Revolution von 1905 kann als erste Phase der politischen Umwälzungen zwischen 1905 und 1907 gesehen werden, in deren Verlauf in der Februarrevolution 1917 der Zarismus abgelöst und in der Oktoberrevolution eine kommunistische Herrschaft etabliert wurden.

In Russland war es schon im 18. Jahrhundert zu Bauern- und Kosakenaufständen gekommen, auf die mit einer zunehmend reaktionären Innenpolitik reagiert wurde. Nach dem Wiener Kongress waren die für Russland geplanten liberalen Reformen in der Schublade geblieben, was u. a. nach dem Tod Alexanders I. am 26. Dezember 1825 zu einem Militärputsch führte. Dieser wurde von den Dekabristen („Adlige Revolutionäre", die am 26. Dezember 1825 – jul. Kalender 14. Dezember – den Eid auf den neuen Zaren Nikolaus I. verweigerten) durchgeführt mit dem Ziel einer Staatsreform; Mitte Januar 1826 folgte ein Aufstandsversuch der Dekabristen in Südrussland. Die reaktionäre Färbung der russischen Außenpolitik in Europa zeigte sich auch in der Innenpolitik. Die Nichtbewältigung der inneren Probleme blieb für Russland bis in den Ersten Weltkrieg hinein charakteristisch. Die Aufhebung der Leibeigenschaft der Bauern 1861 verbesserte deren zivilrechtlichen Status, löste aber nicht deren wirtschaftliche Probleme, da die befreiten Bauern bei der Neuverteilung des Landes entweder zu wenig und nur minderwertigen Boden erhielten. Andere Reformen Alexanders II. (1818 - 1881) sollten die Verwaltungsstandards an die westeuropäischen angleichen. Die unabdingbare Voraussetzung hierfür, die Einschränkung der Autokratie durch eine liberale Verfassung, wurde aber nicht geschaffen. Die Ermordung Alexanders II. führte unter seinem Sohn Alexander III. (1845 - 1894) zu einer Politik unbarmherziger politischer und sozialer Unterdrückung sowie rücksichtsloser Russifizierung der nichtrussischen Völker im Zarenreich.

Um die Wende vom 19. zum 20. Jahrhundert bot Russland das Bild einer imperialistischen Großmacht, die mit dem Aufbau einer Großindustrie den Anschluss an das westliche Europa und Zugang zu westeuropäischen Investoren fand. Die Industrialisierung führte zur Bildung eines Industrieproletariats, das in den elendesten Verhältnissen lebte.

Augenhöhe mit der Entwicklung in Westeuropa gewannen nur die Intellektuellen. So entwickelte sich in den 1830er-Jahren auf der Folie des verkrusteten autokratischen Herrschaftssystems in Russland eine Opposition, die diesen Staat grundsätzlich ablehnte. Die Misserfolge der revolutionären Bewegung bereiteten in der russischen *Intelligenzija* die Rezeption des Marxismus vor. 1897 wurde die erste überregionale sozialdemokratische Organisation ins Leben gerufen, der Allgemeine Jüdische Arbeiterbund in Litauen, Polen und Russland; 1898 wurde die Sozialdemokratische Arbeiterpartei Russlands (SDAPR), die sich 1903 in die Fraktionen der Bolschewiki und der Menschewiki spaltete, gegründet. 1902 bildete sich aus Narodniki-Gruppen die Partei der Sozialrevolutionäre. Alle diese Organisationen agitierten unter den Bauern, beim Proletariat und bei der Intelligenz für einen evolutionären bzw. revolutionären Umsturz der sozialen und politischen Verhältnisse. Im November 1904 forderte ein Semstwo-Kongress (Semstwo, auch Zemstvo, war ein 1864 im Rahmen von liberalen Reformen eingerichtetes und bis 1917 bestehendes Organ lokaler Selbstverwaltung auf der Ebene der Gouvernements und Kreise, in dem Adel, Bauern und Stadtbürgertum vertreten waren.) die Einberufung eines Parlaments und die Umwandlung des Staates in eine konstitutionelle Monarchie.

Die Regierung versuchte, diese verarmte Masse mittels von der Polizei geführter Arbeiterorganisationen zu überwachen und unter Kontrolle zu halten, konnte damit aber die Hinwendung der Proletarier zu sozialistischem Gedankengut nicht verhindern.

Die Unzufriedenheit sowohl des Industrie- als auch des Landproletariats explodierte in der Revolution von 1905 bis 1907. Dabei kamen drei Stränge zusammen: (a) Das Verlangen der Intelligenz nach einer liberalen Verfassung, (b) die Landforderungen der Bauern und (c) der Wunsch nach einer grundlegenden Veränderung der gesellschaftlichen und staatlichen Ordnung seitens der marxistisch geführten Arbeiterschaft.

Eine schwere Wirtschaftskrise und die sich abzeichnende Niederlage im Russisch-Japanischen Krieg (1904/05) hatten die innere Krise zugespitzt und lösten Anfang 1905 eine Streikbewegung aus. Der allgemeine Aufruhr wurde durch den sogenannten Blutsonntag entzündet, den 22. Januar 1905, als die vor dem Winterpalast in Sankt Petersburg (Petrograd) stationierten Truppen eine friedliche Arbeiterdemonstration unter Beschuss nahmen. In den folgenden Monaten entstanden in der *Intelligenzija*, wie auch in der Arbeiter- und Bauernschaft, revolutionäre Gruppen, denen sich auch Teile des Militärs anschlossen (Meuterei auf dem *Panzerkreuzer Potjomkin* am 14. Juni 1905). Im Oktober weiteten sich die Unruhen zum Generalstreik aus. In Sankt Peterburg trat erstmals ein Rat (*Sowjet*) der Arbeiterdeputierten zusammen, Moskau und schließlich das ganze Land folgten diesem Beispiel. In den Räten stritten die seit 1903 in Bolschewiki (dt.: Mehrheit) und Menschewiki (dt.: Minderheit) gespaltenen Kommunisten um den Vorrang ihrer Ziele. Die Menschewiki verfolgten eher gemäßigte Ziele, die Bolschewiki eine radikale Linie.

Als Nikolaus II. am 30. Oktober 1905 den 1896 aus den lokalen Selbstverwaltungsorganen hervorgegangenen Liberalen eine gewählte Repräsentativversammlung mit gesetzgeberischer Funktion, die *Duma*, zugestand und den Erlass einer Verfassung sowie die bürgerlichen Grundrechte (Presse-, Rede- und Versammlungsfreiheit) in Aussicht stellte, war diese politische Gruppierung zunächst zufriedengestellt. Die sozialdemokratischen und sozialrevolutionären Gruppen, insbesondere die Bolschewiki, setzten unterdessen die Unruhen und Erhebungen gegen die Regierung fort, da ihnen das Erreichte nicht genügte. Am 16. Dezember 1905 wurde der Petersburger Sowjet verhaftet. Der anschließende Arbeiteraufstand vom 22. Dezember 1905 bis zum 1. Januar 1906 wurde blutig niedergeschlagen, ebenso die Bauernaufstände auf dem Land. Trotz Diskriminierung verfügten die I. und die II. Duma über sozialistische Mehrheiten, die eine hartnäckige Opposition betrieben. Das wollte die zaristische Regierung 1907 mit der Änderung des Wahlrechts für die weitere Zukunft verhindern.

Das liberale Bürgertum war mit seiner Forderung nach einer konstitutionellen Monarchie ebenso gescheitert wie die revolutionären Gruppen, die eine grundlegendere Umgestaltung der politischen, wirtschaftlichen und sozialen Verhältnisse in Russland verfolgten.

Aber in der Phase des Scheinkonstitutionalismus konnten sich Strukturen herausbilden, die schließlich in der Februarrevolution 1917 die Ablösung des Zarismus ermöglichten. Mit Protestformen der Revolution von 1905 waren Instrumente der Auseinandersetzung mit dem Zarenregime gefunden worden, die sich 1917 wiederbeleben ließen.

Die russische Februarrevolution von 1917

Nach Anfangserfolgen im Ersten Weltkrieg musste das russische Heer bereits 1915 den Rückzug antreten. Nach zwei Kriegsjahren stand Russland vor einer wirtschaftlichen Katastrophe. Der für Russland ungünstige Kriegsverlauf und die schlechte Versorgung der Zivilbevölkerung führten zu einem Stimmungsumschwung zu Lasten des Zarenregimes. Zar Nikolaus II. (1868 - 1918), der seit August 1915 den militärischen Oberbefehl führte, lehnte alle Reformen ab. Stattdessen verschärfte er zusätzlich das polizeistaatliche Instrumentarium. Zu Beginn des Jahres 1917 wurde die Lage spürbar angespannter. Preissteigerungen und eine weitere Verschlechterung der Lebensmittelversorgung nötigten die Bevölkerung in Sankt Petersburg zu Streiks und Demonstrationen. Am 3. März (nach dem in Russland damals noch gültigen julianischen Kalender am 18. Februar) traten die Arbeiter eines der größten Industriebetriebe in Russland, des Putilow-Werkes in Sankt Petersburg, in den Streik. Fünf Tage später gingen Zehntausende Frauen auf die Straße und demonstrierten gegen Hunger und Krieg sowie gegen den Zaren. Tags darauf, am 9. März, gab es in Sankt Petersburg einen Generalstreik. Die Sprechchöre forderten die sofortige Beendigung des Krieges und der Zarenherrschaft. Im Gegensatz zu 1905 weigerten sich viele der vom Zar mit der Unterdrückung der Aufstände betrauten russischen Soldaten, auf die demonstrierende Menge zu schießen und liefen teilweise sogar zu ihr über. Trotz der alarmierenden Berichte aus Sankt Petersburg tat Nikolaus II., der sich außerhalb der Hauptstadt aufhielt, nicht mehr, als die Duma aufzulösen. Die Abgeordneten nahmen das Auflösungsdekret zwar offiziell an, hielten aber am 12. März eine als „privat" deklarierte Versammlung ab und setzten ein „Provisorisches Komitee zur Wiederherstellung der öffentlichen Ordnung" ein. Am gleichen Tag setzte sich die Revolution in der Hauptstadt durch und war nicht mehr aufzuhalten. In Sankt Petersburg lief Regiment um Regiment auf die Seite der Revolutionäre über. Innerhalb von 24 Stunden hatte sich die gesamte Garnison bis auf einige hundert Soldaten den Aufständischen angeschlossen. Die Regierung erkannte ihre Machtlosigkeit und trat geschlossen zurück, der Zar dankte ab.

Zunächst übernahm ein Duma-Komitee die Amtsgeschäfte, das als eine erste Amtshandlung einen Grundrechtekatalog verkündete. Parallel dazu gründete sich der Petersburger Sowjet, der – gewählt am 13. März – aus Menschewiki, Bolschewiki und Sozialrevolutionären bestand. Beide Organe kooperierten und konkurrierten in der Folgezeit miteinander, ohne wirklich die volle Macht zu übernehmen. Der Sowjet bildete sofort eine Kommission, die das Problem der Lebensmittelversorgung der Hauptstadt lösen sollte. Das Provisorische Komitee ließ am 13. März die zaristische Regierung, die hohe Verwaltung und die Militärbefehlshaber verhaften. Der Sowjet zog am 14. März mit dem berühmten Befehl Nr. 1 nach: Soldaten und Matrosen wurden angewiesen, sich in allen politischen Angelegenheiten dem Sowjet und seinen Ausschüssen unterzuordnen und nur solche Befehle anzunehmen, die den Weisungen des Sowjets nicht widersprachen. Ferner sollten Ausschüsse gewählt werden, die Waffen kontrollierten.

Dass die beiden Regierungsorgane nicht versuchten, sich gegenseitig auszuschalten, mag daran gelegen haben, dass sowohl die Bürgerlichen als auch die Arbeiterparteien vom Verlauf der Revolution überrascht worden waren. Auch die Arbeiterparteien hatten kein klares Konzept. Diesen Überraschungseffekt gab es auch bei den Bolschewiki. Vor Lenins Rückkehr aus der Schweiz war die bolschewistische Politik von Männern wie Lew Borissowitsch Kamenew (1883 - 1936) und Jossif Wissarionowitsch Stalin (1879 - 1953) formuliert worden, die an einer Kooperation mit der provisorischen Regierung interessiert waren und ein Aktionsbündnis mit Menschewiki und Sozialrevolutionären bilden wollten. Erst die vom Deutschen Reich logistisch und finanziell geförderte Rückkehr Lenins (Wladimir Iljitsch Uljanow, 1870 - 1924) nach Russland am 16. (3.) April 1917 änderte die Situation grundlegend. Sein politisches Programm, die am 17. April veröffentlichten Aprilthesen, in denen er seine Ansichten zur weiteren Entwicklung der Revolution darlegte, umfasste die sofortige Beendigung des Krieges und der Unterstützung der provisorischen bürgerlichen Regierung, die er für kapitalistisch und unfähig hielt. Die Bolschewiki gaben sich nun ein an Lenins Ideen ausgerichtetes Programm, das die sofortige Beendigung des Krieges, die sofortige Enteignung adligen Grundbesitzes, die Kontrolle der Fabriken durch die Arbeiter, und das Prinzip „alle Macht den Sowjets" umfasste. Besonders die Beendigung des Krieges war heftig umstritten. Vorerst mussten sich die Bolschewiki bei der Umsetzung ihrer Programmatik noch etwas gedulden. Im Petersburger Sowjet waren sie bislang nur schwach vertreten. Die Mehrheit hatten hier die Menschewiki und die Sozialrevolutionäre innegehabt. Weitere militärische Niederlagen und die Verschlimmerungen der Versorgungslage sorgten für einen rapiden Vertrauensverlust der Bevölkerung in die Regierung, sodass es seit September 1917 klare Mehrheiten für die Bolschewiki in den Sowjets von Moskau und Sankt Petersburg gab. Jetzt gerieten die Menschewiki und Sozialrevolutionäre mit ihrer Position, den Krieg fortzusetzen, um einem Diktatfrieden zu entgehen, massiv unter Druck. Auch hinsichtlich der Einschätzung der Revolution gab es einen deutlichen Unterschied zwischen Bolschewiki und Menschewiki. Letztere betrachteten die Februarrevolution als bürgerliche Revolution, in deren Folge sich die kapitalistische Gesellschaft und ihre demokratische Verfassung erst voll entwickeln mussten, bevor die von Karl Marx beschriebenen Voraussetzungen für eine sozialistische Revolution gegeben waren.

Mit der Zeit wurden die Differenzen zwischen der Provisorischen Regierung und dem Petersburger Sowjet immer größer, was sich vor allem an der Bewertung des Krieges festmachte. Aber es gab auch eine qualitative Veränderung beim Sowjet. Unter der Dominanz Lenins wandelte er sich von einer Institution, die eine parlamentarische Demokratie anstrebte, zu einem Instrument des revolutionären Sozialismus.

Lenin hatte seine Vorstellungen zum Ziel der Revolution und zur Rolle der Bürgerlichen in seinen politischen Schriften deutlich gemacht. Im April 1916 erschien von ihm in der Zeitschrift „Vorbote" ein Aufsatz mit dem Titel „Die sozialistische Revolution und das Selbstbestimmungsrecht der Nationen", der im Oktober in russischer Sprache in der ersten Nummer der Zeitschrift *Sbornik Sozial-Demokrata* veröffentlicht wurde: „Die sozialistische Revolution ist kein einzelner Akt, keine einzelne Schlacht an einer Front, sondern eine ganze Epoche schärfster Klassenkonflikte, eine lange Reihe von Schlachten an allen Fronten, das heißt in allen Fragen der Ökonomie sowie der Politik, Schlachten, welche nur mit der Expropriation der Bourgeoisie enden können. Es wäre ein großer Irrtum zu glauben, dass der Kampf um die Demokratie imstande wäre, das Proletariat von der sozialistischen Revolution abzulenken oder auch nur diese Revolution in den Hintergrund zu schieben, zu verhüllen und dergleichen. Im Gegenteil, wie der siegreiche Sozialismus, der nicht die vollständige Demokratie verwirklicht, unmöglich ist, so kann das Proletariat, das den in jeder Hinsicht konsequenten, revolutionären Kampf um die Demokratie nicht führt, sich nicht zum Siege über die Bourgeoisie vorbereiten. Nicht weniger falsch wäre es, einen der Punkte des demokratischen Programms, so zum Beispiel das Selbstbestimmungsrecht der Nationen, fallen zu lassen, und zwar auf Grund seiner angeblichen „Undurchführbarkeit' oder seines ‚illusorischen' Charakters wegen in der imperialistischen Epoche. Die Behauptung, das Selbstbestimmungsrecht der Nationen sei im Rahmen des Kapitalismus undurchführbar, kann entweder im absoluten ökonomischen oder relativen politischen Sinne aufgefasst werden."

Im Juli des Jahres 1917 versuchten die Bolschewisten in Petrograd einen Putsch, der aber wegen des Eingreifens des Militärs scheiterte, was Lenin zur Flucht nach Finnland nötigte. Alexander Kerenskij (1881 - 1970) übernahm das Amt des Ministerpräsidenten. Da seine Regierung keine wirksamen Schritte zur Überwindung der beständig sich verschärfenden wirtschaftlichen Misere unternahm, nahmen die Streiks wieder zu und die Bolschewiki wurden wieder einflussreicher. Die Gewaltbereitschaft auf den Straßen wuchs. Angesichts der explosiven Situation in Sankt Petersburg ersuchte Kerenskij den neuen Oberbefehlshaber des Heeres, Lawr Georgijewitsch Kornilow (1870 - 1918), regierungstreue Truppen in die Hauptstadt zu entsenden. Dann wurde aber klar, dass Kornilow diese Aktion nutzen wollte, um sich selbst an die Macht zu putschen. Dies nötigte den Ministerpräsidenten, den Petersburger Sowjet um Unterstützung zu bitten. Sie wurde zwar gewährt, aber die Regierung verlor weiter an Ansehen.

Am 22. Oktober verweigerte die Petersburger Garnison Kerenskij die Gefolgschaft und erklärte, nicht an die Front auszurücken. Um die Garnison zu beruhigen, erklärte sich Kerenskij bereit, im Sowjet ein Kontrollorgan zu installieren, das über alle militärischen Unternehmungen und Entscheidungen wachen sollte. Dieses „Revolutionäre Militärkomitee" (MRKP) konstituierte sich am 29. Oktober. Das Komitee wurde von den Bolschewiken unter Lew Dawidowitsch Trotzkis (eigentlich: Leib Bronstein, 1879 - 1940) Führung zu einem recht autonomen Organ zur revolutionären Verteidigung der Hauptstadt umfunktioniert. Die Befehlshaber der Armee erklärten dem Komitee ihre Loyalität, was eine wesentliche Voraussetzung für den Sturz der Regierung war.

Die „Grosse Sozialistische Oktoberrevolution"

In der Führung der Bolschewiki war die Beteiligung an Wahlen zu einer verfassungsgebenden Versammlung umstritten. Noch von seinem finnischen Versteck aus versuchte Lenin, unterstützt von Trotzki, die Organisation auf einen gewaltsamen Aufstand festzulegen, da er bei allgemeinen Wahlen keine Mehrheit für die Bolschewiki erwartete. Lenin, der am 10. Oktober heimlich nach Sankt Petersburg zurückgekehrt war, traf sich am 23. Oktober mit zwölf der 21 Mitglieder des Zentralkomitees, die sich nach zehnstündigen Debatten mit 10 : 2 Stimmen für Lenins Plan aussprachen, sich so schnell wie möglich die Macht im Lande mit Gewalt zu nehmen. Hierfür sollte das Revolutionäre Militärkomitee genutzt werden, das von Trotzki entsprechend vorbereitet worden war. Die zur Verfügung stehenden Truppen beschränkten sich auf einige tausend Soldaten der Petersburger Garnison, der Kronstädter Marine, der dem MRKP beigetretenen Roten Garden sowie wenige Hundertschaften militanter Bolschewiki.

Am 6. November (nach julianischem Kalender am 24. Oktober) gab Trotzki, veranlasst durch die Besetzung der Redaktionsräume der Bolschewiki-Zeitung *Prawda* (dt.: Wahrheit) durch die Polizei, das Signal zur Revolution. Angeführt von Trotzki, besetzten die Roten Garden innerhalb kurzer Zeit die strategisch wichtigsten Stellen in der Stadt. Bereits am 7. November nachmittags verkündete Trotzki die Absetzung der Provisorischen Regierung. Noch am Abend des gleichen Tages begann der *Allrussische*

Sowjetkongress, bei dem die Bolschewiki 300 der 670 Delegierten stellten. Während der Eröffnungssitzung warfen Menschewiki und Sozialrevolutionäre den Bolschewiki vor, einen Anschlag gegen die Revolution unternommen zu haben und forderten eine Teilung der Macht und die Bildung einer Koalitionsregierung. Als die Bolschewiki diese Forderungen zurückwiesen, verließen Menschewiki und rechte Sozialrevolutionäre die Versammlung, die nun von den Bolschewiki ungehindert für ihre Zwecke instrumentalisiert werden konnte.

Bewaffnete Arbeiter, Soldaten und Matrosen stürmten in der Nacht vom 7. auf den 8. November (25./26. Oktober) das Winterpalais, wo die *Provisorische Regierung* residierte. Kerenskij war bereits geflohen, aber die Minister konnten noch verhaftet werden. Der Sowjetkongress beschloss als erstes einstimmig eine Friedensofferte an alle kriegführenden Staaten, verbunden mit dem Angebot eines sofortigen Waffenstillstandes für mindestens drei Monate. Das Recht auf privaten Grundbesitz wurde sofort und entschädigungslos „für immer" aufgehoben. Aller Grundbesitz der Zarenfamilie, von Gutsherren, Klöstern und Kirchen wurden per Dekret in Staatseigentum überführt. Ausdrücklich ausgenommen von der Enteignung war das Land der Kleinbauern und einfachen Kosaken. Der Sowjetkongress formulierte ferner den Grundsatz der gleichberechtigten Nutzung des Bodens; das Land sollte unter den Landarbeitern aufgeteilt werden. Der Rat der Volkskommissare verstaatlichte zunächst alle Banken sowie nach und nach die Industriebetriebe. Am 15. November gab der Rat das Recht auf nationale Selbstbestimmung und Gleichberechtigung bekannt, bezweifelte aber, dass es in irgendeinem Teil des Imperiums Arbeitermassen gäbe, die sich vom revolutionären Russland trennen wollten. Im Dezember 1917 schloss die bolschewistische Regierung in Brest-Litowsk einen Waffenstillstand mit dem Deutschen Reich und Österreich-Ungarn.

Vom Sowjetkongress am 8. November wurde ein Rat als provisorische Arbeiter- und Bauernregierung gebildet. Bei seinem ersten Auftritt vor dem Sowjetkongress kündigte Lenin in seiner Eröffnungserklärung den „Aufbau der sozialistischen Ordnung" an. Auf dem Weg dorthin sollte zunächst der Sowjetkongress gesetzgeberische Aufgaben übernehmen. Der Rat der Volkskommissare sollte dem Sowjetkongress und dem Zentralen Exekutivkomitee verantwortlich sein. Die Volkskommissare bekamen Ministeraufgaben und standen jeweils einem *Commissariat* vor. Zum Vorsitzenden des Rates wurde Lenin gewählt, Trotzki wurde Volkskommissar für Äußeres und Stalin Volkskommissar für Nationalitätenfragen. Nachdem die neue Regierung eingesetzt war, vertagte sich der Sowjetkongress.

Die Beschlüsse des Sowjetkongresses und der Volkskommissare brachten dem neuen Regime ein hohes Maß an Zustimmung. So konnten sich die Bolschewiki auch in den anderen Städten und in den Provinzen als dominierende Kraft durchsetzen.

Am 8. Dezember 1917 (25. November) wurde die verfassungsgebende Versammlung gewählt, in der die Bolschewiki nur etwa ein Viertel der Sitze erobern konnten. Mehrheitsfraktion waren die Sozialrevolutionäre. Das passte nicht ins Konzept der Bolschewiki, daher lösten sie die Versammlung bei ihrem ersten Zusammentreten am 19. (6.) Januar 1918 gewaltsam auf. Danach wurden alle nicht-bolschewistischen Kräfte systematisch durch den „Roten Terror", wie Lenin selbst diese Aktionen nannte, ausgeschaltet. Die bürgerlichen Parteien wurden verboten. Die Menschewiki und rechte wie linke Sozialrevolutionäre wurden von den Bolschewiki aus allen Gremien verdrängt. So wurden die Bolschewiki unter dem neuen Namen „Kommunistische Partei Russlands (Bolschewiki)", KPR(B), zur allein herrschenden politischen Kraft im Staat. Ab dem März 1918 residierte die Regierung im Moskauer Kreml. Im Juli des Jahres verabschiedete der 3. Allrussische Sowjetkongress die Verfassung der Russischen Sozialistischen Föderativen Sowjetrepublik (RSFSR) und beendete damit die erste Phase der Revolution.

Nach dem Frieden von Brest-Litowsk entfachten die Gegensätze im Lande einen Bürgerkrieg, der bis 1921/22 andauerte, dann aber von den neuen Machthabern mit Hilfe der Roten Armee für sich entschieden wurde. Ende 1922 konstituierte sich aus der Russischen Sozialistischen Föderativen Sowjetrepublik, der Ukrainischen, der Weißrussischen und der Transkaukasischen Sozialistischen Sowjetrepublik die Union der Sozialistischen Sowjetrepubliken (UdSSR).

DIE NOVEMBERREVOLUTION IN DEUTSCHLAND VON 1918/19

Am Ende des Ersten Weltkriegs wurde im Verlauf der Novemberrevolution das Deutsche Reich von einer Monarchie in einen demokratischen Staat, die Weimarer Republik, umgewandelt. Die sozialen Spannungen im Kaiserreich, seine rückständige, undemokratische Verfassung und die mangelnde Reformfähigkeit der politischen Eliten gehörten zum Nährboden der Revolution. Der Auslöser war aber der Kriegsverlauf.

Ende September 1918 war auch der Obersten Heeresleitung (OHL) bewusst geworden, dass Deutschland den Krieg nicht mehr gewinnen konnte. Daher forderte General Erich Ludendorff (1865 - 1937) einen sofortigen Waffenstillstand. Um dies zu erreichen, sollte der Staat demokratisiert werden, da die Siegermächte nur mit demokratisch legitimierten Politikern verhandeln wollten. Doch die Bildung einer parlamentarischen verantwortlichen Regierung unter Prinz Max von Baden (1867 - 1929) kam zu spät. Die Dynamik der innenpolitischen Verhältnisse ließ sich so nicht bremsen, die Monarchie hatte in breiten Bevölkerungskreisen jeglichen Kredit verspielt. Das Ende des Kaiserreichs rief daher kaum noch öffentliches Interesse hervor.

Die Revolution begann, als die Oberste Heeresleitung (OHL) und die Marineleitung angesichts der schon feststehenden Niederlage die deutsche Flotte zu einer letzten ehrenvollen Schlacht auslaufen lassen wollten. Damit provozierten die Kriegsstrategen in Wilhelmshaven und Kiel einen Matrosenaufstand, der sich innerhalb weniger Tage zu einer Revolution entwickelte, die ganz Deutschland erfasste. Die Revolution erreichte am Morgen des 9. November Berlin, wo die Arbeiter in den Streik traten. Sie wurden dazu von zumeist dem linken Flügel der Unabhängigen Sozialdemokratischen Partei Deutschlands (USPD) nahestehenden Vertrauensleuten in den Betrieben animiert. Es formierten sich gewaltige Demonstrationszüge durch das Zentrum Berlins, mit denen Hunderttausende für eine umfassende politische Neugestaltung votierten. Den Arbeitern schlossen sich die Soldaten der drei Jägerbataillone an, die zu diesem Zeitpunkt als einzige Truppen in Berlin stationiert waren. Bereits zwei Tage vorher, am 7. November, hatte Kurt Eisner (1867 - 1919),

Mitbegründer der USPD, den „Freistaat Bayern" ausgerufen. In dem am folgenden Tag gebildeten provisorischen Nationalrat wurde Eisner bayerischer Ministerpräsident. Revolutionäre Räte konnten ohne Gegenwehr des Königs die Macht an sich ziehen. Die revolutionäre Bewegung führte am 9. November 1918 zur Ausrufung der Republik, der wenig später die formelle Abdankung des Deutschen Kaisers Wilhelm II. (1859 - 1941) folgte.

Prinz Max von Baden übergab Friedrich Ebert (1871 - 1925), dem Vorsitzenden der (gemäßigten) Sozialdemokratischen Partei Deutschlands (SPD), das von diesem geforderte Amt des Reichskanzlers. Ziel der SPD-Führung war es, sich an die Spitze der revolutionären Bewegung zu stellen. Durch Regierungsumbildungen sollte diese aufgefangen und Blutvergießen verhindert werden. Friedrich Ebert wollte es keinesfalls in Deutschland wie bei der russischen Oktoberrevolution zu einem Bürgerkrieg kommen lassen. Die Entscheidung über die künftige Staats- und Regierungsform des Reiches sollte einer demokratisch zusammengestellten Nationalversammlung überlassen bleiben. Daher war Ebert zutiefst verärgert über seinen Parteigenossen Philipp Scheidemann (1865 - 1939), als dieser ohne Rücksprache von einem Fenster des Reichstags um 14 Uhr die Republik ausrief. Scheidemann wollte mit dieser Aktion die wachsende revolutionäre Stimmung in der Bevölkerung abschwächen und einer Aktion Karl Liebknechts (1871 - 1919) zuvorkommen, der später am Nachmittag eine sozialistische Republik proklamieren wollte.

Dieser Vorgang offenbarte die zunehmende Polarisierung innerhalb der Revolutionsbewegung. In der zweiten Novemberwoche 1918 war die Innenpolitik durch ein labiles Gleichgewicht zwischen drei konkurrierenden Gruppierungen geprägt. Neben den Vertretern des alten Regimes waren dies die Reichstagsmehrheit aus gemäßigter SPD, Zentrum und Linksliberalen sowie eine uneinheitliche Menge linksrevolutionärer Gruppen. Hier ist vor allem der Spartakusbund unter der Führung von Karl Liebknecht (1871 - 1919) und Rosa Luxemburg (1871 - 1919) zu nennen, der der Satz „Die Revolution ist das Größte, alles andere ist Quark" zugeschrieben wird.

Diese linksrevolutionären Kräfte lehnten unter Berufung auf die russische Oktoberrevolution den Parlamentarismus grundsätzlich ab, während die SPD für die Bildung eines modernen demokratischen Staatswesens unter grundsätzlicher Beibehaltung der bestehenden wirtschaftlichen und sozialen Strukturen eintrat.

Die Waagschale neigte sich aber sehr rasch zugunsten des Parlamentarismus. Am 10. November bildeten SPD und USPD als zentrale Reichsregierung den Rat der Volksbeauftragten auf paritätischer Grundlage und unter gleichberechtigtem Vorsitz von Friedrich Ebert und Hugo Haase (1863 - 1919). Von der SPD gehörten dem Rat Philipp Scheidemann und Otto Landsberg (1869 - 1957) an. Emil Barth (1879 - 1941) und Wilhelm Dittmann (1874 - 1954) repräsentierten die USPD. Die Vollversammlung der Berliner Arbeiter- und Soldatenräte erkannte die provisorische Regierung am 10. November an, bildete aber zur Kontrolle der Volksbeauftragten einen sogenannten Vollzugsrat. Im Namen der OHL gab ebenfalls am 10. November General Wilhelm Groener (1867 - 1939) eine Loyalitätserklärung gegenüber der neuen Regierung ab und sicherte ihr im Fall linksradikaler Angriffe militärische Unterstützung zu. Ebert garantierte im Gegenzug die Autonomie der militärischen Führung (Ebert-Groener-Pakt). Dieses Bündnis ermöglichte es der Sozialdemokratie, ihren Machtanspruch auch in den folgenden bürgerkriegsähnlichen Auseinandersetzungen durchzusetzen. Da die SPD auf dem Reichskongress der Arbeiter- und Soldatenräte Mitte Dezember 1918 über deutliche Mehrheitsverhältnisse verfügte, ließ sich dort eine überwältigende Mehrheit für die Wahl zur Nationalversammlung am 19. Januar 1919 herstellen. Der Wunsch zahlreicher Delegierter, am Rätesystem als Grundlage der neuen Verfassung festzuhalten, fand auf dem Kongress ebenso wenig Gehör wie die radikale Parole der Spartakisten „Alle Macht den Räten".

Nach dem Kongress verschärften sich die Auseinandersetzungen zwischen der Sozialdemokratie und den linksradikalen Gruppierungen, die jetzt versuchten, ihre Vorstellungen mit Gewalt auf der Straße durchzusetzen. Erstmals musste Friedrich Ebert in den *Berliner Weihnachtskämpfen* 1918 auf sein Arrangement mit dem Militär zurückgreifen und reguläre Truppen einsetzen, nachdem die Regierung am 23. Dezember 1918 von meuternden Soldaten einer sogenannten Volksmarinedivision festgesetzt worden war. Dies war nun der USPD zu viel, sodass ihre Repräsentanten am 28. Dezember 1918 den Rat der Volksbeauftragten verließen. Zuvor waren mit den SPD-Vertretern auch noch erhebliche Meinungsverschiedenheiten bezüglich des politischen Kurses der Regierung aufgebrochen, was eine gemeinsame konstruktive Politik der beiden sozialdemokratischen Richtungen illusorisch erscheinen ließ. Die USPD-Politiker wurden durch die SPD-Mitglieder Gustav Noske (1868 - 1946) und Rudolf Wissell (1869 - 1962) ausgetauscht. Als Konsequenz aus den Weihnachtskämpfen wurde auch der Berliner Polizeipräsident Emil Eichhorn (USPD; 1863 - 1925) entlassen, der mit Bewaffneten der Volksmarinedivision zu Hilfe gekommen war.

Die Absetzung Eichhorns provozierte am 5. Januar 1919 eine Protestdemonstration, zu der die USPD und die zur Jahreswende 1918/19 gegründete Kommunistische Partei Deutschlands (KPD) aufgerufen hatten. Wegen der vielen Teilnehmer wollte eine radikale Gruppe unter den Organisatoren die Demonstration zu einem bewaffneten Aufstand ausweiten. In dieser Situation riefen Karl Liebknecht und Rosa Luxemburg zum gewaltsamen Sturz der Regierung auf. Vom 5. bis 12. Januar waren Teile der Innenstadt sowie das Berliner Zeitungsviertel von revolutionären Arbeitern besetzt, welche die Regierung für abgesetzt erklärten. Der Januaraufstand hatte sich spontan entwickelt und war daher unzureichend durchdacht. Es gab blutige Kämpfe, aber es blieb auch der letzte Versuch der extremen Linken, ein Räteregime durchzusetzen.

Die blutigen Auseinandersetzungen vom Januar 1919 prägten das Bild der Revolution von 1918 und 1819 nachhaltig und schürten in weiten Bevölkerungsschichten die Furcht vor dem Bolschewismus. Auf der anderen Seite radikalisierten sie einen großen Teil der Arbeiterschaft. Die Ermordung Rosa Luxemburgs und Karl Liebknechts durch Mitglieder eines Freikorps heizten die Stimmung zusätzlich auf.

Dieser Teil der Arbeiterschaft fühlte sich von der SPD verraten. Deren Kontakte zur Armeeführung, den bürgerlichen Parteien und zu den Repräsentanten der Privatwirtschaft wurden mit größtem

Misstrauen beobachtet. Diese Entfremdung zeigte sich auch bei den Landtags- und Gemeindewahlen im Frühjahr 1919, als viele ehemalige SPD-Wähler nun für KPD oder USPD stimmten. Viele dieser Wähler beteiligten sich auch an Streiks und Unruhen, die sich nach der Wahl zur Nationalversammlung und der Berufung des Kabinetts Scheidemann bis zum Frühsommer 1919 auf weite Teile Deutschlands ausbreiteten. Im Ruhrgebiet und im mitteldeutschen Bergbaugebiet um Halle kam es zu Generalstreiks und blutigen Kämpfen mit Regierungstruppen. Bei einem Umsturzversuch von Spartakisten Anfang März 1919 in Berlin verloren knapp 1.200 Menschen ihr Leben. Der Versuch der USPD, Anfang April 1919 in München eine Räterepublik zu errichten, wurde mit brutalen Einsätzen von Freikorps beendet. Die revolutionäre Bewegung verlor schließlich große Teile ihrer Anhängerschaft, sodass der Weg der Revolution von 1918/19 in den Parlamentarismus führte. Sie fand ihren formellen Abschluss mit der Verabschiedung der Weimarer Reichsverfassung am 11. August 1919. Deutschland wurde Republik und bekam eine demokratische Verfassung. Es gab umfassende soziale Verbesserungen für die Arbeitnehmerschaft, wie den Acht-Stunden-Arbeitstag, Mitbestimmung und Tarifautonomie. Das allgemeine und freie Wahlrecht wurde eingeführt, und das auch für Frauen. Insofern bedeutete der republikanische Neuanfang von 1918 eine radikale Veränderung nicht nur für das Staatswesen und die Politik, sondern auch für die Lebenswelt und den Alltag der Deutschen. So betrachtet war das Urteil des Schriftstellers Alfred Döblin (1878 - 1957) „Eine deutsche Revolution. Also keine" wohl etwas zu pessimistisch.

Allerdings stellte sich bald nach der Gründung der Weimarer Republik heraus, dass bei entscheidenden Teilen der Bevölkerung und in den Köpfen der Politiker das dazugehörige demokratische Bewusstsein und die notwendigen Fähigkeiten wie etwa Kompromissfähigkeit den formellen Strukturen hinterherhinkten. Vor dem Hintergrund einer äußerst schwierigen Wirtschaftsentwicklung in Europa führte dies in Deutschland, wie auch in vielen anderen europäischen Ländern, zur Schwächung des Parlamentarismus und zur Schreckensherrschaft blutrünstiger Regimes, wie den deutschen Nationalsozialisten. Erst nach dem Zweiten Weltkrieg gelang eine nachhaltige Demokratisierung in Deutschland.

DIE LANGE REVOLUTION IN CHINA

„Egal wie weit der Weg ist, man muss den ersten Schritt tun."
(Mao Tse-tung, 1893 - 1976)

Die Chinesische Revolution begann 1911 mit dem Sturz der Ch'ing-Dynastie und endete mit der Errichtung der Volksrepublik China im Jahre 1949. Gekämpft wurde um die Staatsform sowie um die soziale und wirtschaftliche Verfassung des Riesenreiches.

Nach dem Russisch-Japanischen Krieg von 1904/05 gab das chinesische Kaiserhaus eine gewisse Bereitschaft zu liberalen Reformen zu erkennen, deren Umsetzung es jedoch schuldig blieb. Daraufhin kam es in Wuhan (am Yangtse, südlich von Peking, westlich von Shanghai) 1911 zu einer Militärrevolte, die rasch das ganze Land erfasste und zum Rücktritt des sechs Jahre alten Kaisers Xuantong (1906 - 1967) am 12. Februar 1912 führte. Sun Yat-sen (1866 - 1925), Gründer der *Kuomintang* (KMT; dt.: Nationale Volkspartei), war bereits am 1. Januar 1912 zum provisorischen Präsidenten einer Republik gewählt geworden, die er kurz zuvor selbst ausgerufen hatte. Einen Tag nach der Abdankung des Kind-Kaisers übernahm Marschall Yuan Shikai (1859 - 1916) die Macht und zwang Sun Yat-sen zurückzutreten. Anschließend formierte dieser in den südlichen Landesteilen eine Oppositionsbewegung gegen die Regierung im Norden und gründete die bereits erwähnte KMT. Im Sommer 1913 versuchte er vergeblich eine zweite Revolution. Seine Kuomintang wurde von Yuan Shikai verboten, der dann auch das Parlament auflöste. Mit seinem Versuch, sich Ende 1915 selbst als chinesischer Kaiser zu inthronisieren, scheiterte Yuan Shikai recht bald. Man zwang ihn im Jahr darauf abzudanken und ermordete ihn kurze Zeit später. Nach dem Mord zerfiel vor allem der Norden Chinas in zahlreiche Herrschaftsbezirke regionaler Kriegsherren, die blutige und lang andauernde Bürgerkriege gegeneinander führten.

Der Süden blieb dagegen stabil. Hier gelang es Sun Yat-sen, der die KMT zu einer straff organisierten Kaderpartei formte, mit Unterstützung der UdSSR und der Komintern, ab 1923 eine

Revolutionsregierung zu etablieren. Gleichzeitig kooperierte er mit der 1921 gegründeten Kommunistischen Partei Chinas. 1924 gründete Sun Yat-sen die KMT-Militärakademie in Whampoa, an deren Spitze Chiang Kai-shek (1887 - 1975) und Zhou Enlai (1898 - 1976) standen. Sie wurde u. a. von Moskau finanziert und beraten. Für einige Jahre war die Verflechtung zwischen Kommunistischer Partei und Kuomintang sehr eng. In dieser Phase konnte man beiden Organisationen gleichzeitig angehören. Beide Parteien verzeichneten hohe Mitgliederzuwächse: Anfang 1926 hatte die Kuomintang mehr als 200.000 Mitglieder, während die Kommunistische Partei Chinas im April 1927 über etwa 57.000 Parteigänger verfügte. Nach dem Tod Sun Yat-sens übernahm 1925 Chiang Kai-shek vom konservativen Flügel der Kuomintang den Vorsitz in der Partei. Beide Parteien, sowohl die Kommunistische Partei Chinas als auch die Kuomintang, hatten die Wiedervereinigung Chinas zum Ziel. Daher begannen beide gemeinsam 1926 den sogenannten Nordfeldzug gegen die dort wütenden Kriegsherren. Es gelang dieser Kriegskoalition, das Land bis 1928 weitgehend wieder zusammenzuführen.

Währenddessen hatten sich aber zwischen beiden Parteien massive Spannungen aufgebaut, die darauf zurückgeführt werden können, dass es der Kommunistischen Partei gelang, ihren Einfluss beständig auszuweiten. Im April 1927 ließ Chiang Kai-shek im eroberten Shanghai und auch in anderen Städten Massaker unter den Kommunisten anrichten und trieb die Kommunistische Partei in den Untergrund. 1927 errichtete Chiang Kai-shek in Nanking eine Nationalregierung und leitete längst überfällige Wirtschaftsreformen ein, die aber nur für einen kleinen Teil der chinesischen Bevölkerung positiv wirksam wurden. Für die große Masse der bäuerlichen Bevölkerung gab es keine Rettung aus ihren prekären Lebens- und Arbeitsbedingungen. Chiang Kai-shek und die Kuomintang konnten daher auf dem Land auch kaum mit Begeisterung für ihre Politik rechnen.

Diese Fremdheit zwischen ländlicher Bevölkerung und Regierung machte sich die Kommunistische Partei zunutze, die nach ihrer gewaltsamen Ausschaltung 1927 aus den Städten hatte zurückweichen müssen: Anstatt theoriekonform auf das städtische Industrieproletariat als Basis der Revolution zu setzen, konzentrierte die Partei ihre Agitation auf die ländliche Bevölkerung. Mao hat dies in seiner Schrift „Aus einem Funken kann ein Steppenbrand entstehen" vom 5. Januar 1930 folgendermaßen formuliert: Die „Theorie, dass man zunächst die Massen im ganzen Land und in all den einzelnen Landesteilen gewinnen und erst dann die politische Macht errichten soll, entspricht nicht der Sachlage der chinesischen Revolution. Der Ursprung dieser Theorie liegt hauptsächlich im mangelnden Verständnis für die Tatsache, dass China ein halbkoloniales Land ist, um das mehrere imperialistische Staaten miteinander streiten. Hat man dies jedoch begriffen, dann wird erstens klar, warum es unter allen Ländern der Welt nur China ist, wo solch merkwürdige Dinge wie die andauernden Kriegswirren unter den herrschenden Klassen bestehen, warum diese Kriegswirren sich von Tag zu Tag verschärfen und ausdehnen, warum es in China bisher nicht gelungen ist, eine einheitliche Staatsmacht zu errichten. Zweitens wird klar, wie ernst die Bauernfrage ist, und man kann folglich verstehen, warum jetzt die Bauernaufstände ein solches Ausmaß angenommen haben, dass sie sich über das ganze Land ausbreiten ... Fünftens wird ebenfalls klar, dass im halbkolonialen China die Schaffung und das Wachstum der Roten Armee, der Partisanenabteilungen und der roten Gebiete die höchste Form des Kampfes der Bauernschaft unter Führung des Proletariats darstellen und das unvermeidliche Ergebnis der Entwicklung des Kampfes der Bauernschaft in einem halbkolonialen Land sind; und dass dies zweifellos der wichtigste Faktor ist, der den revolutionären Aufschwung im ganzen Land beschleunigt. Sechstens wird schließlich klar, dass die ... politische Linie zweifellos richtig ist, ... die darauf abzielt, Stützpunktgebiete zu schaffen, systematisch die politische Macht zu errichten, die Agrarrevolution zu vertiefen, in einem umfassenden Prozess – angefangen mit der Aufstellung von Gemeinde-, dann Distrikts- und hierauf Kreisabteilungen der Roten Garde über die Bildung von örtlichen Truppen der Roten Armee bis zur Schaffung der regulären Roten Armee – die bewaffneten Kräfte des Volkes zu entwickeln, die politische Macht wellenförmig voranzutreiben usw. Nur so kann man den revolutionären Massen des ganzen Landes Vertrauen einflößen."

Tatsächlich konnte die Kommunistische Partei unter der ländlichen Bevölkerung mit ihrem sozial- und agrarrevolutionären Programm eine breite Akzeptanz aufbauen. Im gleichen Jahr, in dem sie von Chiang Kai-shek attackiert worden waren, setzte sich die Kommunistische Partei unter der Führung Mao Tse-tungs (1893 - 1976) in der Provinz Jiangxi fest. 1931 errichtete sie die „Chinesische Sowjetrepublik" und betrieb eine Landreform, welche die Großgrundbesitzer enteignete und das Land unter den Kleinbauern aufteilte. In dieser Zeit begannen die Kommunisten auch einen Guerillakrieg gegen die Regierung in Nanking. Chiang Kai-shek wollte diesen Ende 1930 mit einem Vernichtungsfeldzug gegen die Kommunisten verhindern, obwohl Teile seiner militärischen Kräfte bereits durch den japanischen Vormarsch in der Mandschurei und Kämpfe gegen verschiedene regionalen Warlords gebunden waren. Ende 1934 musste die Kommunistische Partei Jiangxi unter dem militärischen Druck der Truppen Chiang Kai-sheks räumen.

Angeleitet von Mao Tse-tung und Zhu De (1866 - 1976) begannen die Kommunisten nun den „Langen Marsch", auf dem sie, durch Entbehrungen und ständige Angriffe der Nationalisten stark dezimiert, ein Jahr später nach einem über 10.000 Kilometer langen Marsch die Provinz Shaanxi im Norden anlangten. Jene, die den Langen Marsch und den anschließenden Bürgerkrieg überlebt hatten, stellten bis in die 1980er-Jahre die Führungselite der Kommunistischen Partei Chinas. Während des „Langen Marsches" hatte sich Mao im Januar 1935 auf dem Plenum des Zentralkomitees in Zunyi gegen die Parteiführung durchsetzen können und war zum Vorsitzenden der Militärkommission der Partei ernannt worden.

Zunächst war die Lage für die Kommunisten weiterhin prekär. Doch wuchs in verschiedenen Regionen Chinas, vor allem in den Städten des Ostens, der Unmut über den Bürgerkrieg. Stattdessen erwarteten die Menschen ein vereintes Vorgehen beider Lager mit ihren militärischen Kräften gegen die japanische Aggression. Zähe Verhandlungen führten dann beide Lager zu einem „Burgfrieden", der ein gemeinsames Vorgehen gegen Japan ermöglichte. Die Kuomintang erkannte die kommunistische Herrschaft in den Provinzen Shaanxi, Ganzhou und Ningxia mit ihrer neuen Hauptstadt Yan'an an und gewährte der Kommunistischen Partei auf drei Jahre finanzielle Unterstützung. Zunächst ließ sich der Vormarsch Japans jedoch nicht aufhalten. Bis Anfang 1939 hatte Japan bereits die gesamte chinesische Küste und die Insel Hainan in der Nähe von Taiwan besetzt. Die nationalistische Regierung musste daraufhin ihren Sitz in die Provinz Sichuan verlegen. Als im Dezember 1941 Japan die USA angriff, wurde der Chinesisch-Japanische Krieg Teil des Zweiten Weltkriegs. Nach dem japanischen Angriff auf die USA erklärte die Kuomintang-Regierung Japan und Deutschland den Krieg. Der Chinesisch-Japanische Krieg endete mit der japanischen Kapitulation nach den Atombombenabwürfen auf Hiroshima und Nagasaki. Nach Kriegsende erschien zunächst die nationalistische Regierung als Sieger und als Vertreterin ganz Chinas.

Von 1937 bis 1941 waren die kommunistischen Kampfeinheiten als Achte Marscharmee und als Neue Vierte Armee Teil der nationalistischen Armee. Während dieses Zweiten Chinesisch-Japanischen Krieges konnte die Kommunistische Partei Chinas ihre Mitgliederzahlen und ihren Einfluss entscheidend erhöhen. Ursachen hierfür war, neben der unvorstellbar brutalen Besatzungspolitik der Japaner, ein verbessertes Image, das sich aus einer kompromisslosen Verteidigungsstrategie der Kommunisten im Kampf gegen die Japaner entwickelt hatte. Ferner hatte sich durch die japanische Besatzung im Osten in der Provinz ein Machtvakuum gebildet, welches die Kommunistische Partei problemlos ausfüllen konnte. Mit dem Stärkerwerden der Kommunisten trübte sich auch das Verhältnis zur Kuomintang wieder ein. Bis 1943 zerfiel die Kriegskoalition aufgrund von Aggressionen der Nationalregierung gegen die kommunistischen Einheiten. Am Ende der Kampagne gegen die Kommunisten war die Rote Armee um ein Viertel und das kommunistisch kontrollierte Gebiet um 90 Prozent dezimiert. Zurückgedrängt in die rückständigsten Gebiete Chinas und abgeschnitten von Moskau, konnte sich die Kommunistische Partei wieder neu aufstellen. 1945, als in Europa der Zweite Weltkrieg zu Ende ging, kontrollierten die Kommunisten bereits wieder Regionen in China mit einer Gesamtbevölkerung von über 90 Millionen Einwohnern.

Nach dem Zweiten Weltkrieg versuchten die USA erfolglos zwischen Kuomintang und Kommunistischer Partei zu vermitteln, um einen Waffenstillstand zu erreichen. 1947 eskalierten die einzelnen Gefechte zwischen den verfeindeten chinesischen Lagern, als Kuomintang-Truppen die Kommunisten im Norden angriffen. Die Kommunisten konnten nun mit militärischer Unterstützung der Sowjetunion zurückschlagen. Sie schlugen die Kuomintang-Truppen in der Mandschurei, zogen dann in Richtung Süden und erreichten im Frühjahr 1949 den Jangtsekiang. Ende des Jahres hatten die kommunistischen Kräfte das ganze Land erobert. Am 1. Oktober 1949 konnte Mao Tse-tung die Geburt der Volksrepublik China verkünden. Die Kuomintang zog sich mit Chiang Kai-shek, der seit 1948 chinesischer Staatspräsident war, nach Taiwan zurück.

Die Revolutionierung der chinesischen Gesellschaft war mit der Errichtung der Volksrepublik noch nicht zu Ende. 1949 verzeichnete die Kommunistische Partei Chinas zwar über fünf Millionen Mitglieder und war damit die weltweit größte kommunistische Partei, aber das war nur ein Prozent der Gesamtbevölkerung Chinas. Das neue Regime in China war optimistisch, auch die Nichtmitglieder auf den rechten Weg zu bringen, mittels Abschaffung des Privateigentums, der Entwicklung eines sozialistischen Bewusstseins und der Schaffung von Wohlstand für möglichst alle Chinesen. Die Versuche der Parteikader, Gesellschaft, Staat und Wirtschaft mit dem „Großen Sprung" (1958 - 1960) und in der Kulturrevolution (1966 - 1969) auf dem Weg zum Kommunismus entscheidend voranzubringen, zeitigten allerdings fragwürdige Methoden und Ergebnisse. Mittlerweile gehört China zu den wirtschaftlich und politisch stärksten Mächten. Ein Großteil seiner Einwohner spürt allerdings vor allem die negativen Folgen dieser Entwicklung.

DIE LAOTISCHE REVOLUTION

Die Entwicklungen in der Sowjetunion und in China hatten Auswirkungen in Asien, so im südostasiatischen Laos (grenzt an China, Kambodscha, Myanmar, Thailand und Vietnam), wo sich eine kommunistische Bewegung durchsetzen konnte.

Das *Pathet Lao* entstand 1944 in Laos unter kommunistischer Führung als Widerstandsbewegung gegen Japan. Die Gruppe kämpfte seit 1945 gegen die französische Kolonialmacht. Zwischen 1954 und 1973 konnte sie über die Hälfte des laotischen Staatsgebietes unter ihre Kontrolle bringen. 1975 erlangten die Truppen des Pathet Lao die uneingeschränkte Kontrolle über das ganze Land. Die Organisation wurde so zur allein bestimmenden politischen Kraft.

1930 hatte Ho Chi Minh (1890 - 1969) die Indochinesische Kommunistische Partei gegründet, für die er junge revolutionäre Intellektuelle aus den drei indochinesischen Ländern unter französischer Herrschaft, Kambodscha, Laos und Vietnam, begeistern konnte. Im März 1951 löste er die Indochinesische Kommunistische Partei auf und ließ drei regionale Organisationen entstehen. Für Laos war das die Pathet Lao unter Führung des Prinzen Souphanouvong (1909 - 1995), der unter dem Namen „Der Rote Prinz" international Berühmtheit erlangte. Als Führer der Pathet Lao wirkte er von den 1950er- bis in die 1970er-Jahre in drei Koalitionsregierungen.

Auf Initiative von Ho Chi Minh veranstaltete die Partei, die sich jetzt Laotische Volkspartei nannte, am 22. März 1955 einen ersten, heimlichen Parteitag, an dem 25 Delegierte teilnahmen, die angeblich 300 Mitglieder repräsentierten. Die Parteistatuten glichen jenen der Vietnamesischen Kommunistischen Partei. Die Laotische Volkspartei gründete 1956 die Laotische Patriotische Front als legalen Arm der kommunistischen Bewegung, deren Mitglieder an verschiedenen Koalitionskabinetten in Laos beteiligt waren. Im Dezember 1975 übernahmen die kommunistischen Kader mit vietnamesischer Unterstützung die Macht in Laos und errichteten eine Volksdemokratie nach sowjetischem Vorbild. Der Rote Prinz wurde Präsident der Demokratischen Republik Laos, was nicht unbedingt als einflussreiche Position bezeichnet werden kann. Die tatsächliche Macht im Land lag beim Premierminister und Generalsekretär der Partei, Kaysone Phomvihan (1909 - 1995).

DIE REVOLUTIONÄREN BEWEGUNGEN
IN LATEINAMERIKA IN DER ERSTEN HÄLFTE
DES 20. JAHRHUNDERTS

DIE MEXIKANISCHE REVOLUTION

Mit dem Begriff der Mexikanischen Revolution wird eine gesellschaftliche und politische Umbruchphase zwischen 1910 und 1920 beschrieben. Die Mexikanische Revolution wurde von sehr unterschiedlichen Interessen und sozialen Gruppen getragen. Auf der einen Seite wurden hemmungslose Machtkämpfe ausgetragen, auf der anderen strebte man nach einer sozialen Revolution. Maßgeblich für die sozialrevolutionäre Fraktion war die Bewegung der magonistischen Landarbeiter (Anhänger des anarchistischen Theoretikers und Aktivisten Ricardo Flores Magón (1874 - 1922), die sich große Gebiete aneigneten, um sie gemeinschaftlich zu bewirtschaften. Ihre Parole *Tierra y Libertad* (Land und Freiheit) wurde später von der zapatistischen Bewegung aufgegriffen, die auf einen der wichtigsten Führer der mexikanischen Revolution, Emiliano Zapata Salazar (1879 - 1919) zurückgeht.

Der nach Mexiko ausgewanderte deutsche Schriftsteller und Anarchist B. Traven (1883 - 1969) hat sich in seinem 1928 erstmals erschienen Buch „Land des Frühlings" voller Bewunderung darüber geäußert, dass die Bevölkerung Mexikos in der Lage war, sich so ausdauernd gegen die Missstände im Lande aufzulehnen und eine durchaus erfolgreiche Revolution zu initiieren: „Ich möchte wohl wissen, wie ein europäisches Volk aussehen möchte, das hundert Jahre Revolution, politische Unruhen, Aufstände, Parteienkämpfe, bewaffneten Einbruch und skrupellose Vergewaltigung durch Franzosen, Amerikaner, Engländer … und ein ständiges Intrigenspiel der römischen Kirche hinter sich hat, wie das beim mexikanischen Volk der Fall ist. Das alles durchzumachen und sich dennoch immer wieder aufzurichten, … nie die Unabhängigkeit aufzugeben, das alles beweist … einen solchen unbeugsamen Lebenswillen, wie er wohl nur bei wenigen Völkern gefunden werden dürfte."

Mexiko wurde seit 1877 von Porfirio Díaz (1830 - 1915) unter dem Deckmantel eines scheindemokratischen Systems diktatorisch regiert. Einerseits versuchte Díaz, das Land mit wirtschaftlicher Entwicklung zu stabilisieren. Diesen Modernisierungsprozess mit Hilfe ausländischer Investoren musste die ländliche Bevölkerung aber mit einer beinahe völligen Entrechtung bezahlen. Auch unter den einheimischen Gewerbetreibenden wuchs der Eindruck, gegenüber den ausländischen Investoren benachteiligt zu sein. Dies hatte während der gesamten Amtszeit von Díaz sowohl zu friedlichen als auch zu militanten Protesten geführt. Als Díaz 1910 bei einer inszenierten Wahl wiedergewählt werden wollte, formierte sich eine breite Oppositionskoalition, die den Slogan *No reelección* („Keine Wiederwahl") verbreitete. Initiiert wurde diese Oppositionsbewegung von Francisco Indalecio Madero (1873 - 1913), der daraufhin verhaftet wurde. Madero musste nach Díaz' inszenierter Wiederwahl im Oktober 1910 fliehen und emigrierte in die USA, von wo aus er eine Erhebung vorbereitete, die im darauffolgenden Monat begann. Die Planungen wurden der Polizei bekannt, sodass es zu Festnahmen und auch zu Todesopfern kam. Trotzdem begannen an der Ostküste und in Nordmexiko bewaffnete Gruppen im Namen von Madero den Kampf. Sie wurden dabei von den Bauern in Zentralmexiko (vor allem im Bundesstaat Morelos, unmittelbar südlich der Hauptstadt gelegen) unterstützt, die sich davon eine Wiedereinsetzung in ihre alten Rechte erhofften. Im März 1911 kehrte Madero nach Mexiko zurück, außerdem stieß der Bauernführer Emiliano Zapata zu den Aufständischen. Die 14.000 Mann starke reguläre mexikanische Armee war nicht in der Lage, die Rebellen zu schlagen. Der Aufstand wurde im Norden Mexikos entschieden, wo der Bandit und Rebellenführer Pancho Villa die kleine Grenzstadt Ciudad Juárez belagerte. Eine wichtige Rolle spielte auch die Eisenbahn: Im gesamten Norden verbreitete sich die Revolution entlang der Bahnlinien, sodass auch Tijuana an die Revolutionäre fiel. Nach der Kapitulation der Stadt Ciudad Juárez am 10. Mai 1911 brachen im ganzen Land weitere Unruhen aus, die auch Mexiko-Stadt erreichten. Dies führte zur Abdankung von Porfirio Díaz mit dem Vertrag von Ciudad Juárez vom 21. Mai 1911.

Außenminister Francisco León de la Barra (1863 - 1939) übernahm bis zu den Wahlen im Oktober 1911 provisorisch die Regierung. Die Wahlen im Oktober konnte Madero gemeinsam mit Pino Suárez (1869 - 1913) deutlich für sich entscheiden. In der Zwischenzeit blieb gemäß dem Vertrag von Ciudad Juárez die Struktur des alten Regimes unverändert. Jedoch hielt die Koalition nicht lange: Zapatas radikale Vorstellungen zur Bodenreform und der Wunsch des Banditen und Revolutionsführers Pancho Villa (1878 - 1923) nach einer arbeiterorientierten Sozialgesetzgebung ließen sich nicht mit dem Herrschaftsanspruch des ehemaligen Gouverneurs Venustiano Carranza (1859 - 1920) und den Visionen von Militärführer Álvaro Obregón (1880 - 1928) vereinbaren. Während der daraus entstandenen Konflikte konnte Carranza 1915 mit Unterstützung von General Obregón die Hauptstadt einnehmen. Die neue Verfassung wurde wesentlich von einem Bündnis der Konstitutionalisten unter Carranza und Obregón bestimmt, verarbeitete aber auch wichtige Forderungen anderer Parteien. Eine wirkliche Umsetzung der vorgesehenen Landreform und der Arbeiterschutzgesetze erfolgte fatalerweise nicht.

Mit diesem Versuch, die Legalität zu wahren, aber vor allem durch sein Festhalten an den alten Personal- und Kommandostrukturen in der Armee, entzog sich Madero seine eigene Machtbasis. Er verlor sehr rasch die Kontrolle über die unterschiedlichen Interessengruppen, die ihn an die Macht gebracht hatten. Seine enttäuschten Anhänger formierten nun gegen Madero den Widerstand: Pancho Villa baute im Norden eine Guerillabewegung auf. Emiliano Zapata verkündete im Süden im November 1911 den Plan für eine Bodenreform und wurde vom Militär attackiert. Im Nordwesten hatte sich Madero von den liberalen Revolutionsgenerälen durch die Auflösung ihrer Armeen distanziert. Im Februar 1913 putschten in der *Decena trágica* erst einzelne Militäreinheiten, dann auch der Oberkommandierende der Armee in der Hauptstadt gegen Madero. Am 19. März musste Maredo zugunsten von General Victoriano Huerta (1845 - 1916) zurücktreten. Huerta ließ Pino Suarez drei Tage später ermorden. Er eignete sich Sondervollmachten an, löste das Parlament auf und ließ unliebsame Politiker umbringen.

Gegen den Putschisten formierte sich eine breite Front von Rebellen. Eine wichtige Rolle hatte dabei der Gouverneur von Coahuila, Venustiano Carranza, mit seinem *Plan de Guadalupe* vom 26. März 1913. Pancho Villa konnte den Bundesstaat Chihuahua unter seine Kontrolle bringen. Schließlich stellte sich auch die Regierung der Vereinigten Staaten gegen Huertas. Am 21. April 1914 besetzte das US-Militär Veracruz und blockierte so bis zum November 1914 Huertas Nachschubwege. Am 23. Juni 1914 eroberte Pancho Villa Zacatecas, womit der Diktator faktisch geschlagen war. Huerta dankte am 15. Juni ab und ging ins Exil. Ein Rückkehrversuch scheiterte an der Haltung der USA. Die Koalition, die Huertas aus dem Land gejagt hatte, überstand den Sieg nicht lange. Die Revolution trat 1919 mit der Ermordung Zapatas durch das Carranza-Regime in eine neue Phase. Carranza setzte die Vorgaben der Verfassung nicht um. Auch gegenüber der Arbeiterschaft ging er auf Distanz, als diese mit Streiks Lohnerhöhungen durchsetzen wollte.

Nun sah auch General Obregón seine Chance gekommen und griff offen nach der Macht, wofür er sich die Unterstützung der *Zapatistas* holte. So konnte er Carranza stürzen, der auf der Flucht umgebracht wurde. Der Putsch Obregóns beendete aber die Gewaltphase der Revolution. Seit der Präsidentschaft Obregóns von 1920 bis 1924 konnte sich Mexiko innenpolitisch stabilisieren, jedoch nicht weiter modernisieren. Erst in den dreißiger Jahren begann Lázaro Cárdenas del Río (1895 - 1970) in seiner Amtszeit von 1934 bis 1940 mit der Realisierung der in der Verfassung angekündigten Reformen.

DIE JULIREVOLUTION IN ECUADOR 1925

Mit der Julirevolution des Jahres 1925 brachte sich die sozialistisch ausgerichtete *Liga de Militares Jóvenes* an die Macht und beendete die Zeit des Liberalismus in Ecuador.

Die Revolution begann am 9. Juli 1925 in Guayaquil mit der Bildung einer Junta aus überwiegend jungen Militärangehörigen. Die Militärjunta, die von Luis Telmo Paz y Miño (* 1884) und Ildefonso Mendoza geführt wurde, entfernte am Abend des 11. Juli in Quito Präsident Gonzalo S. Córdova y Rivera (1863 - 1928) unblutig aus dem Amt. Die Militärjunta errichtete eine vor allem aus zivilen Würdenträgern bestehende Regierungsjunta, der sie die Staatsmacht übertrug.

Zunächst wollte diese neue Regierung durch Volkstribunale den Einfluss der alten „Oligarchen" wie General Leonidas Plaza Gutiérrez (1865 - 1932) und Bankier Francisco Urbina Jado (1859 - 1926; Eigner des Banco Comercial y Agrícola) brechen. Urbina musste sofort und Plaza im Oktober 1925 ins Exil gehen. Die zivile Junta bekam am 9. Januar 1926 eine neue Besetzung, konnte aber ebenfalls nicht die erwarteten Erfolge vorweisen, so dass es zu neuen, jedoch erfolglosen Putschversuchen von Militärs kam. Diese hatten immerhin die Ernennung Isidro Ayoras (1879 - 1978) zum Übergangspräsidenten am 1. April 1926 zur Folge. Er setzte mit harter Hand ein umfassendes vor allem wirtschaftspolitisches Programm um, in dessen Verlauf unter anderem die ecuadorianische Zentralbank und weitere wichtige Institutionen errichtet wurden.

Am 9. Dezember 1928 nahm eine verfassungsgebende Versammlung ihre Arbeit auf und beschloss am 26. März 1929 eine neue Verfassung. Ayora wurde zum Präsidenten gewählt. Entgegen der bisherigen Politik Ayoras hatte die Verfassung eine eindeutige demokratische Prägung und stärkte die Rechte des Parlaments. Es wurden Grundrechte und staatsbürgerliche Rechte, so auch das Wahlrecht für Frauen, eingeführt und die Sozialgesetzgebung gestärkt.

Die Folgen der Großen Depression für die ecuadorianische Wirtschaft verhinderten in den Jahren 1929/30 die Umsetzung der ambitionierten sozialpolitischen Vorhaben. Hieran entzündeten sich wiederum zahlreiche Aufstände, die vom Militär niedergeschlagen wurden. Ayora überstand einige Staatsstreiche, bis er 1931 gestürzt wurde.

DIE KUBANISCHE REVOLUTION

Nach den Unabhängigkeitskämpfen der spanischen Kolonie seit 1868 verzichtete Spanien nach dem Spanisch-Amerikanischen Krieg (*Splendid Little War*) am 10. Dezember 1898 im Friedensvertrag von Paris auf Kuba und die Philippinen. Nach dem Ende des Spanisch-Amerikanischen Krieges besetzten die USA Kuba. Sie gewährten dem Land am 20. Mai 1902 die Unabhängigkeit, allerdings bis 1934 nur mit eingeschränkter Souveränität (*Platt Amendment*), die den USA bei Beeinträchtigung US-amerikanischer Interessen die Möglichkeit der Intervention gab. (Von dieser Regelung zeugt noch heute der amerikanische Marinestützpunkt Guantánamo Bay.) Durch das *Plattamendment* fehlte dem Land die volle Souveränität. Die wichtigen Entscheidungen fielen nicht im kubanischen Parlament oder in der Regierung, sondern wurden von der Botschaft der Vereinigten Staaten diktiert. Dies trug nicht zur Herausbildung einer demokratischen, rechtsstaatlichen Kultur auf Kuba bei. Die Korruption der Politiker war ein offenes Geheimnis. In die Wahl von General Gerardo Machado y Morales (1871 - 1939), der später wegen seines Nationalismus „tropischer Mussolini" genannt wurde, zum Präsidenten (1925), investierten amerikanische Konzerne eine Million Dollar. Korruption, Repression und politische Morde führten zu einem Volksaufstand, der nach 1933 Fulgencio Batista y Zaldívar (1901 - 1973) an die Macht brachte. 1940 wurde der ebenfalls korrupte Fulgencio Batista Präsident des Landes. Er wurde 1944 von Carlos Prío Socarrás (1903 - 1977) im Präsidentenamt abgelöst, blieb aber als Armeechef der starke Mann Kubas. Als 1952 deutlich wurde, dass Prío Socarrás die angesetzten Wahlen nicht gewinnen konnte, putschte Batista mit dem Militär. Als Diktator setzte er die Tradition korrupter Regierungen fort, setzte die Verfassung außer Kraft, und selbstverständlich wurde die Opposition verfolgt. Gegen diesen korrupten und skrupellosen Diktator reichte ein junger, politisch engagierter Rechtsanwalt, Fidel Castro Ruz (* 1926), wegen des Militärputsches beim Obersten Gerichtshof Klage ein. Nachdem das Gericht die Klage zurückgewiesen hatte, erklärte dieser, dass nun der Zeitpunkt gekommen sei, wo sich das Volk auf das Widerstandsrecht, das ihm die kubanische Verfassung garantierte, berufen könne.

Unter Führung Castros griff am 26. Juli 1953 eine Guerillagruppe die Moncada-Kaserne von Santiago de Cuba an. Dieser nicht erfolgreiche Angriff war das Startsignal der kubanischen Revolution unter der Führung der „Bewegung des 26. Juli" (*Movimiento 26 de Julio*, abgekürzt M-26-7), benannt nach dem

Tag des Angriffs auf die Kaserne. Die Ziele lagen auf der Hand: Wiederherstellung der Verfassung von 1940, Herstellung einer demokratischen Ordnung und soziale Reformen. Die Aufgabe seiner Gruppe sah Castro so: „Das sind die Arbeitsamen, Ehrlichen, Armen, das Volk ist tapfer und gerecht ... Man muss dem Volke seinen Willen klarmachen durch eine beispielgebende Aktion, aus eigener Kraft kann es dies nicht. Die selbsternannte Elite, seine besten Söhne müssen es aufrütteln."

Die *Moncadistas* wurden zunächst zu hohen Haftstrafen verurteilt, in einem Prozess, den Castro zu einem der legendären politischen Prozesse des 20. Jahrhunderts machen konnte. Der oft zitierte Schlusssatz seines Plädoyers lautete: „Die Geschichte wird mich freisprechen." In Folge einer massiven Kampagne wurden ihnen im Rahmen einer Generalamnestie im Mai 1955 die Strafen erlassen. Die Revolutionäre um Castro reorganisierten sich nach ihrer Freilassung und entschieden sich im Kampf gegen das Regime für die Organisation in kleinen, über die ganze Insel verstreute Untergrundzellen, von denen der bewaffnete Kampf geführt werden sollte. Wichtige Rollen spielten hierbei Frank País (1934 - 1957), Celia Sánchez Mandulay (1920 - 1980), Raúl Pujol und andere. Fidel Castro selbst ging zunächst mit anderen Gefolgsleuten im Juli 1955 nach Mexiko ins Exil. Hier bereitete er eine bewaffnete Intervention seiner revolutionären Kämpfer auf Kuba vor, wozu auch die Begegnungen mit Ernesto "Che" Guevara de la Serna (1928 - 1967) dienten. Ein gutes Jahr später, am 26. November 1956, fuhren 82 Guerilleros mit der Yacht „Granma" nach Kuba, das sie am 2. Dezember 1956 erreichten. Unter den Reisenden befanden sich die Kubaner Fidel und Raúl Castro (* 1931), Juan Almeida (* 1927), Ramiro Valdés (* 1932) sowie die späteren *comandantes* Che Guevara (1928 - 1967) und Camilo Cienfuegos (1932 - 1959). Die Aktion geriet zum Desaster: Von 82 Guerilleros blieben nur zwölf am Leben. Die Aufständischen zogen sich daraufhin in die Sierra Maestra zurück. Die Guerilla konnte sich hier reorganisieren. Am 1. Januar 1959 eroberten Castros Revolutionäre die Hauptstadt Havanna. Nach über zwei Jahren Guerillakampf gegen die zahlenmäßig weit überlegene und von den USA unterstützte Batista-Armee konnten die Revolutionäre ihren Sieg feiern. Batista flüchtete am 1. Januar 1959 von Kuba.

Am 16. Februar 1959 wurde Fidel Castro Ministerpräsident. Zwei Monate später, am 17. Mai, begannen die neuen Machthaber mit einer Land- und Agrarreform. Dazu gehörten unter anderem die Enteignung der Großgrundbesitzer und das Verbot von Landbesitz für Ausländer sowie die Gründung von Kooperativen und staatlichen Betrieben. Die kubanische Verstaatlichungspolitik, von der neben den Großgrundbesitzern eine Reihe großer US-amerikanischer Wirtschaftsunternehmen betroffen war, war eine politische Entwicklung, die den politischen und wirtschaftlichen Eliten in den USA nicht passte. So versuchten sie im Juli 1960 mit einem wirtschaftlichen Boykott, dem sich später fast alle westlichen Staaten anschlossen, die Lage auf Kuba zu destabilisieren. Etwas später versuchten es die Castro-Gegner mit militärischer Gewalt, was allerdings misslang: Der Invasionsversuch von Exilkubanern in der „Schweinebucht" am 17. April 1961 endete in einem Debakel und half der kubanischen Revolution, sich weiter zu festigen.

Nach ihrem Sieg fusionierte die Gruppe M-26-7 im Juli 1961 mit dem *Partido Socialista Popular* (Sozialistische Volkspartei) und dem „Revolutionären Direktorium des 13. März" zu einem Verbund, der sich *Organizaciones Revolucionarias Integradas* (Integrierte Revolutionäre Organisationen Kubas) nannte. Aus diesem Verbund heraus wurde dann am 26. März 1962 der *Partido Unido de la Revolución Socialista de Cuba* (Vereinigte Partei der Kubanischen Sozialistischen Revolution) gegründet, aus dem wiederum am 3. Oktober 1965 der *Partido Comunista de Cuba* (Kommunistische Partei Kubas) hervorging, der schon 1925 einmal gegründet worden war. Am 2. Dezember 1961 wurde der Staat offiziell in eine Sozialistische Republik auf der Grundlage des Marxismus-Leninismus umgewandelt („Deklaration von Havanna"), woraufhin die USA ein totales Embargo auf alle Einfuhren aus Kuba erließen. Das Regime um Fidel Castro konnte sich trotz der durchgehend feindseligen Haltung der USA bis heute behaupten. Das Bildungs- und Gesundheitssystem, welches auf Kuba aufgebaut wurde, fand international eine breite Anerkennung. Die Guerilla avancierte zum Gründungsmythos des neuen Kuba. Guerilla-Anzüge, Bärte und Stiefel bestimmten nun die Kleiderordnung. Nicht zuletzt die beiden charismatischen

Führerfiguren Fidel Castro und Che Guevara trugen dazu bei, dass die kubanische Revolution zumindest als Lebensstilelement zum Exportschlager wurde und zeitweise den Habitus vieler junger Intellektueller prägte, aber auch die Denkmuster stark beeinflusste.

DIE SANDINISTISCHE REVOLUTION IN NICARAGUA

Große Bauarbeiterstreiks in den Jahren 1973 und 1974, denen sich andere Gruppen anschlossen, führten im Dezember 1974 zu einem Zusammenschluss der bürgerlichen Opposition in der „Demokratischen Union für die Befreiung" (UDEL), die vom oppositionellen Verleger der Tageszeitung *La Prensa*, Pedro Chamorro (1924-1978) angeführt wurde. Am 27. Dezember 1974 unternahmen die Sandinisten (*Frente Sandinista de Liberación National*, FSLN) einen spektakulären Überfall auf ein Bankett zu Ehren des US-Botschafters, in dessen Verlauf die Freilassung 14 politischer Gefangener erreicht wurde. Diktator Anastasio Somoza Debayle (1925-1980) antwortete daraufhin mit Kriegsrecht und harter Repression, nicht nur gegen die Guerilla, sondern auch gegen die Gewerkschaftsbewegung und UDEL. Überfälle der FSLN auf Kasernen der Nationalgarde folgten. Verdächtige verschwanden. Viele Leichen entdeckte man später im Krater des Vulkans Momotombo, andere wurden an den Küsten angeschwemmt; man hatte sie über dem offenen Meer lebendig aus Hubschraubern geworfen. Spätestens ab 1977 führte Somoza einen Bürgerkrieg gegen die Bevölkerung Nicaraguas.

Am 10. Januar 1978 ließ der Kronprinz der Diktatur, Anastasio Somoza Portocarrero (* 1951) den Verleger und Chef der UDEL, Pedro Chamorro, ermorden. Protestdemonstrationen, ein Wirtschaftsboykott von oppositionellen Unternehmern, ein mehrtägiger Aufstand in Monimbó, dem indigenen Viertel von Massaya und Streiks waren die Folge.

Am 22. August 1978 stürmte ein FSLN-Kommando den Nationalpalast in Managua, nahm das gesamte Parlament, mehrere Minister und Familienangehörige Somozas als Geiseln, um 60 Gefangene erfolgreich freizupressen. Die breite Oppositionsfront Frente Amplio de Oposición (FAO) rief den Generalstreik aus, tägliche Massendemonstrationen im ganzen Land und spontane Aufstände steigerten sich zu einem allgemeinen Aufstand am 9. September 1978, den die Nationalgarde mit größter Brutalität, Luftangriffen und Panzereinsätzen beantwortete: Circa 5.000 Tote und 10.000 Verletzte unter der Zivilbevölkerung waren das Resultat. US-Präsident Jimmy Carter (* 1924) distanzierte sich von Somoza, kürzte ihm die Militär- und Wirtschaftshilfe und stellte sie später endgültig ein. Der Internationale Währungsfonds, sonst schnell mit Auflagen zur Kürzung von Sozialleistungen der Entwicklungsländer, gewährte Somoza großzügig weitere 66 Mio. US-Dollar Kredit.

Der Vorsitzende der katholischen Bischofskonferenz verlangte von der Regierung, die „Untaten der Nationalgarde" gegen die Zivilbevölkerung sofort einzustellen. Unter Führung des von Präsident Carter eingesetzten US-Sonderbotschafters William Bowdler trat eine Vermittlungskommission der Organisation Amerikanischer Staaten (OAS) in Managua zusammen. Die FAO forderte den bedingungslosen Rücktritt Somozas und die Bildung einer provisorischen Regierung aller anti-somozistischen Gruppen. Jedoch gelang den USA eine Spaltung der FAO, aus deren Reihen eine bürgerliche Mehrheit einer Koalitionsregierung mit Somozas „Liberaler Partei" unter Ausschluss der Sandinisten vorübergehend zustimmte. Die Vermittlungsbemühungen zwischen bürgerlicher Opposition und Regierungspartei scheiterten jedoch und mündeten 1979 in einer Wiedervereinigung der seit 1975 gespaltenen FSLN, die einen unbefristeten Generalstreik im ganzen Land auslöste und ab Ende Mai in drei Wochen ca. 20 Städte eroberte. Somoza erklärte das verschärfte Kriegsrecht, stellte zusätzliche Verbände auf, zu denen Experten aus verschiedenen Ländern und Exilkubaner zählten. Mexiko brach seine diplomatischen Beziehungen zu Nicaragua ab, Brasilien, Costa Rica, Grenada und Panama folgten. Die Mitglieder des Anden-Pakts zogen nach und verpflichteten sich gegenüber dem neutralen, pazifistischen Costa Rica, im Falle eines Angriffs aus Nicaragua, ihm zu Hilfe zu kommen und erkannten der FSLN den Status als kriegsführende Macht zu. Somozas Versuch, durch ein Treffen in Guatemala mit den Partnern des Zentralamerikanischen Verteidigungsrats CONDECA, dem neben Nicaragua,

El Salvador, Guatemala und Honduras angehörten, sich diplomatische und militärische Entlastung zu verschaffen, endete mit für Somoza enttäuschend geringen Waffenlieferungen an seine Nationalgarde.

Am 16. Juni 1979 bildete sich eine fünfköpfige „Regierungsjunta des nationalen Wiederaufbaus", zu der neben drei Sandinisten auch der Unternehmer Alfonso Robelo (* 1939) und Violeta Barrios de Chamorro (* 1929), Witwe des ermordeten Verlegers gehörten.

Versuche der Vereinigten Staaten in der OAS, eine panamerikanische Interventionstruppe nach Nicaragua zu entsenden, scheiterten. Ein US-Geheimplan zur Bildung einer Übergangsregierung wurde ebenfalls von allen Seiten abgelehnt. Somoza floh am 17. Juli 1979 mit seiner Familie und dem Generalstab der Nationalgarde nach Florida.

Obwohl Somoza mit den USA eine Absprache traf, nach der sein Schwager Francisco Urcuyo (1915 - 2001) als Übergangspräsident nur den Waffenstillstand unterzeichnen und dann die Macht der fünfköpfigen Regierungsjunta übergeben sollte, forderte dieser die Sandinisten auf, die Waffen niederzulegen und ihn als Präsidenten bis 1981 zu akzeptieren. 36 Stunden später, am 19. Juli 1979, floh auch Urcuyo, nachdem sich immer mehr Einheiten der inzwischen führungslosen, an Munitionsmangel leidenden und sich in Auflösung befindlichen Nationalgarde den Sandinisten ergeben hatten. 20.000 bis 30.000 Menschen kostete dieser Kampf das Leben, eine noch höhere Zahl wurde verletzt, die Zahl der Flüchtlinge wurde auf 150.000 Menschen geschätzt. Am 17. September 1980 wurde Somoza in Asunción, Paraguay, von sandinistischen Attentätern getötet.

Nach dem Sturz Somozas errichteten die Sandinisten ein zunächst vom westlichen Ausland nicht anerkanntes Regime, weil sie nach dem mit der Unterstützung des ganzen Volkes erzielten Sieg keinen Sinn in allgemeinen Wahlen sahen, die vom Ausland immer wieder gefordert wurden. Hätten sie unter den damaligen Umständen stattgefunden, hätten diejenigen das Fehlen kompletter Wahllisten etc. bemängelt, die sich jahrzehntelang an Somozas Scheinwahlen nie gestört hatten, wurde als Begründung angeführt. Hinzu kam, dass in verschiedenen Regionen, insbesondere an den Grenzen und in den Bergen, gegen *Contras* genannte konterrevolutionäre Verbände gekämpft wurde. Diese wurden massiv aus den Vereinigten Staaten unterstützt (vgl. entsprechend die Iran-Contra-Affäre).

Dennoch fanden sich bald freiwillige Helfer aus aller Welt ein, die ihre Arbeitskraft für Aufbauprojekte zur Verfügung stellten. In westlichen Universitätsstädten wurde unter anderem von Linken und Dritte-Welt-Gruppen ein Handel mit direkt importiertem Nicaragua-Kaffee betrieben, um so dem Land Devisen und den Kaffeebauern einen besseren Lohn zu beschaffen.

Die Revolution wurde von vielen Kulturschaffenden des Landes gestützt. Zu den bekanntesten Unterstützern zählte der Priester und Schriftsteller Ernesto Cardenal (* 1925), der nach dem Sturz von Somoza sofort zum Kulturminister ernannt wurde und dieses Amt bis 1987 innehatte.

DIE DEMOKRATISIERUNG DER IBERISCHEN HALBINSEL IN DEN 1970ER-JAHREN: DIE NELKENREVOLUTION

Mit dem Namen *Revolução dos Cravos* („Nelkenrevolution") wird der Aufstand der portugiesischen Armee gegen die herrschende Diktatur des Estado Novo am 25. April 1974 verbunden.

Im Jahre 1926 kam in Portugal eine Militärjunta durch einen Putsch an die Macht. Ab 1932 wurde unter António de Oliveira Salazar (1889 - 1970) die diktatorische Macht durch eine neue Verfassung und die Beseitigung des Parlamentarismus ausgebaut. Nach dem Zweiten Weltkrieg wurde die Diktatur von den Alliierten nicht bedrängt. Im Gegenteil, im Klima des Kalten Krieges gehörte Portugal zu den Gründungsmitgliedern des Nordatlantischen Verteidigungspaktes, der NATO. 1968 löste Marcello Caetano (1906 - 1980) Salazar ab, was am Charakter der Diktatur kaum etwas änderte. Das Regime, der sogenannte *Estado Novo* („Neuer Staat"), hielt das Volk bewusst in Armut und Unwissenheit: Mehr als ein Drittel der Bevölkerung waren unter Salazar Analphabeten. Den Intellektuellen blieb nur die äußere oder innere Emigration. Anfang der 1960er-Jahre wurden zwei portugiesische Studenten, die in einem Lissabonner Restaurant kritisch über Salazar gesprochen hatten, verhaftet und zu sieben Jahren Gefängnis verurteilt. Dieser Fall animierte 1961 den Rechtsanwalt Peter Benenson (1921 - 2005), die Menschenrechtsorganisation Amnesty International ins Leben zu rufen.

1974 veröffentlichte General António de Spínola (1910 - 1996) sein Buch *Portugal e o Futuro* („Portugal und die Zukunft"), das besonders in der Armee auf Beachtung stieß. Spínola zeigte eine „systemimmanente Diskrepanz" des Landes gegenüber den anderen westeuropäischen Staaten auf. Dies habe Portugal wirtschaftlich und politisch isoliert. Zudem verschlinge der Kolonialkrieg zu viele Ressourcen und koste zu viele Menschenleben, dabei sei er nicht zu gewinnen. Die Alternative sah Spínola in der Beteiligung des Volkes am politischen Willensbildungsprozess und im Selbstbestimmungsrecht für die Kolonien. Für das *Movimento das Forças Armadas* („Bewegung der Streitkräfte"; MFA) war dieses Buch das Signal zum Aufbruch, und es brachte ihr eine breitere Zustimmung im Lande. Anfang März 1974 blieben Spínola und Generalstabschef Francisco da Costa Gomes einer von Caetano inszenierten Kundgebung höherer Offiziere demonstrativ fern und wurden daraufhin entlassen. Gerüchte über eine von der Staatsschutzpolizei DGS geplante Internierung von 22 Offizieren beschleunigten die Putschvorbereitungen des MFA.

Am 24. April 1974 um 22:50 Uhr spielte der portugiesische Rundfunk das Liebeslied *E depois do adeus* („Nach dem Abschied") von Paulo de Carvalho (* 1947):

> „Ich wollte wissen,
> wer ich bin,
> was ich hier tu,
> wer mich verlassen hat,
> wen ich vergessen habe,
> du kamst in Blumen gekleidet,
> ich habe dich entblättert,
> du gabst dich der Liebe hin,
> ich gab dir nichts …"

Dieses war das verschlüsselte Signal an die zum Aufstand bereiten Truppen, die sich zur „Bewegung der Streitkräfte" bekannten. Knapp 18 Stunden später hatte die „Bewegung der Streitkräfte" Westeuropas älteste Diktatur gestürzt. Auch die Mehrheit der angerückten Regierungstruppen schlug sich auf die Seite der Aufständischen. Die Lissabonner jubelten zu Tausenden den Aufständischen zu und verbrüderten sich mit ihnen.

Als Revolutionslied berühmt wurde *Grândola, Vila Morena* („Grândola, braungebrannte Stadt"), mit dem die Bevölkerung aktiviert wurde: Am 25. April gegen 0:30 Uhr las der Sprecher des katholischen Rundfunks *Rádio Renascença* die erste Strophe des verbotenen Liedes:

> „Grândola vila morena,
> Terra da fraternidade,
> O povo é quem mais ordena,
> Dentro de ti ó cidade."

Danach erklang das Lied selbst, gesungen von dem antifaschistischen Protestsänger Zeca Afonso (1929-1987):

> „Grândola braungebrannte Stadt,
> Land der Brüderlichkeit,
> Das Volk regiert,
> In dir, o Stadt
> ...
> Hinter jeder Ecke ein Freund,
> In jedem Gesicht Gleichheit,
> Grândola braungebrannte Stadt,
> Land der Brüderlichkeit."

Schon vor dem 1. Mai kehrten viele Verbannte und politisch Verfolgte aus dem Exil zurück, darunter Mário Soares (* 1924) von der Sozialistischen Partei und Álvaro Cunhal (1913 - 2005) von der Kommunistischen Partei sowie der republikanische Präsidentschaftskandidat von 1951, Rui Luís Gomes (1905 - 1984). Vier Menschen verloren bei der Nelkenrevolution ihr Leben. Dies passierte, als die Menge die Festungen der Geheimpolizei PIDE/DGS stürmen wollte.

Zu den Zielen der Revolutionäre gehörten das sofortige Ende des Kolonialkrieges und eine Generalamnestie für Deserteure und Kriegsdienstverweigerer – Forderungen, die umgesetzt wurden. Die portugiesischen Provinzen Moçambique (Mosambik) und Angola wurden am 25. Juni bzw. 11. November 1975 unabhängig.

Am 1. Mai gehörte die Straße der Bevölkerung. Die für den Schutz der ersten freien Maikundgebung abgestellten jungen Infanteristen und Marinesoldaten steckten sich rote Nelken auf die Gewehrläufe. So wurde die Rote Nelke zum Symbol der Revolution. Seitdem hat sich Portugal zu einer gefestigten Demokratie und einem stabilen Mitgliedsstaat der EU entwickelt.

Der portugiesischen Nelkenrevolution vom April 1974 wird eine Bedeutung beigemessen, die weit über das Land hinausreicht. In ihr wird der Auftakt zu einer Demokratisierungswelle in Europa gesehen, der zunächst 1974 das Obristen-Regime in Griechenland und 1975 das Franco-Regime in Spanien weichen mussten. Zu Beginn der 1980er-Jahre schwappte diese Welle über den Eisernen Vorhang nach Osten, wo die Gründung der ersten freien Gewerkschaft „Solidarität" in Polen 1980 den Anfang vom Ende des Kommunismus markierte.

Revolutionäre Bewegungen um 1989

Die permanente Wirtschaftskrise und die Entspannungspolitik des KSZE-Prozesses waren wesentliche Auslöser des Endes der kommunistischen Herrschaftssysteme in Europa, die sich Ende der 1980er-Jahre mit atemberaubendem Tempo auflösten, nachdem die Reformpolitik von Michail Gorbatschow (* 1931) hierzu den nötigen Freiraum und Ansporn geliefert hatte. Nicht zu vergessen ist aber auch die „Vorarbeit" der Solidarność-Bewegung in Polen und ihrer Leitfigur Lech Wałęsa (* 1943). Man kann sicher Adam Michnik (* 1946) zustimmen, wenn er sagt, dass Polen das Land ist, in dem der Niedergang des Kommunismus begonnen hat.

DIE REVOLUTION DER POLNISCHEN GEWERKSCHAFT
SOLIDARNOŚĆ

Die polnische Bevölkerung hatte in den 1970er-Jahren unter wirtschaftlichem Mangel und politischer Repression zu leiden, was, wie bereits mehrfach gezeigt wurde, ein fruchtbarer Nährboden für Protestbewegungen gegen das herrschende System ist. Nachdem im Sommer 1980 die Preise wieder einmal in die Höhe geschnellt waren, kam es ab dem 1. Juli 1980 zu einer mächtigen, landesweiten Streikbewegung. In Gdańsk (Danzig) kam es am 14. August 1980 auf der Leninwerft zum Streik, der von einem betrieblichen Streikkomitee unter der Führung des Elektromeisters Lech Wałęsa organisiert wurde. Trotz Zugeständnissen der Betriebsleitung wurde in der Nacht auf den 16. August beschlossen, den Streik fortzuführen, um nicht wie viele vorangegangenen Streikbewegungen zu scheitern und diesmal bleibende Ergebnisse zu erkämpfen.

Besonders durch die Einbeziehung von Intellektuellen in die Arbeit der Streikkomitees konnten der Staatsmacht weitergehende Zugeständnisse als zuvor abgetrotzt werden. Diese Kooperation hatte sich seit 1976 durch die Gründung des *Komitet Obrony Robotników* (Komitee zum Schutz der Arbeiter; KOR) angebahnt. Maßgeblich beteiligt an dieser Gründung waren der spätere Arbeits- und Sozialminister Polens, Jacek Kuroń und Adam Michnik.

Am 17. August 1980 kam es zur Gründung des *Międzyzakładowy Komitet Strajkowy* (Überbetriebliches Streikkomitee), das die Einhaltungen von Absprachen überwachen sollte. Dieses Komitee verfasste die „21 Forderungen" an die Regierung in Warschau. Die 21 Forderungen enthielten neben weiteren meist politischen und sozialen Anliegen auch die zentrale Forderung nach der Zulassung von Unabhängigen Gewerkschaften. Dies war die Geburtsstunde der unabhängigen Gewerkschaft Solidarność (Solidarität), die aus der Solidarität der Arbeiter gegen das Regime erwuchs. Im Danziger Abkommen vom 31. August 1980 ließ sich die Regierung nach langen Verhandlungen auf die Forderungen ein und in den folgenden Monaten formierte sich die *Niezależny Samorządny Związek Zawodowy „Solidarność"*

(Unabhängige Selbstverwaltete Gewerkschaft „Solidarität"). Am 17. September 1980 wurde sie offiziell gegründet und Lech Wałęsa wurde zum Vorsitzenden gewählt. Die Solidarność wuchs bis auf rund 9,5 Millionen Mitglieder an, darunter auch viele Mitglieder der Polnischen Vereinigten Arbeiterpartei (PVAP). Ende 1981 kristallisierten sich in der Solidarność immer deutlicher zwei Flügel heraus. Der pragmatische Flügel mit Lech Wałęsa, gestützt von einigen Intellektuellen, wollte einen behutsamen Konfrontationskurs gegenüber dem kommunistischen Herrschaftsapparat einschlagen, während der national-konservative Flügel um Jan Rulewski (* 1944) und Andrzej Gwiazda (* 1935) die offene Konfrontation mit dem Regime suchte.

Die wirtschaftliche Lage Polens konnte während der gesamten 80er-Jahre nicht zum Besseren gewendet werden, stattdessen wurde sie immer dramatischer. General Wojciech Jaruzelski (* 1923), 1981 bis 1985 Ministerpräsident und 1981 bis 1989 Erster Sekretär der PVAP, sah sich dem wachsenden Druck der Solidarność und des populären Lech Wałęsa ausgesetzt. Hinzu kam die Furcht vor einer militärischen Intervention der UdSSR. Vor diesem Hintergrund wurde am 13. Dezember 1981 das Kriegsrecht verhängt. Streiks wurden verboten, Tausende interniert, betrieblicher Widerstand unterdrückt und die Solidarność am 8. Oktober 1982 aufgelöst. Zum Ende des Jahres 1982 wurde das Kriegsrecht ausgesetzt und am 21. Juli 1983 ganz aufgehoben, allerdings blieb die Solidarność verboten; immerhin wurden die Gefangenen auf freien Fuß gesetzt. Wałęsa wurde durch die Zuerkennung des Friedensnobelpreises im Jahre 1983, den er aufgrund eines Ausreiseverbots nicht persönlich entgegennehmen konnte, gestärkt. Die Entführung und Ermordung des Warschauer Priesters Jerzy Popieluszko (* 1947) durch den Staatssicherheitsdienst am 19. Oktober 1984 löste erneut Demonstrationen aus. Ministerpräsident Zbigniew Messner (* 1929) konnte seine marktorientierten Wirtschaftsreformen nicht durchsetzen und die ökonomische Krise nicht überwinden. Im August 1988 entwickelte sich wieder eine landesweite Streikbewegung, die erst mit der Zusage der Wiederzulassung der Solidarność abflaute. Gespräche am „Runden Tisch" von Februar bis April 1989 zwischen der neuen Regierung Mieczyslaw Rakowski (1989 - 1990), der katholischen

Kirche und der Opposition endeten mit dem Machtverlust der Kommunisten. Die halbfreien Parlamentswahlen vom Juni 1989 brachten der Opposition einen deutlichen Wahlerfolg. Das Bürgerkomitee Solidarność bildete mit der Vereinigten Bauernpartei und der Demokratischen Partei eine Koalition. Der katholische Publizist Tadeusz Mazowiecki (* 1927) wurde am 24. August 1989 der erste nicht-kommunistische Regierungschef in Osteuropa seit vierzig Jahren. Nun konstituierten sich auch neue Parteien. Am 29. Dezember wurde bei einer Verfassungsänderung Polen zur Republik erklärt und die „führende Rolle" der PVAP aus der Verfassung gestrichen. Die kommunistische Partei löste sich wenig später, im Januar 1990, auf. Im Mai 1990 wurde die Demokratisierung auf kommunaler Ebene umgesetzt; es gab freie Kommunalwahlen. Am 7. Dezember 1990 wurde der Friedensnobelpreisträger Wałęsa zum Staatspräsidenten gewählt. Unterstützt wurde dieser Demokratisierungsprozess von der katholischen Kirche in Polen, die mit dem ehemaligen Krakauer Erzbischof und Kardinal Karol Wojtyla (1920 - 2005), der 1978 zum Papst Johannes Paul II. gewählt worden war, einen mächtigen Koalitionspartner hatte, der die Politik gegen das kommunistische Regime schon länger maßgeblich beeinflusst hatte. Die 1990er-Jahre waren von einem langwierigen Transformationsprozess und einer Fortdauer der wirtschaftlichen Schwierigkeiten gekennzeichnet. Instabilität und Unbeweglichkeit des politischen Systems standen einer Erfolg versprechenden Wirtschaftspolitik im Wege.

Der innenpolitischen Demokratisierung und wirtschaftlichen Liberalisierung entsprach die außenpolitische Orientierung nach Westen. Der Abzug der im Osten Deutschlands stationierten 300.000 Sowjetsoldaten trug zur Erwartungshaltung in Polen maßgeblich bei. Weitere Voraussetzungen waren die Auflösung des Warschauer Pakts und des Rates für gegenseitige Wirtschaftshilfe (RGW; Comecon) im Jahre 1991. Der Deutsch-Polnische Grenzvertrag vom November 1990, der die Oder-Neiße-Linie als definitive Grenze festlegte, und der Nachbarschaftsvertrag mit der Bundesrepublik vom Juni 1991 sicherten Polens Integration in den Westen zusätzlich. 1991 trat Polen dem Europarat bei und schloss ein Assoziationsabkommen mit der EU. 1994 stellte Polen einen Antrag auf Aufnahme in die EU, der das Land seit Mai 2004 angehört. Seit 1999 ist Polen Mitglied der NATO. Wirtschaftspolitisch ist Polen mittlerweile auf einem Erfolg versprechenden Weg.

DER „PAKTIERTE" REGIMEWECHSEL IN UNGARN

Als 1956 der ungarische Volksaufstand mit russischem Militär blutig niedergeschlagen worden war, wurde Janos Kádár (1912 - 1989) Erster Sekretär des Zentralkomitees der neu gegründeten Ungarischen Sozialistischen Arbeiterpartei (USAP). Nach einigen Jahren rigider Verfolgung Oppositioneller setzte ein Kurs der inneren Versöhnung ein, wirtschafts- und außenpolitisch konnte sich Ungarn zugleich einen Freiraum im Rahmen des Ostblocks erarbeiten. Dies wirkte sich auf den Wohlstand des Landes positiv aus. Die ungarische Version des Staatssozialismus („Gulaschkommunismus") machte Ungarn zur erfolgreichsten Comecon-Volkswirtschaft. In diesem relativ offenen Klima entfaltete sich ein innovatives intellektuelles Milieu. Auch auf dem Gebiet der Wirtschaftspolitik gab es eine Aufgeschlossenheit für liberale Konzepte. Reformkommunistische Strömungen führten in den 1980er-Jahren zur Integration in die Weltmarktstrukturen – 1980 erfolgte eine Anpassung der Preise an das Weltmarktniveau, 1982 die Aufnahme in den Internationalen Währungsfonds – zu wirtschaftlichen Kooperationen mit westlichen Unternehmen, einer Steuerreform und 1987 zu einer Reform des Bankenwesens. Ab der zweiten Hälfte der 1980er-Jahre wurde auch das politische System liberalisiert, zugleich entwickelte sich ein zivilgesellschaftliches Potential mit entsprechenden Organisationen. Außerdem formierte sich eine Reihe neuer Parteien: Am 27. September 1987 war das Ungarische Demokratische Forum (UDF) gegründet worden. Der Bund der Freien Demokraten (BFD) gründete sich am 13. November 1988, die Partei der Kleinen Landwirte (FKgP) fünf Tage später. Am 11. Mai 1989 folgte die Gründung der Christlich-Demokratischen Volkspartei (KDNP). Ihre Machtstellung hatten die ungarischen Kommunisten selbst ausgehöhlt. So bekannte sich die USAP im Februar 1989 zum Mehrparteiensystem und unterzeichnete Mitte September eine Vereinbarung mit der Opposition über freie Parlamentswahlen.

Wegen der Parallelität der Reformen von oben und der Demokratisierungsbewegung von unten konnte der Transformationsprozess zwischen Regime und Opposition „paktiert" werden (Michael Gehler), so dass der Wechsel vom kommunistischen Regime zu freiheitlichen Strukturen schnell und friedlich ablief und von entsprechenden Verfassungs- und Gesetzgebungsakten begleitet wurde. In Ungarn wurden die Grundlagen für ein demokratisches politisches System durch Absprachen der Eliten geschaffen: Das alte Regime konnte vom „Oppositionellen Runden Tisch" abgelöst werden, anschließend brachte der „Nationale Runde Tisch" Opposition und Kommunisten zusammen. Am 18. September 1989 erklärte sich Ungarn zur Republik (statt der vorherigen „Volksrepublik") und schuf die legale Basis für ein Mehrparteiensystem. Im März und April 1990 fanden in Ungarn die ersten freien Wahlen seit 1947 statt. Am 17. Juni 1991 war der Abzug der sowjetischen Truppen vollständig abgeschlossen. Der Übergang zum Verfassungsstaat verlief in Ungarn so geräuschlos, dass sich hierfür die Bezeichnung „stille Revolution" herausgebildet hat.

Wie Polen orientierte sich Ungarn – dessen erster Versuch der Westorientierung, der Ungarn-Aufstand von 1956, unter der Führerschaft der Sowjetunion blutig beendet worden war – nach Westen; so ging auch hier mit der innenpolitischen und wirtschaftlichen Liberalisierung nicht nur eine Integration in die internationalen wirtschaftlichen Strukturen und in die westlichen Bündnisse einher. 1990 wurde Ungarn in den Europarat aufgenommen und trat 1994 dem Programm „Partnerschaft für Frieden" der NATO bei; 1999 wurde es reguläres Mitglied des Nordatlantikpaktes. Mit der EG wurde 1991 ein Assoziierungsabkommen unterzeichnet. Seit dem 1. Mai 2004 ist das Land Vollmitglied der EU.

Ungarn leistete im Sommer 1989 einen besonderen Beitrag zum friedlichen Systemwechsel in der DDR. Nachdem seit dem 2. Mai 1989 die Sperranlagen an der Grenze zu Österreich abgebaut worden waren, durchschnitten am 27. Juni 1989 der Außenminister Ungarns, Gyula Horn (* 1932), und Alois Mock (* 1934), der Vizekanzler Österreichs, vor laufenden Kameras den Grenzzaun. Dieses Bild wurde zur „Ikone des ausklingenden

Kalten Krieges" (Gehler). Diese Entwicklung führte im Sommer und im Frühherbst 1989 zu der bekannten Fluchtwelle aus der DDR, die die „Wende" im ostdeutschen Staat einleitete.

DIE „WENDE" IN DER DDR

Die „Wende", jene Zeit der friedlichen Revolution vom Herbst 1989 bis zum Frühjahr 1990, formte die DDR vom SED-Staat zu einer Demokratie um. Der Begriff wird auf die Antrittsrede von Egon Krenz (* 1937) als Nachfolger von Erich Honecker (1912 - 1994) im Amt des Generalsekretärs des Zentralkomitees der SED vom 18. Oktober 1989 zurückgeführt, als er in falscher Einschätzung der revolutionären Dynamik sagte: „Mit der heutigen Tagung werden wir eine Wende einleiten, werden wir vor allem die politische und ideologische Offensive wieder erlangen." Allerdings war schon zwei Tage vorher im Aufmacher des „Spiegel" von der „Wende" als Folge des Sieges der Volksproteste gegen das DDR-Regime die Rede. Nach 1990 wurde der Begriff der „Wende" zum Synonym für die friedliche Revolution in Ostdeutschland.

Die *Perestroika* (Umgestaltung), jener 1985 von Michail Gorbatschow in der Sowjetunion eingeleitete Reformprozess und außenpolitische Kurswechsel, hatte die Wende in der DDR möglich gemacht. In der DDR machte sich die Unzufriedenheit der Menschen, ermutigt durch die *Perestroika*, durch verschiedene Formen des Protestes und in einem anschwellenden Auswanderungsstrom Luft, bis dies schließlich ab dem Sommer 1989 in jene Prozesse mündete, die unter dem Begriff der „Wende" zusammengefasst werden.

Im Sommer 1989 spitzte sich die Lage in der DDR noch einmal zu. Auslöser dafür waren die Wahlfälschungen bei den Kommunalwahlen in der DDR und die Reaktionen der DDR-Führung auf das Massaker an protestierenden Studenten auf dem Platz des Himmlischen Friedens in der chinesischen Hauptstadt Peking am 4. Juni 1989. Beides mobilisierte in einem bis dahin ungekannten Ausmaß die regimekritischen Bürgerinnen und Bürger der DDR. Noch einflussreicher für den Erfolg der friedlichen Revolution war der massiv anschwellende Ausreisestrom aus der DDR über die Prager und Warschauer Botschaft der Bundesrepublik sowie die von Ungarn geöffnete Grenze zu Österreich. Vom August bis zum September 1989 stieg die Zahl der DDR-Flüchtlinge in dramatischer Weise von vorher jährlich etwa 700 auf 55.000. Trotz der Grenzschließung zur Tschechoslowakei flohen auch im Oktober noch 21.000 Menschen.

In Ungarn, das durch den freien Grenzübergang für Ausreisewillige aus der DDR attraktiv geworden war, hielten sich Ende August rund 150.000 Bürgerinnen und Bürger aus der DDR auf. Seit Anfang August wurden in Ungarn die Pässe aufgegriffener DDR-Flüchtlinge nicht mehr gekennzeichnet. Dies war zuvor zur Information der DDR-Grenzbeamten bei der Heimreise der betreffenden DDR-Bürger geschehen. Ab dem 11. September konnten die Ausreisewilligen die Grenze zu Österreich ungehindert überqueren.

Andere Ausreisewillige nutzten das Mittel der Botschaftsbesetzung. Innerhalb kurzer Zeit mussten die bundesdeutschen Botschaften in Budapest, Prag und Warschau sowie die Ständige Vertretung in Ost-Berlin wegen Überfüllung geschlossen werden. Vor allem die Prager Botschaft, wo sich Anfang September bereits 3.500 Menschen drängten, stand im Zentrum des Medieninteresses. Hier eröffnete am 30. September der deutsche Bundesaußenminister Hans-Dietrich Genscher (* 1927) den 17.000 Flüchtlingen von Prag und der Medienöffentlichkeit, dass die Flüchtlinge mit Zügen in die Bundesrepublik ausreisen könnten.

Im Herbst 1989 kam es in der DDR zu verstärkten Protesten der Bevölkerung gegen das SED-Regime. Berühmt geworden sind die Leipziger „Montagsdemonstrationen", die ein bedeutendes Element der friedlichen Revolution waren. Sie fanden seit dem 4. September 1989 im Anschluss an die von Pfarrer Führer geleiteten Friedensgebete in der Nikolaikirche auf dem Ring um das Stadtzentrum statt. Jede Woche skandierten die Demonstranten den Ruf „Wir sind das Volk". Die Teilnehmerzahl wurde von Woche zu Woche größer: Waren es am 2. Oktober noch 20.000 Menschen, so liefen am 9. Oktober schon 70.000 Demonstranten mit. Der Verlauf dieser Demonstration wird als Durchbruch der revolutionären Bewegung gesehen, da die Machthaber entgegen vorhandener Befürchtungen nicht die bereits mobilisierten

Betriebskampfgruppen gegen die Protestierenden einsetzten. Unmittelbar zuvor hatte sich Gorbatschow, der als Ehrengast an den Feierlichkeiten zum 40. Jahrestag der Gründung der DDR teilnahm, mit dem Satz „Wer zu spät kommt, den bestraft das Leben!" von der SED-Führung distanziert. Am 16. Oktober stieg die Teilnehmerzahl an der Leipziger Montagsdemonstration auf 120.000. Zwei Tage später versuchte die SED, sich mit dem Austausch von Erich Honecker durch Egon Krenz Spielraum zu verschaffen. Dies demotivierte die Protestbewegung jedoch nicht: 300.000 demonstrierten am 23. Oktober allein in Leipzig. In Berlin waren es am 4. November 500.000, die einem Demonstrationsaufruf der DDR-Künstlerverbände für Demokratie gefolgt waren und sich durch hilflose Aktionen der Stasi nicht einschüchtern ließen.

In dieser Zeit formierte sich ein vielfältiges Spektrum oppositioneller Gruppen. Das *Neue Forum* publizierte als erste Gruppe am 10. September 1989 einen Gründungsaufruf und war auch zunächst die einflussreichste Gruppierung. Innerhalb weniger Tage folgten *Demokratie Jetzt*, ein Initiativkomitee zur Gründung einer Sozialdemokratischen Partei in der DDR (SDP) und ein Aufruf zur Gründung des *Demokratischen Aufbruchs*. Im November gesellten sich Gründungsinitiativen der Grünen Liga, der Grünen Partei, der Vereinigten Linken, des Unabhängigen Frauenverbandes und der Deutschen Sozialen Union hinzu. Einige dieser Gruppen gingen auf Vorläuferorganisationen zurück: *Demokratie Jetzt* war beispielsweise aus einer *Initiative für Absage an Praxis und Prinzip der Abgrenzung* einer evangelischen Kirchengemeinde in Berlin hervorgegangen. Eine wichtige Rolle spielten bei der Entwicklung die Friedens-, Ökologie- oder Frauenkreise innerhalb der evangelischen Kirche in der DDR, die sich verstärkt seit Beginn der 1980er-Jahre entwickelt hatten. Es hatte sich also schon im Vorfeld der Revolution ein Netzwerk von Kontakten zwischen den Oppositionellen herausgebildet; und zwar im Rahmen des „Konziliaren Prozesses für Frieden, Gerechtigkeit und die Bewahrung der Schöpfung". Hinzu gesellten sich reformbereite Mitglieder der Blockparteien oder der SED. Die Aufrufe dieser Gruppierungen, die bewusst die Form einer zivilgesellschaftlichen Organisation wählten, stießen auf große Resonanz. Die verschiedenen Aufrufe wurden von Hunderttausenden unterzeichnet. Es entstanden betriebliche, lokale und überregionale Arbeitsgruppen als erste Strukturen einer Zivilgesellschaft in Ostdeutschland.

Die wachsenden Spannungen führten zum Sturz des SED-Machtapparats, zur Öffnung der Berliner Mauer am 9. November 1989 und zur Demokratisierung der Gesellschaft. Mit der ersten freien Volkskammerwahl am 18. März 1990 war die Wende zu einem demokratischen Staat in den Grundzügen vollzogen. Die weitere Entwicklung über die Währungsreform hin zur Wiedervereinigung Deutschlands am 3. Oktober 1990 war eine unmittelbare Folge der Wende.

DIE „SAMTENE REVOLUTION" IN DER TSCHECHOSLOWAKEI

Ein zentraler Akteur des Umbruchs in der CSSR war die insbesondere von Tschechen (unter den Slowaken hatte sie kaum Anhänger) getragene Bürgerrechtsbewegung Charta 77, die sich 1976 unter Beteiligung namhafter tschechischer Intellektueller und Politiker des Prager Frühlings formiert hatte. Sie veröffentlichte im Januar 1977 die *Charta 77*, eine Petition gegen die Menschenrechtsverletzungen des kommunistischen Regimes in der CSSR. Diese Gruppe nutzte – wie viele oppositionelle Organisationen im Ostblock – die Freiräume, die sich auf der Grundlage der KSZE-Schlussakte entwickelt hatten. Die Sprecher der Charta 77 waren der Schriftsteller Václav Havel (* 1936) und der tschechische Reformkommunist Jiří Hájek (1913 - 1993). Unter Staatspräsident Gustáv Husák (1913 - 1991) reagierte die Kommunistische Partei der Tschechoslowakei (KPC), die Michail Gorbatschows Reformkurs ablehnend gegenüberstand, noch mit Verhaftungen. Später versuchte die Partei, der Opposition mit Reformversuchen von oben den Wind aus den Segeln zu nehmen, was aber die *sametová revoluce* („samtene Revolution") nicht mehr aufhalten konnte: Seit Ende Oktober 1989 kam es in Prag, Brünn und Bratislava zu Demonstrationen. Höhepunkt war am 17. November 1989 eine Kundgebung zum Gedenken des 50. Jahrestages der Ermordung des Prager Studenten Jan Opletal (1915 - 1939) durch die Nationalsozialisten. Bei dieser

Gelegenheit forderten die rund 15.000 Teilnehmer die Freilassung politischer Gefangener, die Entlassung von Generalsekretär Milos Jakes (* 1922) und das Ende der kommunistischen Herrschaft. Die Polizei knüppelte die Kundgebung nieder und hinterließ etwa 600 Verletzte. Diese Eskalation ließ die Studentendemonstration zu einer Massenbewegung anschwellen, die sich bis Ende Dezember über das ganze Land verbreitet hat. Es kam zum Generalstreik (27. November) und schließlich zum Einlenken der Herrschenden. Am 19. November sprach sich das ZK der KPC für den „Dialog" aus. Am gleichen Tag gründeten sich im tschechischen Landesteil das *Občanské fórum* („Bürgerforum"; OF) und im slowakischen Landesteil die „Öffentlichkeit gegen Gewalt" (VPN) als Sprachrohre der demokratischen Protestbewegung und suchten das Gespräch mit den Machthabern. Am 24 November kam es in Prag wieder zu einer großen Protestkundgebung. Auf dem Wenzelsplatz sprachen Václav Havel und der Parteichef des Prager Frühlings von 1968, Alexander Dubček (1921 - 1992), zu den Massen. Noch am gleichen Tag erfolgte der von der Opposition geforderte Rücktritt von Miloš Jakeš und dem gesamten Politbüro. Vier Tage später begannen Verhandlungen zwischen dem Bürgerforum und der Regierung, die dazu führten, dass tags darauf, am 29. November, die Verfassungsbestimmung über die führende Rolle der Kommunistischen Partei gestrichen wurde. Schließlich konnte am 10. Dezember eine „Regierung des nationalen Einverständnisses" unter Marián Čalfa (* 1946) gebildet werden, die die weitere Demokratisierung koordinieren sollte. Erstmals seit 1948 war eine Regierung zustande gekommen, in der nichtkommunistische Kräfte in der Mehrheit waren. Gleichzeitig mit der Bildung dieser Regierung trat der Kommunist Gustáv Husák als Staatspräsident zurück. Der Bürgerrechtler Jiří Dienstbier (* 1937) wurde Außenminister der neuen Regierung, die am 5. Dezember den Stacheldraht an der Grenze zu Österreich und zur DDR entfernen ließ. Ende Dezember wurde Alexander Dubček Parlamentspräsident, einen Tag später Václav Havel Staatspräsident.

Im April 1990 wurde die CSSR in einen föderativen Staat umgewandelt und erhielt die Bezeichnung „Tschechische und Slowakische Föderative Republik" (CSFR). Nach den nun freien

Wahlen zur Volks- und Nationenkammer im Juni 1990 bildeten OF und VPN eine Koalition mit der slowakischen Christlich-Demokratischen Bewegung (KDH) und dem tschechoslowakischen Wahlbündnis Christdemokratische Union (KDU). Die neue Regierung betrieb vorrangig Wirtschaftsreformen und die Entwicklung föderaler Strukturen. Allerdings wurde gerade die Wirtschaftspolitik durch Kompetenzstreitigkeiten zwischen Tschechen und Slowaken behindert, Restitutionsforderungen belasteten die Transformation der Planwirtschaft in eine Marktwirtschaft.

Zwar wurden umfassende politische und wirtschaftliche Reformen auf den Weg gebracht, nicht gelöst war aber die Frage der Beziehungen der Volksgruppen zueinander. Die Dominanz von neun Millionen Tschechen über vier Millionen Slowaken blieb bestehen, während die 500.000 Roma und Sinti, die 400.000 Ungarn sowie polnische, rumänische und deutsche Minderheiten vergessen blieben. Differenzen zwischen Tschechen und Slowaken führten zu zahlreichen Blockaden der Reformpolitik. Seit 1991 gründeten sich in der Slowakei separatistische und nationalistische Organisationen. Die Slowakei, die bereits seit 1969 als sozialistische Republik Autonomie (soweit im Kommunismus denkbar) besessen hatte, erklärte sich am 17. Juli 1992 für selbstständig und verließ die Konföderation zum 1. Januar 1993.

Wie die anderen Staaten, die sich während des Kalten Krieges unter dem dominanten Einfluss der UdSSR befunden hatten, zog es auch die CSFR nach dem Zusammenbruch des Ostblocks westwärts. Der Nachbarschaftsvertrag mit der Bundesrepublik vom 27. Februar 1992 leitete die Normalisierung der Beziehungen ein. Als selbstständige Staaten wurden Tschechien und die Slowakei am 1. Mai 2004 Mitglied der EU.

BLUTIGER UMSTURZ IN RUMÄNIEN

Die Regierung des Moskau schon immer etwas distanzierter gegenüberstehenden Rumänien, beherrscht von Nicolae Ceauşescu (1919 - 1989), wollte von Gorbatschows Reformkurs besonders wenig wissen. Der Diktator in Bukarest war ein entschiedener Gegner jeglicher Reformen. Seit den 1970er-Jahren hatte er seine Herrschaft vor allem auf den Terror des rumänischen Geheimdienstes *Securitate* gestützt. Der Nepotismus (Vetternwirtschaft) und die neostalinistische Herrschaftspraxis, die mit unzähligen Menschenrechtsverletzungen verbunden waren, schürten die Unzufriedenheit des Volkes. Vor allem aber empörte die immer größer werdende wirtschaftliche Not breiter Bevölkerungsschichten im Lande die Menschen: 1982 mussten Lebensmittel rationiert werden, was Ceauşescu veranlasste, seinen Leibarzt Iulian Mincu (1992 - 1996 rumänischer Gesundheitsminister) zu beauftragen, ein „Programm zur rationalen Ernährung" auszuarbeiten. Ceauşescu war von dem Wahn besessen, Rumänien schuldenfrei zu machen und gleichzeitig monumentale, Unsummen verschlingende Denkmäler seiner Herrschaft zu hinterlassen. Deswegen ging es seinem Volk noch schlechter als den Menschen in anderen sozialistischen Ländern: Pro Person gab es für einen Monat 10 Eier, 5,5 kg Gemüse, 2,3 kg Obst, 3,5 kg Kartoffeln, 1 kg Zucker, 1,5 kg Mehl, 1 kg Maismehl, 0,5-1 Liter Soja- oder Rapsöl, 100 g Butter. Wenn es überhaupt Fleisch gab, dann meist Schweinefüße. Nur 5 % der Bevölkerung besaßen ein Auto, 14,7 % eine Waschmaschine und weniger als 20 % einen Kühlschrank. Die Fernheizung in den Wohnblocks wurde im Winter auf 12°C gedrosselt oder es wurde überhaupt nicht geheizt. Stromausfälle waren eine alltägliche Erscheinung.

Dies war ein sehr guter Nährboden für eine Oppositionsbewegung. Trotz massiver Repressalien und umfassender Überwachung entwickelte sich auch in Rumänien, gestärkt durch die Umwälzungen des Jahres 1989 im Ostblock, eine effiziente Opposition. Zunächst wandten sich rumänische Intellektuelle verstärkt an die westliche Öffentlichkeit. Großes Aufsehen erregte ein Offener Brief von sechs Altkommunisten (darunter der frühere Präsident der UNO-Vollversammlung, Corneliu Mănescu), der am 10. März 1989 von der „New York Times" veröffentlicht wurde, in dem massive Vorwürfe gegen Ceauşescu geäußert wurden. Im Vorfeld des 14. Parteitags der Kommunistischen Partei Rumäniens (PCR), der Ende November in Bukarest stattfand, tauchte ein Dokument auf, das die Parteitagsdelegierten zur Abwahl Ceauşescus und zur Rekonstruktion der PCR aufforderte. Das Ausland ging nun zu Ceauşescu auf Distanz.

In Timişoara (Temeswar), der größten Stadt des Banats, kam es im November 1989 zweimal zu Unruhen, die jedoch sofort niedergeschlagen wurden. Das Gleiche gilt für Braşov/Kronstadt, wo Studenten und Arbeiter am 15. November 1987 protestierten. Viele Teilnehmer dieses Aufstandes blieben nach der Verhaftung verschollen. Dann provozierte die blutige Niederschlagung der von der ungarischen Minderheit getragenen Aufstände in Timişoara und Arad unter Führung der Securitate am 16. und 17. Dezember 1989 eine Massenerhebung. Große Teile der Armee schlugen sich auf die Seite der Protestierenden.

Für den Mittag des 21. Dezember ordnete Ceauşescu in völliger Verkennung der Lage eine Großkundgebung vor dem ZK-Gebäude in Bukarest an, um die Aufstände in Timişoara zu verurteilen. Als Ceauşescu um 12.00 Uhr, live vom rumänischen Fernsehen übertragen, mit seiner Rede begann, wurde er von Buhrufen und Pfiffen gestört. Sichtlich irritiert versprach er eine Lohnerhöhung, was jedoch nichts an der Unruhe auf dem Platz änderte. Ab diesem Zeitpunkt blieb die Hauptstadt in Aufruhr. Tausende meist junge Leute kamen im Zentrum zusammen und errichteten Barrikaden. Es kam zu Straßenkämpfen mit der Securitate. Auch in Arad, Sibiu, Cluj, Braşov und Constanţa gab es Unruhen. Über 1.000 Menschen kamen bei den Aufständen gegen das Ceauşescu-Regime ums Leben. Am 22. Dezember wurde Ceauşescu das Opfer einer Palastrevolte parteiinterner Gegner. Tags darauf wurde der entmachtete Diktator zusammen mit seiner Frau Elena auf der Flucht verhaftet und zwei Tage später in Târgoviste von einem Militärgericht abgeurteilt und hingerichtet.

Die Front der Nationalen Rettung (FSN) bildete eine neue Regierung und ernannte am 26. Dezember den Putschistenführer und Reformkommunisten Ion Iliescu zum provisorischen Staatspräsidenten. Als erste Maßnahmen kündigte Iliescu freie Wahlen an und hob die gehassten Umsiedlungsgesetze auf. Es gab ebenfalls eine Politik des runden Tisches, um das Land zu befrieden. Die Lage im Lande blieb aber weiterhin explosiv, was Kämpfe zwischen Rumänen und Volksungarn im März in Siebenbürgen sowie zwischen antikommunistischen Demonstranten und Sicherheitskräften im Juni 1990 klar vor Augen führten.

Mit der Verfassung von 1991 wurde die kommunistische Diktatur formell beseitigt, jedoch blieben Politik und Wirtschaft weiterhin in den Händen altkommunistischer Eliten, während die Bürgeropposition unterdrückt wurde. Wirtschaftlich hatte das Land auch weiterhin große Schwierigkeiten: 1992 und 1993 wurde es von einer rasanten Inflation gebeutelt. Von April bis Sommer 1995 folgten Streiks und Massendemonstrationen. Mittlerweile hat sich die wirtschaftliche Lage deutlich gebessert; vor allem in Siebenbürgen sind wirtschaftliche Erfolge zu verzeichnen. 2005 lag das Bruttonationalprodukt pro Kopf bei 3.910 US-$, die Arbeitslosenrate bei 7% und die Inflationsrate bei 9%.

1993 hat Rumänien ein Assoziationsabkommen mit der EG unterzeichnet, das seit 1995 in Kraft ist. Am 15. Januar 2000 begannen EU-Beitrittsverhandlungen. Das Land wurde neben Bulgarien unter einigen Auflagen zum 1. Januar 2007 in die EU aufgenommen. 1994 war Rumänien in das „Programm für den Frieden" aufgenommen worden. Die Aufnahme in den Europarat folgte 1995. Seit 2004 ist Rumänien Mitglied der NATO.

DIE SINGENDE REVOLUTION IM BALTIKUM

Unter die Überschrift „Revolutionen 1989" gehören auch die nationalen Bewegungen im Baltikum, die zwischen 1987 und 1992 einen erfolgreichen Kampf für die Wiedererlangung der nationalen Selbstständigkeit der baltischen Staaten Estland, Lettland und Litauen gegen die sowjetischen Besatzer geführt haben und unter dem Namen „Singende Revolution" im Bewusstsein der Menschen geblieben sind.

Diese Bezeichnung deutet darauf hin, dass in den nationalen Erhebungen der Balten für Freiheit und Selbstständigkeit Lieder eine große Rolle gespielt haben müssen. Und in der Tat wurde die Sowjetmacht mit Gesang herausgefordert: Das Singen national(istisch)er Lieder, zu denen auch die alten Hymnen der baltischen Staaten zählten, war unter Androhung härtester Strafen untersagt. Insbesondere in Litauen versammelten sich zwischen 1988 und 1992, in der Phase der *Perestroika*, Hunderttausende, um singend gegen die sowjetische Okkupation und für die Selbstständigkeit in Freiheit zu demonstrieren. Die Menschen sangen vor allem traditionelle Volkslieder oder die Landeshymne. Dies schuf mittels gemeinsamen kulturellen Erlebens ein kollektives Gedächtnis und ein Gefühl der Verbundenheit zwischen den Litauern und somit Kohärenz des Widerstands gegen die Moskauer Fremdherrschaft. Dieses Zusammenkommen zum Singen knüpft an eine Tradition in den Baltischen Staaten an: 1869 fand in Tartu (Dorpat) das erste estnische Sängerfest statt. Das erste nationale Sängerfest in Lettland gab es 1873, in Litauen wurde das erste nationale Sängerfest 1924 ausgerichtet. An diese Tradition anknüpfend, wurde am 11. September 1988 bei Tallinn das Festival „Estlands Lied 1988" veranstaltet, an dem mehr als 300.000 Menschen aus den baltischen Staaten teilnahmen. Sie sangen die Nationalhymne *Mu isamaa, mu õnn ja rõõm* (Mein Vaterland, mein Glück, meine Freude). Fünfzig Jahre nach Abschluss des Hitler-Stalin-Paktes, mit dem Hitler und Stalin ihre Einflusssphären festgelegt und das Baltikum der Sowjetunion zugeschlagen hatten, am 23. August 1989, bildeten mehr als eine Million Menschen (die Teilnehmerzahl ist verständlicherweise nicht klar, die Angaben reichen bis zu zwei Millionen) aus Estland, Lettland und Litauen eine 600 Kilometer lange Menschenkette. Diese *Baltische Kette* (auch *Baltischer Weg* genannt) von Vilnius über Riga nach Tallinn (früher Reval) war eine mächtige Demonstration des Willens der Balten nach Unabhängigkeit. Auch hier spielten Lieder eine große Rolle.

In Litauen war das Engagement für Veränderungen im Rahmen der *Perestroika* spätestens 1989 durch den Wunsch nach völliger staatlicher Unabhängigkeit abgelöst worden, die litauische Opposition wurde zur Avantgarde der baltischen Unabhängigkeitsbewegung. Es kam zu Parteigründungen, die an die Parteienstruktur vor der sowjetischen Okkupation durch die Rote Armee 1940 anknüpften und anfänglich gemeinsam in der *Sąjūdis*-Bewegung agierten. Bei den erstmals freien Wahlen zum Obersten Sowjet der Republik im Februar 1990 errang *Sąjūdis* mit 80% der Sitze eine überwältigende Mehrheit. Daneben existierte eine kleinere Gruppierung, die Freiheitsliga, die radikaler und kompromissloser in ihren Zielformulierungen und in ihren Strategien war.

Die führende Figur der Singenden Revolution in Litauen, Vytautas Landsbergis (* 1932), wurde auf der ersten Sitzung des

neu gewählten Obersten Sowjet am 11. März 1990 zum Vorsitzenden gekürt. Zu dessen ersten Amtshandlungen gehörten die
am gleichen Tag verkündete Unabhängigkeitserklärung Litauens
und die Wiederinkraftsetzung der Vorkriegsverfassung. Trotz
Perestroika und *Glasnost* (Transparenz) wollte die Moskauer Führung den Schritt in die Unabhängigkeit nicht hinnehmen, da sie
einen weiteren Zerfall der Sowjetunion befürchtete. Litauens
politische Führung widerstand jedoch den Ultimaten aus Moskau und sah danach das Land wirtschaftlichen Repressionen
ausgesetzt. Der Unabhängigkeitskurs Litauens wurde aber auch
im Westen mit gemischten Gefühlen registriert, wo ein Teil der
politischen Klasse durch die Autonomiebewegung im Baltikum
die Demokratisierungsprozesse in Moskau gefährdet sah. Selbst
in den baltischen Nachbarrepubliken herrschte eher Besorgnis.

In Litauen entwickelten sich praktisch zwei parallele politische
Systeme. Zahlreiche Institutionen der Union waren noch tätig
und die Sowjettruppen waren noch im Lande und bewachten
demonstrativ die Lenindenkmäler. Gleichzeitig übernahmen die
Anhänger der litauischen Unabhängigkeit die Kontrolle über die
innere Verwaltung und versuchten einen selbstständigen Staat
aufzubauen.

Als die Moskauer Versuche, die Unabhängigkeitsbewegung
Litauens mit ihren bisherigen Strategien der Einschüchterung
und der wirtschaftlichen Sanktionen zu stoppen, nichts fruchtete,
stellte Gorbatschow am 10. Januar erneut ein Ultimatum. Er
forderte das kommissarische Staatsoberhaupt Litauens Vytautas
Landsbergis auf, die sowjetische Verfassung anzuerkennen und
damit auf die Unabhängigkeit zu verzichten, was dieser ablehnte.
Daraufhin versuchten schwer bewaffnete Sondereinheiten des
sowjetischen Innenministeriums und der Armee die Macht
gewaltsam zurückzuholen. Der 13. Januar 1991 ist als *Blutsonntag von Vilnius* in die Annalen eingegangen: Es wurden 14 der
vielen Tausend Menschen, die unbewaffnet zur Verteidigung
wichtiger Einrichtungen zusammengeströmt waren, erschossen
oder kamen unter Panzerketten zu Tode, mehr als 1.000 wurden
verletzt. Die Sowjets konnten zwar Gebäude und Einrichtungen
besetzen, dennoch war dieser Putschversuch wenig erfolgreich.
Moralisch hatten sie sich vor der Weltöffentlichkeit diskreditiert,

und die litauische Unabhängigkeitsbewegung ließ sich nicht demoralisieren. Sie antwortete auf die Gewalt Moskaus am 9. Februar mit einem Referendum, an dem sich 85% der litauischen Wahlberechtigten beteiligten. Über 90% votierten für die Unabhängigkeit Litauens. Moskau blieb weiterhin ablehnend und versuchte weiter, die Bewegung zu schwächen. Bei einem Überfall von OMON-Truppen (Spezialeinheiten der Polizei) auf einen litauischen Grenzposten wurden sieben Grenzbeamte getötet.

Den Umschwung zugunsten Litauens brachte der fehlgeschlagene Augustputsch in Moskau (18. - 21. August 1991), als konservative Kommunisten Gorbatschow ausschalten und die alte kommunistische Linie wieder durchsetzen wollten. Dennoch war Gorbatschow als Folge dieser Ereignisse weitgehend entmachtet. Gorbatschow trat als Generalsekretär der KPdSU zurück, blieb jedoch Präsident der Sowjetunion. Der russische Präsident Boris Jelzin (1931 - 2007), dem die meisten Verdienste an der Niederschlagung des Putsches zukommen, verbot die KPdSU. Auch der gefürchtete Geheimdienst KGB wurde im Oktober aufgelöst. Für die Sowjetunion hatte der Putsch, obwohl er gescheitert war, weitreichende Folgen, sie zerfiel endgültig. Eine ehemalige Teilrepublik nach der anderen proklamierte ihre Unabhängigkeit. Schließlich wurde Ende 1991 die Auflösung der Sowjetunion beschlossen. Übrig blieben 15 souveräne Staaten in der Gemeinschaft der unabhängigen Staaten. Die Rechtsnachfolge der UdSSR übernahm unter Jelzins Führung die Russische Föderation.

Angesichts dieses Auflösungsprozesses stand die neue russische Führung einer Unabhängigkeit der baltischen Staaten nicht mehr im Weg, zumal sich der völlige Zerfall der Sowjetunion bereits abzeichnete. Bereits kurz nach dem Putsch erkannten die meisten Staaten die Souveränität der drei Republiken offiziell an. Am 17. August 1992 wurde Litauen Mitglied der Vereinten Nationen. Ein Jahr später verließen die letzten russischen Truppen das Land. Am 29. März 2004 wurde Litauen in die NATO aufgenommen, am 1. Mai in die EU. Der für den 1. Januar 2007 geplante Beitritt zur Euro-Zone ist wegen der hohen Inflationsraten zunächst verschoben worden. Seit dem 21. Dezember

2007 gehört Litauen gemeinsam mit sieben anderen neuen EU-Mitgliedern zum Schengen-Raum.

In *Lettland* gab es am 18. November 1989 in Riga eine eindrucksvolle Demonstration, zu der sich über eine halbe Million Menschen unter dem Motto „Für ein unabhängiges Lettland" versammelt hatten. Im Frühling 1990 gab es nach über fünfzig Jahren die ersten freien Wahlen. Aus den Wahlen zum Obersten Sowjet Lettlands gingen die von der 1988 gegründeten *Latvijas Tautas Fronte* (Volksfront Lettlands) unterstützten Kandidaten als Sieger hervor. Am 4. Mai 1990 beschloss der Oberste Sowjet Lettlands eine Deklaration „über die Wiederherstellung der staatlichen Unabhängigkeit Lettlands". Lettland wurde am gleichen Tag unabhängig wie Litauen. In der Zeit bis dahin gab es auch hier ein Neben- und Gegeneinander sowjetischer Einrichtungen und lettischer Regierungsstellen. Seit der Unabhängigkeitserklärung terrorisierte die sowjetische Spezialeinheit OMON die lettische Bevölkerung. Schließlich kam es wenige Tage nach dem Blutsonntag in Vilnius zu einer ähnlichen Aktion Moskaus in Riga. Am 20. Januar griffen Spezialeinheiten des sowjetischen Innenministeriums Riga an. Dies wurde zum Höhepunkt des bereits seit Monaten andauernden Freiheitskampfes der Baltenrepublik. Aus dem ganzen Land kamen Anhänger der lettischen Unabhängigkeit nach Riga und errichteten Barrikaden zum Schutz wichtiger Einrichtungen wie der Regierungsgebäude, der Telefonzentrale sowie der Fernseh- und Rundfunksender. Sechs Menschen verloren ihr Leben, viele wurden verwundet. Diese Aktion war genauso wenig nachhaltig im Sinne der Moskauer Führung wie die Gewaltaktionen in Litauen. Lettland erlangte nach dem Putsch in Moskau am gleichen Tag seine Unabhängigkeit wie die beiden anderen baltischen Staaten. Es gehört seit dem März 2004 zur NATO, seit dem 1. Mai 2004 zur EU und seit Ende 2007 zum Schengen-Raum.

Auch *Estland* wurde im Zuge des Auflösungsprozesses der Sowjetunion unabhängig. Den Weg dorthin ebnete auch die erste Massenkundgebung der estnischen Volksfront am 17. Juni 1988 auf dem Tallinner Sängerfeld, zu der über 150.000 Menschen kamen. Zum Sängerfest im September 1988 in Tallin, das ebenfalls von der Volksfront vorbereitet worden war, kamen noch mehr Menschen, um singend für die Freiheit der Baltenrepublik zu demonstrieren. Auch in Estland versuchte die sowjetische Zentralregierung mit allen Mitteln, die Autonomiebewegung zu zerschlagen. Gegner der Unabhängigkeit von Moskau waren vor allem die alten kommunistischen Parteikader, die zahlreichen im Baltikum stationierten Militärs und ein Teil der russischen Arbeiter. Der missglückte Moskauer Putsch im August 1991 brachte dann auch Estland die Unabhängigkeit. Am 31. August 1994 zogen die letzten russischen Truppen ab. Nach Erlangung der staatlichen Selbstständigkeit strebte Estland gemeinsam mit Litauen und Lettland eine verstärkte Integration in die Strukturen der westlichen Welt an. Die Aufnahme in die NATO und die Europäische Union wurde in Tallin ebenso wie in Riga und Vilnius seitdem durch konsequente Reformen betrieben. 1995 stellte Estland einen Beitrittsantrag für die Mitgliedschaft in der Europäischen Union. Im April 2004 wurde Estland Mitglied der NATO, im Mai der Europäischen Union, Ende 2007 Teil des Schengen-Raumes.

EINE BILANZ DER UMWÄLZUNGEN VON 1989

Die Hintergründe und Folgen der Umwälzungen in Mittel- und Osteuropa waren vielfältig. Einerseits war es das Heranwachsen zivilgesellschaftlicher Strukturen, trotz anhaltender Repressionen, aber in gewissem Umfang geschützt durch den KSZE-Prozess. Auf der Seite der alten Eliten waren es ein Generationswechsel in den Führungskadern der Sowjetunion, das Debakel des Einmarsches der Sowjetunion in Afghanistan 1980 sowie ein ideologischer Erosionsprozess, die eine große Rolle spielten. Ohne Gorbatschows Abkehr von der Breschnew-Doktrin der eingeschränkten Souveränität wären die Revolutionen nicht möglich gewesen.

Hinzu kamen die finanziellen Folgen des Wettrüstens, das die *Comecon*-Staaten über die Maßen strapazierte. Vor allem waren es aber riesige wirtschaftliche Probleme und wirtschaftspolitische Fehlleistungen, die zur Destabilisierung beitrugen, hier besonders das Entstehen von Schattenwirtschaften, die verstärkte Integration Mittel- und Osteuropas in die westlichen Wirtschaftsstrukturen verbunden mit einem Anwachsen der Handelsvolumina und der Auslandsschulden. Wichtig war auch die Unfähigkeit, die von der dritten industriellen Revolution ausgehenden Innovationen der Mikroelektronik zu adaptieren.

„Die Ereignisse von 1989", schreibt Michael Gehler, „sind im historischen Zusammenhang mit dem 17. Juni 1953 in der DDR, dem polnischen Oktober und dem Ungarn-Aufstand 1956, dem Prager Frühling 1968 und der polnischen Gewerkschaftsbewegung seit 1981 zu sehen." Die unterschiedlichen vorrevolutionären Erfahrungen und das gemeinsame kollektive Erlebnis der Niederwerfung der Volksbewegungen durch die Sowjetunion prägten das Handeln der Opposition wie das der Regimes während der Umbruchphasen in der DDR, in Polen, der CSSR und in Rumänien. Die Gewerkschaftsbewegung in Polen und die ungarische sozioökonomische Liberalisierung waren Vorläufer der Umsturzprozesse, von der auch die oppositionellen Kräfte in Ostdeutschland und in der CSSR profitierten. Timothy Garton Ash hat auf Polen und Ungarn bezogen den Begriff „Refolutionen" geprägt, einer Mischung von Revolutionen als Druck von unten und Reformen von oben. Ben Fowkes fand für die „sogenannten Revolutionen" den Begriff „Kettenreaktion" treffend.

Es dürfte zu keinem Zeitpunkt eine reale Chance bestanden haben, die bedrängten Einparteiensysteme und Kommandowirtschaften zu stabilisieren oder gar zu revitalisieren. Weder plötzliche Reformbereitschaft der kommunistischen Parteien in Polen, der CSSR und in Ostdeutschland, noch der brutale Terror in Rumänien konnten das Überleben dieser Diktaturen sichern.

Die Forderung nach Freiheit und Volkssouveränität war ein zentrales Anliegen der Protestbewegungen von 1989. Nachdem die Freiheit erobert war, taten sich neue Problemzonen auf, die der Diskrepanz zwischen politischer Veränderung und wirtschaftlicher Neugestaltung entsprangen, aber auch dem Umstand, dass den raschen institutionellen Reformen des Staates die mentale Umstellung des politischen Denkens und Handelns nicht so schnell folgen konnte. Ein Problem, das wir von den jungen Demokratien nach dem Ersten Weltkrieg kennen. Die rasche Demokratisierung in den Reformstaaten war nicht stark genug, um während des Staatssozialismus angenommene Gewohnheiten und Mentalitäten zu überwinden, die Legitimation neuer Institutionen sicherzustellen und die konstitutionelle Balance zu wahren. Die daraus resultierenden Stabilisierungs-, Konsolidierungs- und Identitätskrisen beschäftigen diese Gesellschaften bis heute.

„1989" war auch die „Wiederentdeckung Mitteleuropas", die „Rückkehr nach Europa" und der „Beginn einer gesamteuropäischen Neufindung". Westeuropa reagierte neben dem Integrationsprogramm der Vertiefung der EU (durch Binnenmarkt und Wirtschafts- und Währungsunion) vor einer Erweiterung desorientiert, distanziert und hilflos. Der Ratschlag zur Einführung der Demokratie der Marktwirtschaft sollte sich als vordergründig und problematisch erweisen, denn der Transformationsprozess war von einem tiefgreifenden und breiteste Bevölkerungsschichten treffenden wirtschaftlichen Niedergang begleitet. „Dem *annus mirabilis* 1989 folgten *„anni miserabiles"* (Gehler). Im Jahr 1989 und seinen Folgen kann man daher auch die Entzauberung der demokratischen Fortschrittsidee sehen. Und mit diesen Freiheitsbewegungen war die Reihe der Revolutionen im ehemaligen Ostblock noch nicht abgeschlossen.

Farbrevolutionen

Anfang des 21. Jahrhunderts gab es bemerkenswerte Ereignisse auf dem Gebiet der ehemaligen Sowjetunion, aber auch in der arabischen Welt, die unter dem Begriff „Farbrevolutionen" (auch: Farbenrevolutionen) zusammengefasst werden. Im englischsprachigen Raum werden sie als *electoral revolutions* („Wahlrevolutionen") bezeichnet, was auch besser passt, wenn man – wie hier geschehen – die Prozesse im Libanon mit einbezieht. Diese Bewegungen brachten seit 2003 das diktatorische und korrupte Regime zu Fall. Sie konnten mehr Bürgerrechte und demokratischere Strukturen durchsetzen. Damit ging aber nicht immer eine gesellschaftliche und wirtschaftliche Modernisierung einher. Im Einzelnen handelt es sich um die Rosenrevolution in Georgien (2003), die Orangene Revolution von 2004 in der Ukraine, die Tulpenrevolution in Kirgisien 2005 sowie die Zedernrevolution im Libanon im gleichen Jahr. In Weißrussland scheiterte 2006 ein Revolutionsversuch nach fünf Tagen. In drei Fällen lösten Wahlfälschungen diese Aufstände aus, im Libanon war es die Ermordung des Premierministers.

Die treibenden Akteure der Farbenrevolutionen in Osteuropa und im Kaukasus waren vorwiegend junge, im Westen ausgebildete Akademiker, die mit spezifischen Formen zivilgesellschaftlichen Protestes vertraut geworden waren. Ihre Aktionen zivilen Ungehorsams wurden mit modernen Marketing- und Kommunikationsstrategien vorbereitet und begleitet. In diesem Zusammenhang wird in der Literatur an prominenter Stelle ein Netzwerk genannt, das sich ausgehend von der serbischen Organisation *Otpor* gebildet hat. Jugendbewegungen nach serbischem Muster entstanden in Aserbaidschan (*YOX* = Nein), Weißrussland (*Zubr* = Wisent), Usbekistan (*Bolga* = Hammer), Albanien (*Mjaft* = Genug) und Ägypten (*Kifaya* = Genug). Im Juni 2005 kamen zu einem Treffen in Tirana 80 Delegierte aus elf Staaten, die entsprechende Aktionen daheim initiieren wollten. Finanziert wurde diese Veranstaltung vom *Balkan Trust for Democracy*, der EU-finanzierten Balkan *Children & Youth Foundation* und der der Freien Demokratischen Partei (FDP) nahestehenden Friedrich-Naumann-Stiftung.

Mittlerweile haben die Initiatoren von *Otpor* in Belgrad ein international aktives Beratungsinstitut gegründet namens CANVAS – *Centre for Applied Nonviolent Action & Strategies* („Zentrum für angewandte gewaltlose Aktion und Strategie").

Otpor wurde in den 1990er-Jahren in Serbien gegründet. Ihr Symbol, die geballte Faust, wurde zum Identifikationszeichen der demokratisch orientierten Jugendlichen in Serbien. Die von *Otpor* unterstützten Aktionen sind maßgeblich vom handlungstheoretischen Ansatz, wie ihn Gene Sharps in seinem 1973 erschienenen Buch *The Politics of Nonviolent Action* entwickelt hat. Dieser Ansatz gewaltfreier Aktion empfiehlt als Strategien gewaltfreien Protest und Überzeugungsarbeit, soziale Nicht-Kooperation mit den Gegnern, Boykotts und Streiks sowie gewaltfreie Interventionen.

Das von *Otpor* vermittelte Revolutionsziel ist es, durch gut geplante friedliche Aktionen gegen ein autoritäres Regime freie Wahlen durchzusetzen, um so eine demokratisch legitimierte

Regierung errichten zu können. Den Weg dorthin unterteilt man in mehrere Phasen. Zunächst werden in dem Land, in dem Veränderungen durchgesetzt werden sollen, Organisationen gebildet und unterstützt, die mit medial hochwirksamen Widerstandsaktionen eine revolutionäre Stimmung erzeugen und für Aufmerksamkeit im westlichen Ausland sorgen sollen. Es werden Marketingstrategien entwickelt. Mit eigenen Logos, Merchandising-Artikeln, einfachen Slogans und griffig formulierten politischen Zielen wird die Revolution sozusagen zu einem „populären Lifestyle-Produkt" gemacht. Mit der Farbe Orange in der Ukraine und den georgischen Rosen wurden Symbole mit Wiedererkennungswert geschaffen.

Während der Revolutionsphase produzierten die Organisatoren täglich neue Nachrichten, die den örtlich vertretenen internationalen Medien vermittelt und mit Hintergrundwissen kommentiert wurden. Berichte von BBC World und CNN, verbunden mit politischem Druck westlicher Staaten oder Staatengemeinschaften sollten unmittelbar ins Land zurückstrahlen. Wahlausgänge wurden infrage gestellt, wie etwa in der Ukraine, um eine Wiederholung der Wahlen zu erreichen. Oder es wurde Druck ausgeübt, damit als korrekt empfundene Wahlergebnisse umgesetzt wurden.

Die Gelder für die Kampagnen, die Bezahlung von Trainern und Kampagnenmanagern kamen bislang vor allem aus den USA und Westeuropa. Die US-amerikanischen Stiftungen *Freedom House* und *National Endowment for Democracy* (NED) sowie die *International Renaissance Foundation* des Multimillionärs George Soros gaben mehrere Millionen US-Dollar.

DIE ROSENREVOLUTION IN GEORGIEN

Am 16. Februar 1921 war Georgien von der Roten Armee besetzt und in die Sowjetunion eingegliedert worden. Ende der 1980er-Jahre bildete sich eine starke georgische Unabhängigkeitsbewegung, die am 9. April 1991 in die erneute Selbstständigkeit führte. Der erste Präsident Georgiens nach der Unabhängigkeit 1991, Swiad Gamsachurdia (1939 - 1993), wurde vom früheren georgischen KP-Chef und sowjetischen Außenminister Eduard

Schewardnadse (* 1928) durch einen Putsch abgelöst. Unter Schewardnadse wurden demokratische Reformen eingeleitet, wohingegen die Wirtschaft auf niedrigem Niveau stagnierte. Es gab weitverzweigte Korruption und regelmäßige Wahlfälschungen.

Gegen diese Missstände erhoben sich die oppositionellen Kräfte des Landes 2003 in der friedlichen Rosenrevolution. Der Name für diese Umsturzbewegung war einem Zitat des ersten georgischen Präsidenten Swiad Gamsachurdia entlehnt: „Wir werden Rosen statt Kugeln auf unsere Feinde werfen." Die Revolution zwang Schewardnadse zum Rücktritt und brachte die bisherige Opposition an die Macht.

Unmittelbarer Anlass waren die offensichtlichen Unregelmäßigkeiten bei den Wahlen zum georgischen Parlament am 2. November 2003. Wegen der von einheimischen und internationalen Beobachtern festgestellten Wahlfälschungen erklärte der Oppositionsführer Micheil Saakaschwili (* 1967) sich zum Wahlsieger und forderte zu zivilem Ungehorsam gegenüber der Regierung und Protestaktionen gegen Schewardnadse auf. Am 10. November formten der Regisseur Giorgi Chaindrawa (* 1956), der Schriftsteller Dawit Turaschwili (* 1966) und Mitarbeiter des Tifliser Freiheitsinstituts ein Komitee für zivilen Widerstand, das für Protestaktionen gegen die Regierung warb. Saakaschwili reiste nach West-Georgien, wo er vor allem Anhänger des früheren Präsidenten Swiad Gamsachurdia von seiner Position überzeugen konnte. 30.000 Menschen folgten ihm in die Hauptstadt Tiflis, wo Mitte November massive Demonstrationen gegen die Regierung begannen. Dem folgten Demonstrationen in allen größeren Städten. Die Jugendorganisation *Kmara!* (Genug!) schloss sich den Protesten an. Die Demonstrationen erreichten am Tag der konstituierenden Sitzung des Parlaments, dessen Wahl als illegitim angesehen wurde, ihren Höhepunkt. Unter der Führung Saakaschwilis stürmten am 22. November Oppositionelle mit Rosen „bewaffnet" das Parlamentsgebäude und unterbrachen die Eröffnungsrede des Präsidenten. Als Schewadnadse seine Elitetruppen gegen die Opposition mobilisieren wollte, verweigerten diese ihm den Gehorsam. Tags darauf trat er zurück. Dies veranlasste mehr als 100.000 Menschen zum ausgelassenen Feiern.

Aufgrund des Erfolgs der Rosenrevolution gab es am 4. Januar 2004 Neuwahlen zum Präsidentenamt, die Oppositionsführer Micheil Saakaschwili deutlich gewann. Er wurde am 25. Januar in sein Amt eingeführt. Bei den Parlamentswahlen am 28. März gewannen die Träger der Rosenrevolution, geeint in der Partei „Nationale Bewegung – Demokraten" die absolute Mehrheit. Für ihre Reformpolitik konnte die neue Mehrheit auch wichtige Auslandsgeorgier als Minister gewinnen.

Es gelang, auch Adscharien, wo es einen Sezessionskrieg gegeben hatte, wieder mit Georgien zu vereinen. Mit der sogenannten Zweiten Rosenrevolution im Mai 2004 in Batumi, der Hauptstadt Adschariens, gelang es der „Nationalen Bewegung – Demokraten" und *Kmara!*, nach Monaten extremer Spannungen zwischen der Zentralregierung und dem adscharischen Diktator Aslan Abaschidse (* 1938), Massendemonstrationen gegen Abaschidses Politik zu organisieren. Auch diese Revolution war erfolgreich. Am Ende trat Abaschidse zurück und flog nach Moskau. Präsident Saakaschwili wurde anschließend in Batumi als Befreier gefeiert.

Unter der neuen Regierung wurde die Korruption nachhaltig bekämpft, die Privatisierung vorangetrieben. Auch die Finanzpolitik war erfolgreich, 2004 sanken erstmals die Staatsschulden. Allerdings blieben Sozial- und Wirtschaftspolitik prekär. Außerdem zeigten sich in der Regierung wieder Zeichen einer Rückkehr zur alten Clanwirtschaft. Die georgischen Reformer, die aus dem Ausland in die Regierung geholt wurden, um moderne politische Konzepte durchzusetzen, wurden ausgeschaltet. So kam es Anfang November 2007 zu Massenprotesten gegen die Sozial- und Arbeitsmarktpolitik der Regierung. Zehntausende Demonstrierende warfen Saakaschwili einen autoritären Regierungsstil und Versagen bei der Bekämpfung der Armut und der Korruption vor und verlangten seinen Rücktritt. Die Reaktion des Präsidenten auf die Demonstrationen bestätige die Vorwürfe der Opposition postwendend: Er ließ die Protestaktionen durch Polizei gewaltsam auflösen und verhängte den Ausnahmezustand. Kommentatoren sprachen daraufhin vom Ende der Rosenrevolution.

Dennoch, die georgische Rosenrevolution wurde zum Vorbild für andere friedliche Revolutionen in Osteuropa und Zentralasien. So schwenkten im November 2004 Anhänger des Präsidentschaftskandidaten Wiktor Juschtschenko (* 1954) während der Orangenen Revolution in der Ukraine georgische Fahnen und Juschtschenko winkte mit einer roten Rose. Der Vorsitzende des georgischen Parlamentsausschusses für Verteidigung und Sicherheit, Givi Targamadse, der zwischen 1998 und 2000 erfolgreiche Antikorruptions-Kampagnen des *Liberty Institute* leitete, beriet 2005 die Führer der kirgisischen Opposition während der Tulpenrevolution. Im Jahr zuvor war er von ukrainischen Oppositionsführern konsultiert worden.

DIE ORANGENE REVOLUTION VON 2004 IN DER UKRAINE

Zehn Jahre lang herrschte Leonid Kutschma (* 1938) schon als Präsident über die Ukraine, als alle Versuche, ihn zu entmachten, scheiterten. Gerade bei der Jugend und dem ukrainischen Teil der Bevölkerung war die Unzufriedenheit über den moskautreuen Kurs des Präsidenten mächtig. Im Herbst 2004 fanden in der Ukraine Präsidentschaftswahlen statt, zu denen Kutschma laut Verfassung nicht mehr antreten durfte. Da diese Wahlen allgemein als Richtungswahlen angesehen wurden, wollte er aber seinen Einfluss weiterhin gesichert und seinen Kurs gegen Tendenzen, das Land nach Westen auszurichten, verteidigt sehen. Mit diesem Ziel schickte er Wiktor Janukowitsch (* 1950), seinen zweimal vorbestraften Premierminister, ins Rennen um das Präsidentenamt.

Die Opposition im Lande wollte dessen Erfolg jedoch verhindern und konnte dabei an Traditionen des Widerstands anknüpfen, die bis zu den Studentenprotesten der 1980er-Jahre zurückreichten. Im Januar 2004 wurde die zivilgesellschaftliche Organisation *PORA* („Es ist Zeit") gegründet. Deren vorwiegend junge Aktivisten legten ein Netzwerk von oppositionellen Gruppen über das Land, die sich mit viel Engagement und Phantasie, beraten von georgischen Akteuren und unterstützt durch *Otpor*, auf einen friedlichen, aber entschiedenen Kampf vorbereiteten. Wiktor Juschtschenko und Julia Timoschenko wurden die Aushängeschilder der Anti-Kutschma-Bewegung.

Der Präsidentschaftskandidat der Opposition, Wiktor Juschtschenko, bekam im ersten Wahlgang am 31. Oktober 2004 tatsächlich mehr Stimmen als der Favorit des scheidenden Präsidenten. Die notwendig gewordene Stichwahl, angesetzt für den 21. November, wurde im Land mit großer Spannung erwartet. Die Anhänger Juschtschenkos vermuteten massive Wahlmanipulationen zugunsten der bisherigen Machthaber, als Kutschmas Wunschkandidat zum Sieger erklärt wurde. Die Manipulationsvorwürfe wurden von Beobachtern der „Organisation für Sicherheit und Zusammenarbeit in Europa" (OSZE) und anderen internationalen Wahlbeobachtern bestätigt. Daher akzeptierten die ukrainische Opposition, die Europäische Union und die USA sowie die OSZE den Wahlausgang nicht, während der russische Präsident Putin (* 1952) Wiktor Janukowytsch gratulierte und seinen Wahlsieg anerkannte. Dem schlossen sich auch die Präsidenten Usbekistans, Kasachstans und Armeniens an. Diese Vorgänge um die Stichwahl waren das Startsignal zum offenen Widerstand; sie mündeten in die Orangene Revolution, benannt nach der Erkennungsfarbe der Opposition.

Im Verlauf der Revolution wurden mitten im Zentrum Kiews auf dem Majdan Nezaleschnosti (Platz der Unabhängigkeit), 1.546 Zelte errichtet. Die Kiewer Autofahrer fuhren ab 9:30 Uhr aus Protest hupend an der Zentralen Wahlkommission vorbei. Der ukrainische Dichter und Unterzeichner der Unabhängigkeitserklärung Dmytro Pawlytschko rief aus: „Wir werden diesen Platz nicht verlassen, bis wir gewonnen haben." Es gab Gerüchte, dass die Regierung den Platz der Unabhängigkeit nachts räumen und sperren lassen wollte. Um dies zu verhindern, blieben um die 2.000 Menschen, darunter auch Pora!-Mitglieder, die ganze Nacht bei Temperaturen unter dem Gefrierpunkt in der provisorischen Zeltstadt. Aus allen Teilen des Landes kamen Tausende in die Hauptstadt, um bei den mehrwöchigen friedlichen Protesten gegen die Wahlmanipulationen mitzumachen. Junge Frauen standen bei den Demonstrationen an neuralgischen Punkten in der ersten Reihe, um die Sicherheitskräfte von Gewaltaktionen abzuhalten, zumal die internationalen Medien immer vor Ort waren. Am 27. November versammelten sich 1,5 Millionen Menschen im Zentrum von Kiew. Auch andernorts im Land wurde gegen die Fälschungen protestiert. Obwohl die Proteste im ganzen Land wochenlang anhielten und die Anhänger beider

Kandidaten oft direkt nebeneinander demonstrierten, blieben Zwischenfälle äußerst selten. Am 28. November wurde ein Versuch, mit Militäreinheiten des Innenministeriums den Protest auf dem Platz der Unabhängigkeit niederzuschlagen, durch den Chef des Spionagedienstes SBU, der Nachfolgeorganisation des KGB, verhindert. Zur Lösung der Krise trugen auch Verhandlungen zwischen Machthabern und Opposition am Runden Tisch bei, zu dessen Zustandekommen Vertreter der OSZE, der EU sowie Russlands, Polens und Litauens maßgeblich beigetragen hatten. Schließlich akzeptierte der ukrainische Oberste Gerichtshof am 3. Dezember die Vorbehalte gegen die Stichwahl vom November und ließ diese am 26. Dezember wiederholen. Diesen zweiten Anlauf, den die Wahlbeobachter diesmal für fair hielten, gewann der Kandidat der Opposition sehr knapp mit 51,9 % und wurde damit neuer Präsident des Landes. Zuvor waren Mitte Dezember Ärzte in Österreich unabhängig voneinander zu der Erkenntnis gekommen, dass Wiktor Juschtschenko im Herbst 2004 Opfer eines Giftattentats mit Dioxin geworden war, von dem er seit 2005 deutlich gezeichnet ist. Nach einigem Widerstand kündigte am 31. Dezember Ministerpräsident Janukowytsch seinen Rücktritt an, den der noch amtierende Präsident Kutschma am 5. Januar 2005 annahm. Am 23. Januar 2005 fand im ukrainischen Parlament, der *Werchowna Rada*, die Amtseinführung von Präsident Juschtschenko statt, an der zahlreiche internationale Gäste teilnahmen.

Die Bevölkerung blieb auch nach der inneren Befriedung weiterhin gespalten. Ein Teil setzte seine Hoffnungen auf die Europäische Union, der andere, zumeist Russischstämmige, wollte weiterhin eine engere Bindung an Russland.

Die Opposition in Weißrussland sah sich durch den Erfolg der Orangenen Revolution ermutigt, die Präsidentschaftswahlen im März 2006 im eigenen Land zu nutzen, um einen Machtwechsel herbeizuführen. Dieser Versuch stand aber wegen zu geringer internationaler Aufmerksamkeit, mangels unabhängiger Medien und aufgrund einer unterentwickelten Oppositionsbewegung unter einem schlechten Stern. Zudem stand die Mehrheit der Bevölkerung hinter Präsident Aljaksandr Lukaschenka, der nach westlichen Maßstäben nicht als Demokrat bezeichnet werden

kann. Es war in dieser Situation für die Ordnungskräfte nicht
schwer, die Proteste der Opposition gewaltsam zu beenden.

DIE KIRGISISCHE TULPENREVOLUTION DES JAHRES 2005

Auch in Kirgisien entzündete sich eine Umsturzbewegung
an einer manipulierten Wahl. Bei den Parlamentswahlen am
27. Februar 2005 wurde über mehr als die Hälfte der Sitze erst
im zweiten Wahlgang, der am 13. März stattfand, entschieden.
Dass dabei nur sechs Sitze auf die Opposition entfielen, führte
diese auf Manipulationen zurück. Wie in der Ukraine, bestätigten
die Wahlbeobachter der OSZE diesen Verdacht. Die Proteste der
Bevölkerung, die nach dem Symbol der Opposition, der Gebirgs-
tulpe, als Tulpenrevolution bezeichnet wurden, begannen nach
der Bekanntgabe der Wahlergebnisse. Schwerpunkt der Protestbewegung waren die westlichen und südlichen Landesteile. Am 18.
März stürmten Demonstranten Regierungsgebäude in den Städten
Dschalalabat und Osch. In Toktogul wurden der Provinzgouver-
neur und ein Staatsanwalt von Demonstranten festgesetzt. Am
20. März versuchte die Polizei am frühen Morgen, die besetzten
Gebäude zurückzuerobern. Bei diesen Aktionen wurden Demonstranten und Polizisten verletzt. Demonstranten verwüsteten eine
nahegelegene Polizeistation in Dschalalabat. Tags darauf stürmten
sie ein regionales Verwaltungsgebäude, eine Polizeistation und
einen Fernsehsender. Der Flughafen von Osch wurde von etwa
1.000 Menschen besetzt. Auch andere Städte konnten von der
Opposition unter Kontrolle gebracht werden. Eine Demonstration in Bischkek am 23. März wurde von der Polizei umgehend
aufgelöst. Mehrere hundert Zivilisten waren zeitweise inhaftiert,
darunter oppositionelle Journalisten, Studenten sowie Mitglieder
der revolutionären Jugendorganisation *KelKel* und Repräsentanten
von anderen Nichtregierungsorganisationen (NGOs). Aufgrund
der massiven Proteste ordnete Präsident Akajew am 23. März eine
Überprüfung der Wahlergebnisse in den Unruheregionen durch
die zentrale Wahlkommission an. Innenminister und General-
staatsanwalt wurden ihrer Ämter enthoben.

Trotzdem stürmten die Aktivisten der Tulpenrevolution am
24. März in der Hauptstadt das Regierungsgebäude. Daraufhin

traten Präsident Askar Akajew (* 1944) und Premierminister Nikolai Tanajew (* 1945) zurück. Aber die Gewalt eskalierte: Es kam zu Unruhen und Plünderungen. Parlamentspräsident Ischenbai Kadyrbekow (* 1949) wurde vom neugewählten Parlament in einer Dringlichkeitssitzung zum Übergangspräsidenten berufen, während das alte Parlament Oppositionsführer Kurmanbek Bakijew (* 1949) zum interimistischen Staats- und Regierungschef kürte. Bakijew konnte sich durchsetzen und eine Regierung bilden. Die Plünderungen, die nach dem Sturz des Regimes auftraten, gingen zurück, Sicherheitskräfte und selbstgebildete Bürgerwehren konnten die Lage beruhigen. Unterstützt wurde die Regierung Bakijew durch das Oberste Verfassungsgericht, das dem Gegenpräsidenten Akajew alle Rechte absprach. Akajew hatte sich derweil aus dem Staub gemacht und bei Wladimir Putin Asyl gefunden. In der kirgisischen Botschaft in Moskau unterzeichnete er am 4. April seine Rücktrittserklärung. Das Parlament kassierte anschließend eine Reihe von Privilegien, die er und seine Familie genossen hatten. Die neu angesetzten Präsidentschaftswahlen am 10. Juli 2005 gewann Bakijew.

DIE ZEDERNREVOLUTION IM LIBANON

Ebenfalls im Jahre 2005 kam es im Libanon, vornehmlich in Beirut, zu einer Kette von Demonstrationen der bürgerlichen Gruppen, die durch die Ermordung des ehemaligen libanesischen Premierministers Rafiq al-Hariri (* 1944) am 14. Februar 2005 ausgelöst worden war. An den täglichen Protesten gegen die syrische Besatzung nahmen um die 25.000 Menschen teil. Während in den 1990er-Jahren die meisten antisyrischen Demonstrationen von Christen getragen worden waren, war nun die Basis breiter. Gegen diese Bewegung formierte sich auch Widerstand. Vor allem die Hisbollah war an einer starken Position der Syrer im Libanon interessiert. Deren Führer Hassan Nasrallah rief zu einer „massiven Volksversammlung" am 8. März auf, die Syrien unterstützen und Israel sowie die USA der Einmischung in die inneren Angelegenheiten des Libanons bezichtigen sollte. Die Demonstration fand in Beirut statt. Die geschätzte Teilnehmerzahl lag zwischen 200.000 (CNN) und über 1.5 Millionen (Al Jazeera).

Die für die demokratische und antisyrische Protestbewegung häufig verwendete Bezeichnung „Zedernrevolution" wurde von der US-amerikanischen Unterstaatssekretärin für globale Angelegenheiten, Paula J. Dobriansky, in einer Pressekonferenz geprägt, um eine Beziehung herzustellen zu der georgischen Rosenrevolution, der Orangenen Revolution in der Ukraine und dem Irakkrieg, der von George W. Bush als „Purpurrote Revolution" bezeichnet wurde. Andere Bezeichnungen sind *Intifada-Al-Istiqlal* des Libanons oder *Rabi' EL Arz* („Zedernfrühling"), anspielend sowohl auf die Jahreszeit, in der die Proteste ausbrachen, als auch – wie gelegentlich in der Literatur zu lesen ist – auf den Prager Frühling. Die Opposition hatte als Symbol einen weißen und roten Schal sowie das blaue Band der Pro-Hariri-Bewegung gewählt.

Zunächst war es das große Ziel der Protestbewegung, die syrischen Truppen aus dem Libanon zu treiben, um den Einfluss Syriens auf die libanesische Politik zu beenden. Während der ersten Demonstrationswelle befanden sich rund 14.000 syrische Soldaten und Geheimdienstmitarbeiter im Libanon. Ferner sollte eine internationale Kommission ins Land geholt werden, die die Hintergründe und Täter des tödlichen Anschlags auf Hariri ermitteln sollte. Weiterhin wurden freie Parlamentswahlen verlangt.

Den ersten Erfolg hatte die Zedernrevolution, als sich die syrischen Truppen am 27. April 2005 vollständig aus dem Libanon zurückzogen. Ein zweiter Sieg war die Auflösung der pro-syrischen Regierung. Damit waren zwei Hauptziele der Zedernrevolution erreicht. Zwischenzeitlich war das Land immer wieder von Bombenattentaten heimgesucht worden, für die die antisyrische Opposition die libysche Regierung verantwortlich machte. Auch nach dem Abzug der Syrer setzte sich die Serie der Anschläge fort und forderte viele Opfer. Trotzdem konnten Parlamentswahlen stattfinden, bei denen ein anti-syrischer Block 72 der 128 Sitze in der *Nationalversammlung* gewinnen konnte. Aber das Land kam weiterhin nicht zur Ruhe. Nicht zuletzt die Feindschaft zwischen Palästinensern und Israelis führte zu neuerlichen Kriegshandlungen auf dem Territorium des Libanon und trug zur erneuten Destabilisierung bei.

EINIGE BEMERKUNGEN ZUM SCHLUSS

Wer die revolutionären Bewegungen Revue passieren lässt, findet stets ähnliche Ursachen: nicht funktionierende Regierungen, Korruption, Unterdrückung, Misswirtschaft, Fremdherrschaft auf der einen Seite. Auf der anderen Seite, auf der Wunschliste sozusagen, Freiheit für die Einzelnen oder für die Nation, Gleichheit, menschenwürdige Lebensbedingungen, wirtschaftliche, intellektuelle und politische Entfaltungsmöglichkeiten, Selbstbestimmung des Individuums, der Gruppe oder des Volkes, soziale und regionale Mobilität. Nach Freiheit, Gleichheit und Brüderlichkeit, wie dies Artikel 1 der *Déclaration des Droits de l'Homme et du Citoyen* von 1789 festgehalten hat: „Die Menschen werden frei und gleich an Rechten geboren und bleiben es."

Gerade das Kapitel über die Aufklärung hat gezeigt, dass es auch ein elementarer Bruch von einem zyklischem Denken, von statischen Weltbildern hin zu diachronen Vorstellungen von Fortschritt und dem Willen, etwas zu begreifen, um die Dinge selbst in die Hand zu nehmen, zu verändern, war, der die Möglichkeit erst eröffnete, sich neue gesellschaftliche und Weltordnungen vorzustellen. Auf der anderen Seite standen gesellschaftliche und politische Eliten, die nicht adäquat auf die Veränderungen in der Gesellschaft und in der Welt eingehen wollten oder konnten. Dies äußerte sich fast immer in finanziellen Krisen und wirtschaftlichem Niedergang. Forderungen nach Abhilfe wurden niedergeknüppelt. Die Revolutionen zeigen, dass es sich fast immer für die Herrschenden rächt, wenn sie sich nicht auf gesellschaftlichen und ökonomischen Wandel einstellen können. Zwei große linke Politiker haben das festgestellt. Der österreichische Sozialist und zweimalige Republikgründer Karl Renner hat ebenso gesagt wie später der Kreml-Chef Michail Gorbatschow: „Wer zu spät kommt, den bestraft die Geschichte" – oder in der anderen Variante „Wer zu spät kommt, den bestraft das Leben".

Dass die bürgerlichen Revolutionsideen zuerst in den englischen Kolonien in Amerika erfolgreich waren, mag daran gelegen haben, dass es dort, abgesehen von der englischen Kolonialmacht, noch kaum gefestigte Machtstrukturen gab. Johann Wolfgang von Goethe hat dies 1827 in folgenden Zeilen festgehalten:

> "Amerika, du hast es besser
> als unser Kontinent, der alte.
> Hast keine verfallenen Schlösser
> und keine Basalte.
> Dich stört nicht im Innern,
> zu lebendiger Zeit,
> unnützes Erinnern
> und vergeblicher Streit."

(Johann Wolfgang von Goethe, 1827)

Die oben genannten Muster lassen sich auf eine spätere Variante der Revolutionen übertragen, als die breite Masse der Bevölkerung die Teilhabe an den Ergebnissen der wirtschaftlichen Modernisierung einforderte und eine ihrem Gewicht adäquate Rolle in Gesellschaft und Politik verlangte. Aus den klein- und unterbürgerlichen Schichten wurde bald zu Recht und mit Nachdruck darauf hingewiesen, dass es mit der Gleichheit und Brüderlichkeit oft nicht ernst gemeint sei. Dafür ist der Spruch, den angeblich François Guizot gemacht hat, zum geflügelten Wort geworden: „Enrichissez-vous!"

Die proletarischen Revolutionen seit der Pariser Kommune von 1871 waren Versuche, dies zu ändern. Der Konstruktionsfehler der oft führenden kommunistischen Organisationen war, davon auszugehen, dass es der Diktatur des Proletariats, sprich der Kommunistischen Parteien (sozusagen als säkularer Klerus mit alleiniger Definitionsmacht) bedarf, um zu einer freien Gesellschaft von Gleichen zu gelangen. Alle Versuche in diese Richtung sind kläglich gescheitert. Wenn es überhaupt eine Gleichheit gegeben hat, dann in der Verteilung des Mangels. So behielt Lenin mit seiner Prognose „Der Sieg der proletarischen Revolution in der ganzen Welt ist sicher. Die Gründung der internationalen Räterepublik wird kommen" am Ende doch nicht recht.

Bis sich aus den oft gegenläufigen Interessen konkurrierender gesellschaftlicher und nationaler Gruppen ein friedliches Mit- oder zumindest Nebeneinander ergeben hat, bedurfte es langer und schmerzlicher Lernprozesse. Wenn wir heute nach Europa, Nord- und Südamerika oder in den asiatisch-pazifischen Raum blicken, sehen wir viele mehr oder weniger gut funktionierende demokratische Gesellschaften. Das Bild trübt sich etwas ein, wenn man die sozialen Zustände mit in den Blick nimmt. Das Problem menschenrechtsverletzender Armut ist nicht gelöst. Dies gilt auch für Amerika und für Europa. Aber so weit wie Olof Palme muss man doch nicht gehen, wenn er formuliert: „Die Revolution löst nichts. Am Morgen nach der Revolution beginnt wieder der Alltag der Probleme." Richtig jedoch ist, dass es der Herausbildung einer Zivilgesellschaft bedarf, die ihre Probleme zuerst und vorrangig selbst lösen will, bevor sie sich des Staates bedient. Es ist wichtig, dass Menschen selbst initiativ werden können. Dies war ein elementares Ziel der bürgerlichen und auch vieler sozialer Revolutionen.

Dem widersprechen die Ergebnisse der russischen und der chinesischen Revolution, aber auch die hatten auf dem Weg zum falschen Ufer Alternativen. Explizit keine individuellen Freiräume schaffen wollte die sogenannte Islamische Revolution im Iran, darum war von ihr auch nicht die Rede. Denn eines sollte zumindest das Ergebnis eines Umsturzes sein: Nämlich etwas bewegen zu können, im Sinne von Hannah Ahrend: „Politik heißt anfangen können."

Theoretiker wie Vilfredo Federico Pareto (1848 - 1923) haben aber vor zu viel Optimismus gewarnt. Pareto hat sich nach groß- artigen Leistungen auf dem Gebiet der Mathematik und der Wirtschaftswissenschaften der Soziologie zugewandt und eine Theorie der Eliten entwickelt. Dabei ist sein Elite-Begriff zunächst ein funktionaler. Unter Elite versteht er die jeweils Besten in einer Handlungskategorie, nicht nur in der Politik, sondern in allen anderen Bereichen auch: Wissenschaft, Sport, Kunst und so weiter. Als Synonym für „Elite" hat Pareto auch den Begriff der „Aristokratie verwendet. Geschichte hat er beschrieben als „Friedhof der Aristokratien". Der Prozess des Elitenwechsels beziehungsweise des Herrschaftswechsels erfolgt nach seiner Erkenntnis in zwei unterschiedlichen Weisen: mit einer evolutionären oder mit einer revolutionären Strategie. Auch die Revolution ist nicht anderes als der Austausch der aktiven Elite durch eine „Reserve-Elite". Neue politische Eliten, so Pareto, beriefen sich zwar gerne auf die Masse, die Volksherrschaft. In der politischen Realität werde aber eine alte Herrschaft nie durch die sogenannte Masse ersetzt.

REGISTER